研究生学术道德教育系列丛书

U0731207

研究生学术道德
案例教育百例

复旦大学研究生院　编

复旦大学出版社

序　言

　　学术研究是在不断总结前人知识和经验的基础上,探索未知世界、发现新现象和新规律、创造新知识和新技术的创新过程。加强学术道德和学风建设是弘扬科学精神、繁荣学术创新的必然要求,是高校培养合格人才的重要环节,直接关系立德树人根本任务的落实和人才培养质量的提升。习近平总书记明确指出,高校要坚持不懈培育优良校风和学风,高校思想政治工作必须同鼓励学生端正学风、严谨治学统一起来,让学生在刻苦学习中确立科学精神、锤炼品行情操。这为加强高校学术道德和学风建设指明了方向。

　　研究生既是学生,也是研究人员。他们思想活跃、精力旺盛、勇于挑战,富有创新精神,是高校科学研究的生力军。研究生学习阶段是较为系统从事科学研究的开始,是个人学术生涯的起点,也是培养科研能力、提高科研素质、锤炼科研作风,为今后学术发展奠定坚实基础的关键阶段。因此,在研究生阶段,强调严格遵守学术规范,坚守学术诚信,弘扬学术道德,对于研究生的成长成才具有持续而长远的影响。

　　复旦大学历来重视学术道德培养和校风学风建设,并以此作为学科建设和研究生培养的生命线。2015 年 5 月,复旦大学与北京大学、清华大学、浙江大学等 11 所高等学校被教育部、中国科学技术协会遴选为实施科学道德和学风建设宣讲教育案例教学的试点高校。我们坚持以"全覆盖、制度化、重实效"为总体要求,采用多元形式将科学道德和学风建设融入研究生培养全过程,专门研究制定案例教学试点工作方案,结合研究生学科专业开设了 13 门"学术规范与职业伦理类"课程,邀请学术名家举办学术规范与学风建设系列讲座,致力于营造积极、健康的校园学术氛围,教育引导研究生恪守学术规范、树立优良学风,把学术道德观念内化于心、外化于行。2017 年,在学校作风建设年活动中,广大研究生积极参与校风学风"大讨论、大实践、大建设",经过 700 余场次主题讨论,充分集思广益,凝练形成了以"五为、四守、九不要"为主要内容的校风学风倡议书,充分展现了复旦学生对学习目标、学习态度、学习规范的认识,表达了广大学生坚守科学精神、恪守学术道德、严守治学规范、笃守研究兴趣的坚定决心。2018 年启动"三全育人"综合改革试点工作以来,我们把科学道德与学术规范教育作为落实科研育人和研究生思想政治教育改革的重要内容,从科研报国精神、实验室与课题组文化、创新能力教育等维度,不断丰富学风建设的抓手,拓展学术道德教育的外延和内涵,积极发挥研究生和导师的双主体作用,不断增强学术共同体自我管理、自我教育、自我净化的意识和能力,取得了好的效果。

为进一步推进研究生学术道德教育和学风建设工作,引导研究生掌握学术研究的必备知识和基本规范,强化研究生的科研能力和自律意识,由复旦大学研究生院牵头,上海高校不同学科领域的教授专家参加,结合研究生教育规律和学科特点,编撰一套由 5 本专著组成的"研究生学术道德教育系列丛书"。这套丛书内容丰富,既有全面系统的理论阐释,又有多学科典型案例的描述和剖析;丛书体例多样,既有"行为规范读本",又有"案例教育百例",还有"道德规范百问"等;丛书适用面广,除了针对在读研究生外,对研究生导师与高校相关职能部门管理人员均有一定启发和指导意义。

"板凳要坐十年冷,文章不写一字空。"学术道德是每一位科研工作者不可逾越的底线。我相信,"研究生学术道德教育系列丛书"的出版,必将有助于研究生在学术生涯起步之初就熟悉掌握学术科研的基本准则,有效教育和警示广大研究生摒弃心浮气躁、急功近利、不劳而获、投机取巧的心态,引导广大研究生积极培育和践行社会主义核心价值观、弘扬科学精神、恪守学术规范,勤奋学习、努力钻研、严谨求实、敢于创新、勇攀高峰,努力成为推动学术科研事业发展的栋梁之材,为实现中华民族伟大复兴的中国梦贡献青春力量。

2019 年 9 月 1 日

前　言

　　研究生作为我国高层次科研人才的后备军,是国家宝贵的人才资源,是中国特色社会主义事业的接班人和未来建设队伍的中坚力量,事关我国未来科技、经济、社会发展的战略大局。因此,研究生教育事关重大,是高校育人工作中最为重要的组成部分。加强科学道德和学风建设是培养造就优秀创新人才、促进科技事业健康发展、加快创新型国家建设的内在要求,是培育和弘扬社会主义核心价值观的重要内容,是培养创新人才的重要保证。

　　科学研究工作者应遵循基本伦理、学术道德是学术研究的立身之本,是提高学术水平和研究能力的重要基础,良好的学术道德对研究生培养具有重要影响。将科学道德和学风教育纳入研究生培养各环节,加强对在读研究生进行学术道德教育,培养求真务实、严谨自律的治学态度,养成恪守学术规范的习惯,是当前研究生教育面临的一项重要任务。

　　研究生阶段是学术素养养成的重要阶段,恪守学术道德规范要从日常学习、研究的细节做起,以生动形象的教育方式不断增强研究生的价值判断力和道德责任感,培育和弘扬社会主义核心价值观,倡导研究生树立"爱国、敬业、诚信、友善"的价值取向。2015年5月,复旦大学与北京大学、清华大学、浙江大学等11所高等学校被中国科协、教育部遴选为实施科学道德和学风建设宣讲教育案例教学的试点高校。复旦大学高度重视该项试点工作,已开设了一批

1

"学术规范与职业伦理类"课程。为持续加强研究生学术道德教育，使学术道德规范渗透到研究生培养的全过程，复旦大学研究生院在组织专家精心编写了《研究生学术道德案例教育读本》（复旦大学出版社2016年版）的基础上，又编写了《研究生学术道德案例教育百例》，由于案例教育具有生动、形象、具体化的特征，教学效果良好，深受学生欢迎。这些案例编写形式比较生动，可读性很强，可以作为研究生学术道德案例教学系列课程相配套的教学参考书，帮助研究生从学生时代就养成恪守学术诚信的自觉，让学术道德根植于研究生头脑，内化于心，外化于行，营造积极、健康、向上的校园学术氛围。

《研究生学术道德案例教育百例》从内容结构上共分为5类，内含人文社科案例篇、理科案例篇、工科案例篇、医科案例篇、学风建设案例篇。这些选编的100个案例均为国内外学术界所发生的真实事件，涉及不同的学科领域。每个案例都附有思考题和参考文献，可以帮助研究生从不同的角度更好地分析思考案例，这有助于研究生从中获得更深入的启迪与教育、汲取经验与教训，懂得学术研究中哪些是该做的与不该做的，严守自律底线，做一个负责任的研究者。

《研究生学术道德案例教育百例》选编的典型案例中，既有正面案例，也有反面案例。正面案例表述了杰出学者严谨的学术风格与严守学术规范的优秀事迹，这有助于研究生以杰出学者为榜样，通过学术研究实践，逐渐养成严谨治学、潜心钻研的优良作风。反面案例则表述了当事人所犯的学术错误以及受到的相应惩罚，这有助于发挥警示效应，提醒研究生要远离学术不端这一"学术高压线"。虽然选编的反面案例居多，但这仅出自对案例本身的典型意义的考虑。事实上，从整体来说，在国内外学术界发生学术不端的学者终究是极少数，绝大多数学者都是负责任的研究者，都具有严谨的治学理念和严守学术道德规范的自律能力。

　　正处在科研生涯起步阶段的研究生需要持续加强学术道德规范教育,这对于培养研究生坚持真理和诚实守信的科学素养、职业精神和人格魅力具有重要意义。希望每一位在读研究生都能从《研究生学术道德案例教育百例》中深受教益,以杰出学者为楷模,以学术不端事件为警示,遵守学术规范,坚守学术诚信,维护学术尊严,树立优良学风,自觉抵制学术不端行为,迈好学术生涯的第一步,做科学精神的践行者、科学真理的追求者、优良学风的维护者,为把我国建设成世界科技强国做出应有的贡献。

目录

人文社科案例篇

理科案例篇

工科案例篇

医科案例篇

学风建设案例篇

人文社科案例篇

    人文社科篇共包括 25 个案例（国外和国内案例分别为 13 个、12 个），其学科分布为史学（4 个）、哲学（2 个）、经济学（3 个）、法学（4 个）、教育学（2 个）、人类学（1 个）、语言文学（2 个）、管理学（2 个）、新闻学（1 个）、心理学（4 个）。心理学案例之所以被编入人文社会科学大类中，其一是因为现代心理学是一个交叉学科，该学科与大学科群（如人文社科、理学、工学、农学、医学）以及相关的一级、二级学科形成了数十个分支学科，其中与人文社会学科形成的分支学科居多；其二是因为本篇所涉及的心理学案例以社会心理学案例居多。因此，心理学案例也就归并到人文社会学科大类之中。

    本篇涉及的 25 个案例既有正例也有反例。所谓"正例"，即以能反映著名学者的学术风格与严守学术规范的真实事件为例。例如，复旦大学哲学学院的俞吾金教授在学术研究中严格遵循"哲学治学理念"，该治学理念既反映俞吾金本人的学术风格，也反映他作为博士生导师对研究生的学风与学术行为的要求与引导。此类正例能发挥示范效应、榜样作用，有助于引导研究生遵守学术规范、坚守学术诚信、完善学术人格、维护学术尊严，自觉抵制学术不端行为，对形成风清气正、求真务实的学术环境具有促进作用。所谓"反例"，即以国内外个别学者因违反学术规范与道德规范导致其身败名裂的真实事件为例。例如，德国前国防部长卡尔·特奥多尔·

楚·古滕贝格原本政治前程似锦,不少德国民众甚至认为古滕贝格是未来竞选德国总理的热门人物,然而由于他在校期间的博士论文抄袭,不仅被剥夺了博士学位,而且无脸面对国人,只得引咎辞去国防部长,永远告别了政坛。再如,奋斗几十年成为美国史学界泰斗的斯蒂芬·E·安布鲁斯,仅因为几页引自他人著作又未加引号的史学资料而构成"学术抄袭",以致身败名裂,痛悔终身。此类反例作为警示事件,能使研究生充分认识学术不端行为的严重危害,且明示研究生在学术活动各环节中如涉嫌学术不端,必将受到严厉的规范条例的惩处,会为此付出沉痛的代价。有鉴于此,足以说明研究生加强自身学术自律意识的重要性,一旦疏忽或故意触犯学术不端,其结果不仅影响学业,而且危及前程。

本篇涉及的24个反例如按其所涉性质大致可分为4类:其一,学术造假事件。如日本业余考古学家藤村新一的考古造假事件、英国心理学家西里尔·伯特的造假与欺骗事件、荷兰心理学家德里克·斯塔佩尔的学术造假事件、美国哈佛大学进化心理学家马克·豪瑟的学术造假事件、我国郑州大学新闻与传播学院副院长贾某的"造假门"事件等。其二,学术抄袭事件。如美国新奥尔良大学著名历史学家和传记作家斯蒂芬·E·安布鲁斯的史实抄袭事件、德国前国防部长古滕贝格的博士论文抄袭事件、欧洲议会前副议长科赫·梅林的博士论文抄袭事件、我国北京大学社会人类学研究所王某的著作抄袭事件、我国上海大学国际工商与管理学院陈某的学术论文抄袭事件等。其三,学术剽窃事件。如美国海军学院历史系布赖恩·范德马克教授的学术剽窃事件、美国哈佛大学法学院劳伦斯·却伯的学术剽窃事件、德国前教育部长安妮特·沙范的博士论文剽窃事件、我国北京大学英语系黄某的译作剽窃事件、我国华中师大历史文化学院贾某的论文剽窃事件等。其四,学术欺诈事件。如纽约大学量子物理学家、科学哲学家艾伦·索卡尔的诈文事件等。

本篇所撰每一案例均由 3 部分组成,即真实事件、参考文献与思考题。

就真实事件而言,虽然取自国内外书籍、报刊、网站等公开发表或报道的有关人文社科类记事,但笔者在尊重客观事实的基础上,对真实事件作了必要的合理的逻辑加工,使其以更为简洁、通俗的形式表述,同时又紧扣本篇的主题,使该真实事件成为适合于研究生阅读且能对其进行学术道德教育的典型案例。

每一真实事件表述之后所提供的参考文献及其出处,便于读者核查案例事件的真相或在更大范围内进一步了解、搜索与本案例事件相关的信息。

针对案例事件精心提炼的思考题对研究生能发挥多种功效:其一,指向功能。思考题的有序组合在一定程度上反映了案例事件发生、发展的内在逻辑,而每一思考题所针对的是案例事件中最为重要的核心内容,因而通过思考题指向功能的发挥,既有助于读者理清思路、全面把握案例事件的经纬和脉络,又有助于读者深刻理解和重点掌握案例事件所蕴含的核心内容。其二,引导功能。问题求解有助于引导读者深思,去探究诸如案例中人物违反了哪条或哪些学术规范、他或她之所以会陷入学术不端的主客观原因何在、为何违反学术规范和学术道德的行为取向迟早会曝光于世等此类问题,从而在引以为戒中影响自身的行为取向。其三,启示功能。与正例相关的思考题有助于读者从榜样学者优秀的学术风格和严谨的学术规范中获得启示,树立参照标准,对读者成长为一个负责任的研究者具有促进作用。与反例相关的思考题同样有助于读者获得教益与启迪,举一反三,强化自律与修养,抵制种种诱惑,避免跌入学术违规的泥坑。

(朱宝荣)

1. 违反伦理道德的行为取向终究会曝光于世

——英国心理学家伯特的造假与欺骗事件

英国著名心理学家西里尔·伯特 (Cyril L. Burt)曾在发生心理学、人格心理学、心智测量等领域均有较为深入的研究,尤其在一般智能与遗传因素的相关性研究方面卓有成就。他以同卵双生子作为被试,分别调查过不同的养育环境与学校教育对一对长期处于分离状态的同卵双生子的一般智能发展所具有的影响作用。经研究,伯特发现遗传因素和环境同

英国心理学家伯特①

素均对人的一般智能发展起决定作用,但相比而言,遗传因素对人的智能发展起到更为关键的作用。由于伯特学术研究成果的影响力,使他获得了诸多荣誉和头衔,如英国教育问题管理委员会顾问、爵士、不列颠科学院院士等,并获多种荣誉博士学位。

然而伯特逝世后不久,针对他的批评声开始涌现,甚至有人揭发他学术造假与欺骗。所涉嫌的事件主要有:其一,编造施测被试人数。普林斯顿大学心理学家卡明在分析伯特的调查报告时发现,

---

① 图片来源:http://www.baike.baidu.com。

伯特在施测被试人数方面存在明显的造假行为。1955 年,伯特发表了第一篇关于被拆离的同卵双生子智商情况的报告,当时他声称对 21 对拆离的同卵双生子智商情况做了调研和分析。而 1958 年发表的第二篇关于被拆离的同卵双生子智商情况报告中,将调查、施测的被试数增加到 30 多对。1966 年,伯特发表了第三篇关于被拆离的同卵双生子智商情况报告,在此报告中则将调查、施测的被试数增加到了 53 对。那么,伯特的第二、第三份调查报告是否是在第一份调查报告的基础上做了新的调研、增加了新的施测被试呢?答案是否定的!因为有人证实,伯特自 1950 年退休后,再也没有合作者,他本人也未做任何调查研究;其二,故意编造调研数据。为了与自己预设的调研结果相吻合,伯特精心修改调研数据,将 3 项调查中同卵双生子的智商相关性系数调高至 0.944,并在一份列有 60 个相关系数的表格中,竟然有 20 个数据几乎等值,为此卡明指出:"他那些支持遗传论立场的数据因为前后过于一致,所以常常失去了可信性。在分析方面,人们可以看到,这些数据和他想证明遗传论的努力一致得令人难以相信。人们不得不得出这样的结论:伯特舍去的数字根本不值得我们当代科学的注意。"此后又有学者指出,伯特在论文中不变的相关系数"严重违背了机遇法则,只能说明是错误的"。

更有力的证据来自利物浦大学心理学家莱塞利·赫恩肖的分析。赫恩肖是伯特的生前好友,出于对好友的信任,赫恩肖原本对那些指控伯特的言论极为愤怒,呼吁学术界不要忙着下结论。赫恩肖相信伯特的人格,且极力试图恢复他的名誉。然而,当赫恩肖受伯特妹妹委托给伯特写传记后,有机会阅读到大量的尚未公开的有关伯特的私人记录,这时赫恩肖才改变了看法。赫恩肖惊奇地发现,伯特在几篇关键的论文中确实编造了调查数据。他说:"当我翻阅伯特的书信时,我被他自相矛盾和显而易见的谎言惊呆了,这些谎言是不可原谅的,而且是明显的掩盖。"更使赫恩肖惊奇的是,从伯特自述的日记中证明,伯特竟然没有做过他自称的研究。有鉴于此,赫恩肖断言:"结论只能是,伯特在那3次报告中搞的无疑都是欺骗。"于是,赫恩肖不得不在1979年出版的伯特传记中承认对伯特的指控很可能是成立的。同时,英国心理学学会也正式认同伯特存在学术造假行为。

参考文献

[1] 威廉·布罗德,尼古拉斯·韦德著. 朱进宁,方玉珍译. 背叛真理的人们:科学殿堂中的弄虚作假[M]. 上海:上海科技教育出版社,2004.

思考题

1. 伯特的学术造假涉及哪些主要事件?
2. 究竟是什么原因,使赫恩肖彻底改变了对伯特人格的根本看法?
3. 试以伯特的学术造假为例,阐明违反伦理道德的行为取向为何终究会曝光于世。

(陈敬铨)

2. 引起国际学术界轰动的一篇诈文

——美国科技哲学家索卡尔的学术欺诈事件

1996 年 5 月 18 日,美国《纽约时报》头版刊登了一条新闻:纽约大学的量子物理学家、科学哲学家艾伦·索卡尔(Alan Sokal)向著名的文化研究杂志《社会文本》递交了一篇文章,标题是"超越界线:走向量子引力的超形式的解释学"。在这篇文章中,作者故意制造了一些常识性的科学错误,目的是检验《社会文本》编辑们在学术上的诚实性。结果,《社会文本》的 5 位编辑却未能发现这是一篇诈文,未能识别出作者有意识捏造出的一些常识性科学错误,更未能关注到索卡尔在编辑们所信奉的后现代主义与当代科学之间有意捏造的"联系",经主编们一致通过,同意发表该文,于是引起了学术界的一场轰动,这就是著名的"索卡尔事件"。

索卡尔教授在政治上是左派、一位女权主义的同情者。在1994 年,索卡尔阅读了由美国生物学家格罗斯与数学家莱维特所撰写的一本题为《高级迷信》的书。该书对以后现代主义、文化研究和科学研究名义而出现的思潮进行了猛烈抨击。该书获得了其支持者(其中有很多科学家)的一致喝彩,认为它勇敢地揭露了后现代知识分子的"皇帝的新装"。在读了这本书之后,索卡尔觉得他的政治上的同盟,特别是被称为"学术左派"(academic left)的那些人,竟然日益趋向否定学术的内在标准,在理论上竟然把学术话语都化约为以争夺社会地位或话语权为主旨的政治之争。他们甚至把数学公理、物理学规律也看成是"社会建构"的产物,甚至大肆提倡对"科学话语霸权"进行文化政治意义上的抵制。对此,索卡尔深感焦虑和困惑,也为后现代反科学思潮的泛滥而感到震惊和不安,于是决定做一个"实验",即给当时学术左派的阵地《社会文本》杂志撰文、投稿。

从 1994 年起,索卡尔开始构思、撰文。他计划要写出一篇其中充满科学元勘和文化研究中最荒唐错误的文章,即:该文要求助于权威而不是论证的逻辑、证据,一篇难以理解的散文,其中胡乱套用科学理论,肆意攻击科学方法。但索卡尔意识到必须为之进行充分的准备,一方面,让该文"坏"得足以满足上述标准,变成一篇纯粹是胡说或错误的文章;另一方面,让该文"好"得不能让杂志的编辑们察觉出它的意图。像所有有学术责任心的学者一样,索卡尔进行了充分的准备。为了寻求后现代主义与当代科学的"联系",他收集了几乎所有的重要文献(这可以从诈文的参考文献中看出)。在此基础上,索卡尔模仿《社会文本》杂志文章的风格,将量子物理学中的术语、后现代领军人物的常用术语和他自己恣意捏造的词句拼接在一起,终于构造了一篇自认"完美"的文章,以表明后现代哲学的进步已经被后现代科学,特别是量子物理学的后现代发展所"证实"。据此,他把这篇文章命名为"超越界线:走向量子引力的超形式的解释学"。此外,为了检验杂志编者在审稿过程中的责任心,他还在行文中插入一些凭常识就能看出来的低级谬误,看看编辑是否会放行。

完稿后,索卡尔向他的朋友透露,他准备把这篇稿子投给《社会文本》,但他的朋友告诫他:你的意图很可能被这一著名杂志的精明的编辑们识破,最好投给另一不太出名的杂志,但索卡尔出于从知名度与影响力考虑还是坚持了己见。《社会文本》创刊于1979 年,是一种每期以一个专题进行讨论的双月刊,由斯坦利·阿诺罗维兹

（纽约市立大学社会学教授）、约翰·布伦克曼（纽约市立大学英语教授，文学杂志《案发地点》的编辑）、弗雷德里克·杰姆逊（杜克大学文学系负责研究生工作的主任）等主编。《社会文本》曾经发表过许多著名的左派学者的文章。到了 1990 年，《社会文本》已经成为文化研究学者最向往的杂志之一，在文化界享有很高的声誉。美联社称它为"一份受人尊敬的社会科学杂志"、《盖勒特新闻导报》称它为"一份有影响的学术杂志"、《纽约时报》称它为"一种善于在文化论战领域中创造一种趋势的杂志"、《波士顿太阳报》称它为"一个左翼批判研究的代言人"、《华盛顿邮报》称它为"一种后现代社会科学杂志"。可见，索卡尔要想在《社会文本》上寻求突破口是困难的，这不仅是因为其编辑队伍，而且还因为这一杂志根本就不缺少稿源。

　　《社会文本》编辑部在收到索卡尔的诈文后，安德鲁·罗斯代表编辑部向索卡尔发了一封电子邮件，向索卡尔表示感谢，说他给编辑部送交了一篇"十分有趣的文章"。与此同时，罗斯计划组织一个专刊，以回击《高级迷信》一书所带来的对科学元勘的批判。1995 年 3 月上旬，罗斯写信给索卡尔，告诉索卡尔准备把他的文章收集到"科学大战"专刊中，同时要求他做一定的修改，特别是删除部分过长的批注和参考文献（因批注和参考文献加起来，超过了正文）。索卡尔回信说：他对编辑部能够把他的文章放入"这种论战的语境"中而感到十分感激和鼓舞，同时拒绝作任何删改，因为"批注是推论的不可分割的一部分……证据对我的文章来说，是最为关键的，不能够被省略或删除"。接着，索卡尔在给《社会文本》编辑的电子邮件中进一步解释道："我的文章是同时为两种人而写的：一是《社会文本》的大众读者，二是科学家，让科学家对文章所述有所认识，而不管这些科学家是否喜欢客观存在。"索卡尔同时表示：如果注解被删除的话，"那么就可能使我的文章敞开了被有某种倾向的科学家进行无情的攻击的大门"。尽管编辑事后声称索卡尔的文章看起来有点"做作",但《社会文本》之所以接受它,是因为它出自一个物理学家之手,这对他们来说,是十分难得的。于是,这篇毫无学术内涵的"诈文",竟然被作为正式论文全文发表!

索卡尔诈文的大部分编辑工作是由罗斯完成的(包括与索卡尔的通信)。罗斯和索卡尔都是纽约大学的教授,他们的办公室在同一个校园里。然而,他们在空间上的近距离仿佛与他们在学术观点上的巨大差异毫无联系。纽约大学的物理系在美国并不出名,而罗斯在美国大众文化研究领域中的影响却很大(虽然其早期的工作是近代诗歌),他领导着一个资金来源十分丰富的美国研究计划(American Studies Program)。《纽约时报杂志》曾经用一整版篇幅刊登过他的一幅穿着当时十分流行的夹克(des Garcons)的彩色照片,大有一种作为大众明星教授之势。罗斯在某种程度上代表着索卡尔所批判的那种影响十分广泛的文化思潮,因此可以这样说,正是罗斯的威望帮助了索卡尔的诈文在读者中广泛传播。

其实,就在《社会文本》准备发表这篇诈文的同时,索卡尔就已着手准备对自己的诈文进行曝光的工作。在他的"诈文"发表后不到一个月的时间内,他的另一篇文章便在《大众语言》杂志上发表,题目是"曝光:一个物理学家的文化研究实验"。该文宣称他的"文化实验"足以表明,《社会文本》杂志的编辑们已经放弃了有学术水准的真学术,而代之以冒充学术的意识形态话语权的争夺战。索卡尔认为,他向公众抖搂出这个"实验"的结果,是为了将自己认同的政治左派和女权主义者从迷途中拯救出来,只有回到摆事实讲道理的正道上来,才能真正把左派政治实践和女性解放运动建立在坚实的基础之上。

"索卡尔事件"的曝光即刻以丑闻的方式进入《纽约时报》头版,震惊了学界内外,人们称之为"诈文"、"玩笑"、"一场恶作剧"、"一场骗局"。同时,该事件触发了一场席卷全球的科学与人文的大论战。

论战的一方是由科学家、持实证主义立场的哲学家组成的科学卫士;另一方则是后现代思想家结成的联盟。世界众多著名的媒体参与其中,引起了人们的广泛关注。许多著名的报纸,如美国的《纽约时报》、英国的《泰晤士报》等都参加了讨论。众多的出版社,如普林斯顿大学出版社、杜克大学出版社、纽约大学出版社、哈佛大学出版社、牛津大学出版社等,纷纷出版或正在计划出版有关方面的著作;已出版的著作有保罗·格罗斯、罗曼·莱维特和马丁·刘易斯主编的《飞离科学与理性》(1996);N·克瑞杰主编的《建立在沙滩上的房子:后现代主义者的科学神秘性的曝光》(1998);艾伦·索卡尔和杰·布里克蒙特的《时髦的胡说:后现代知识界对科学的滥用》(1998);罗曼·莱维特的《普罗米修斯的困惑:科学与当代文化的矛盾》(1999);斯尼尔·莱维特主编的《识别错误:在政治方向上论战的第二波》(1999);《大众语言》杂志编辑部出版了《索卡尔诈文》(2000);芝加哥大学计划出版《后现代之后》(布里克蒙特主编)。可见,索卡尔事件的确是一场真正的科学与人文的大论战,在人类思想史上,还没有出现过涉及面如此广泛的论战,它几乎涉及人类文化的各个领域,吸引着全球如此众多的科学家、哲学家和人文学科研究者的介入,而且这场论战已经进入大众传播媒介,引起人们的广泛注意。

参考文献

[1] 蔡仲."索卡尔事件"与科学大战[M].南京:南京大学出版社,2002.
[2] 艾伦·索卡尔著.蔡仲译.曝光——一位物理学家的文化研究实验[J].大众语言,1996年第5期和第6期合刊.
[3] 江晓原.索卡尔诈文事件是非及其意义[N].新浪博客,2006-05-29.

思考题

1. 索卡尔诈文事件有什么启示？

2. 索卡尔为什么会认为，"如果注解被删除的话，那么就可能使我的文章敞开了被有某种倾向的科学家进行无情攻击的大门"？

3. 索卡尔在《社会文本》准备发表自己诈文的同时，又准备对自己的诈文进行自我曝光，其用意究竟何在？

4. 你认为在研究生学术研究中有哪些环节可能会产生背离诚信准则的行为取向？

（朱宝荣）

3. "运气"抑或"把戏"
——日本考古学家藤村新一的考古造假事件

藤村新一(ふじむらしんいち,1950—),一名业余考古学家。由于他"运气"极佳,有接二连三的惊人发现,不断把日本的历史向前推进,使他成了日本最著名的考古学家,被誉为"石器神手"。此外,因藤村新一的发现满足了日本人在自己国家成为经济大国之后,迫切想成为文明古国的心态。因而藤村新一深受国人敬仰,他亲手发掘的"人工制品"在日本国立博物馆的玻璃柜里闪烁着荣耀的光芒,他的"发现"被写入日本教科书,他的"杰出贡献"受到了政府的多次嘉奖。

藤村新一的考古事业起步于20世纪80年代,当时年仅31岁的藤村新一参加了日本东北宫城县岩出山町的"座散乱木遗址"考古调查。几天后,藤村新一在考古现场用铲子从火山灰地层中挖出了一个小石块,此后被鉴定为4万年前的旧石器,同时出土的石器有49件之多。这些旧石器的出土为日本本州岛4万年前就有人生活过提供了历史依据。

此后,凡有藤村新一参与的考古调查,都会有惊人的发现,为日本创造了一个又一个考古挖掘的新纪录:1983年,藤村新一在宫城县大和町的"中峰C遗址"发现了37万年前—14万年前的石器;1984年,他在古川市的马场坛A遗址发现了17万年前的石器;1992年,藤村新一获得了可以说是他最为重要的发现,即在地处日本东北宫城县筑馆町的上高森遗址,发掘出号称 50 万年前的旧石器,该发现被作为重要史料收入 1998 年以后出版的日本高中历史学教科书;1993—1994 年,藤村新一在宫城县上高森多处遗址发掘出距今大约 40 万年前—50 万年前的旧石器。藤村新一的这一系列发现被确定为日本最早的旧石器,相当于北京周口店第一地点最底部文化层的旧石器。这意味着日本也曾经生活过和北京人一样古老的古人类,日本历史的古老性完全可以和中国比肩;1995 年至 21 世纪初期,藤村新一有了更为惊人的"发现",他在宫城县上高森遗址挖掘出许多旧石器和柱坑,据称这些旧石器已有 60 万年至 70 万年的历史,是世界上最古老的陪葬品,而柱坑则为存放石器用的建筑遗迹,是世界上最古老的建筑遗迹。

藤村新一的不断"发现"助长了他不可抑制的"自信",他公开扬言,将从上高森遗址挖掘出 100 万年前的旧石器作为送给恩师的礼物。他甚至预测,将在日本找到原始人的骨头化石,以证实最先进的文化就在日本的东北地区,而日本猿人则是世界上最具智慧的猿人。

藤村新一使日本人激动不已的惊人"发现"以及他的踌躇满志,赢得了日本考古学界与社会舆论的一致好评,"藤村新一"成为日本史学界最神奇的名字,他也担任了日本东北旧石器文化研究所副理事长。

不过,对于藤村新一的"学术成就"及其所获的名誉地位,部分考古学家私下认为藤村新一不仅有"运气",很可能还有其他把戏。因为无论是在何处发掘,重大发现均出自藤村新一一人,藤村新一在场就有"发现",而藤村新一不在场则一无所获。此外,有的学者还对藤村新一发掘的旧石器的形状、排列与地层结构之间的关系进行分析,发现其中疑点很多。诸多质疑引起了日本考古学界和新闻媒体的警觉,因为考古学毕竟是一门严肃的科学,大多数从事日本考古事业的专业人员是尊重科学的。

据此,日本《每日新闻》的调查人员在藤村新一进行发掘的上高森遗址现场安装了数台隐藏的监视摄像机。经过长达几个月的监视与摄像,终于在2000年10月22日,拍到了藤村新一小心翼翼地将来路不明的器物埋入他于次日要"发现"它们的发掘现场。次日,藤村新一在新闻发布会上宣布,他又发现了一处极其古老的遗址,在年代测定为57万年前的火山灰层下发现了一堆石器。《每日新闻》则在11月5日公开了藤村新一造假的照片,照片显示这位"石器之神"正从一只塑料袋内拿出所谓"旧石器"埋进上高森考古遗址。无可抵赖的骗局被披露几个小时后,懊悔和精神崩溃的藤村新一举行了一个新闻发布会,承认他仅有两次造假行为。

为彻查藤村新一造假事件,日本考古协会于2001年6月设立了专门委员会,即前·中期旧石器问题调查研究特别委员会(简称"特别委员会")。该特别委员会多次找藤村新一谈话,在强大的舆论压力下,藤村新一终于在2001年9月下旬向特别委员会递交了一份自1981年以来从事造假活动的遗址名单。此后特别委员会又在各地进行了仔细核实,最终公布了历时两年多完成的调查结果。该调查结果显示:在藤村新一参与开挖的178处考古遗址中,至少有159处涉嫌造假。他的造假几乎从1981年他刚参加考古工作时就开始了。

藤村新一造假事件被揭露后,在日本学界和社会层面引起了强烈反响。各界人士纷纷谴责藤村新一的可耻行径,更使脸面全无的日本考古学界深感悲哀与愤怒。于是,日本东北旧石器文化研究所即刻将藤村新一除名;日本考古协会责令藤村新一退会;藤村新一曾获得的"相泽忠洋奖"等奖项也被撤销与收回;分布在全国各地的博物馆、资料馆也纷纷撤除了原本陈立在玻璃柜里的所谓由藤村新一亲手发掘的人工制品及其陈述板;日本文部省要求全国各地出版社迅速收回涉及与藤村新一考古发掘相关内容的教科书,并建议以一种反省的态度重写高校和中小学教科书中与日本历史相关的内容。

参考文献

[1] 管克江.施展"魔手"自埋自挖 编造日本历史"神活"[N].环球时报,2000 - 11 - 10.

[2] 卫奇.考古骗局曝光制假露了原形[J].化石,2001(1):10—11.

[3] 郑理."改写"日本远古史的"神手"显形记[J].世界通讯,2001(2):28—29.

[4] 翁屹.藤村新一考古造假事件[M].北京:科学出版社,2013.

思考题

1. 人文社会科学研究为何必须坚持客观性原则?人文社会科学研究如果要坚持客观性原则,在具体研究实践中应重点关注哪些方面?

2. 藤村新一反复学术造假,缘何能隐瞒 20 年之久而未被学界发现?

3. 以藤村新一学术造假事件为例,试阐明凡学术造假终将被曝光于世的必然性。

(朱宝荣)

4. 他因失去诚信而终结学术生命

——美国历史学家安布鲁斯的史实抄袭事件

斯蒂芬·E·安布鲁斯(Stephen Edward Ambrose,1936—2002),美国著名历史学家和传记作家、威斯康星大学历史学博士,长期执教于美国的新奥尔良大学等多所大学。曾任艾森豪威尔中心荣誉主任、《军事史学季刊》主笔,并是美国著名的两栖登陆作战博物馆——"国家D日博物馆"的创建者。

安布鲁斯28岁时,即获美国前总统艾森豪威尔赏识,并被指定为其作传人。20世纪80年代,安布鲁斯终于出版了著名传记《艾森豪威尔传》。在此书写作的过程中,他得到了艾森豪威尔本人及其亲友的全力支持,从而得以深入接触艾氏的书信及文件。传记一经推出,就引起了出版界的肯定与赞誉,奠定了作者在美国史学界的崇高地位。巴顿将军评价《艾森豪威尔传》时称,这是我所读过的研究最为深入和写得最好的作品。《纽约时报》的书评曾称,《艾森豪威尔传》严谨、权威、翔实,既展现了艾森豪威尔的伟大之处,又对他的部分决策做出了公允的评价,是迄今为止多本关于艾氏的传记中最出色的一部。

20世纪90年代初,安布鲁斯出版了著名传记《尼克松传》,该传记的出版进一步确立了他在美国史学界的泰斗地位。

虽然安布鲁斯从来没有在军队中服务过,但他一直对那些参加过战争的人怀有崇敬之情,并坚持以其特有的角度研究他们,因此,他撰写的"二战"历史系列小说因其对战争的真实描写与对人性问题的深入思考引发了人们广泛的关注与讨论。其大手笔的叙事技巧、精辟透彻的研究和悲天悯人的情怀,为他赢得了广泛的赞誉和无数读者的青睐。如在 20 世纪 90 年代中期,安布鲁斯出版了《诺曼底登陆》一书,该书荣登全美畅销书排行榜第一名,使他跻身历史畅销书作家行列。自此以后,安布鲁斯成为全美家喻户晓的史学家。安布罗斯还在史蒂文·斯皮尔伯格执导的影片《拯救大兵瑞恩》中担任历史顾问,并在史诗性连续剧《兄弟连》中担任执行制片人。《兄弟连》是 2001 年播出的美国 10 集电视连续剧,改编自安布鲁斯的畅销书《连队》,由斯皮尔伯格执导,戴米恩·刘易斯、马修·赛特等众多好莱坞明星主演,描写美国 101 空降师 506 团 E 连在第二次世界大战欧洲战场的真实故事。该连续剧在 2002 年美国主要影视奖评奖中,共获得 15 次提名、7 次获奖,其中在第 59 届美国电影电视金球奖上获得 2 次提名,获得电视类-最佳迷你剧/电视电影奖。除此之外,安布鲁斯还撰写了许多小说,其个人专著共有 25 本之多,主要内容大多为 20 世纪美国史。

然而在 2002 年,这位美国史学界的著名泰斗却遭到了指控。杜兰大学法学教授李洽生等人指责安布鲁斯所作史书中有大量资料出自他们的著作,数量达几页之多。虽然安布鲁斯在书页的"脚注"(footnote)中提到资料的来源,但在资料本身的叙述中却未加引号。在自己的著作中出现有好几页引自他人著作又未加引号的史学资料,这就构成了学术抄袭。案发后,人们又先后发现他的许多著作中存在不少史实的错误,这使安布鲁斯抄袭事件更为明确。该事件一度成为发生在美国的抄袭大案,曾轰动一时。由于安布鲁斯因抄袭而失去了作为作者的诚信,以致身败名裂,不久于 66 岁黯然辞世,名誉与生命俱尽。

参考文献

[1] 弗来德·巴尼斯. 我忘了用引号[N]. 标准周刊, 2002 - 01 - 14.

[2] 孝文. 美国名家也抄袭[N]. 青年参考, 2002 - 01 - 27.

[3] 汪荣祖. 抄袭之风何时了[N]. 文汇报, 2014 - 02 - 19.

思考题

1. 安布鲁斯在引文注释中究竟犯了什么错误以致遭到指控?

2. 论文规范"引注"的意义何在?

3. 你认为论文所涉哪些内容必须写注释?

4. 你认为如何正确、规范地写作注释,才能避免抄袭、剽窃、不犯学术错误?

5. 论文注释的当页页下注和参考文献有何异同?

（朱宝荣）

5. 一起被偶然揭发的"事件"

——美国海军学院范德马克的学术剽窃事件

布赖恩·范德马克(Blaine Fademark)是美国久负盛名的海军学院历史系教授。由于他知识渊博、学术功底深厚,社会影响颇大,在美国史学界与社会公众心目中具有相当的权威性。他也得到了学术书籍出版商的青睐,曾写作过多部颇具社会影响力的著作。他与美国前国防部长罗伯特·S·麦克纳马拉合作共著的《回顾:越战的悲剧和教训》对美国及世界都具很大影响。范德马克在国际学术界具有一定的影响力,他曾多次受邀在英国著名学府牛津大学演讲,其专业学识深受史学专家(尤其是年轻学者)的崇拜。

2003年3月,范德马克出版了一部新的历史著作,即《潘多拉魔盒的守护者:9个男人和核弹的故事》。该书讲述的是发明核弹的9名科学家的生活,并细致描述、剖析了这9位科学家因为核弹发明给世界所带来的巨大冲击而面临的精神困扰。该书出版后,起初赢得了读者的普遍好评。然而,世事往往会应验中国的一句老话——"无巧不成书"。为了进一步扩大该书的影响,范德马克计划为自己的著作开展一次书评活动,并请《洛杉矶时报》具体组织实施。《洛杉矶时报》在酝酿书评专家时,美国史密森氏国家航空和空间博物馆馆长、核技术历史学家赫尔肯进入了他们的视域,因为无论从学识地位还是专业知识考量,赫尔肯都是一位十分合适的书评专家,况且赫尔肯早在1981年出版过《必胜武器》一书,该书在内容、情节方面与范德马克的新书有某些类同之处。于是,赫尔肯应美国《洛杉矶时报》之邀,为介绍范德马克的这本新书作书评。然而,赫尔肯在仔细阅读《潘多拉魔盒的守护者:9个男人和核弹的故事》一书时,奇怪地发现该书讲述的某些情节竟然与自己在《必胜武器》一书所描述的几乎雷同。例如,《必胜武器》一书中写过一段:"从爆炸点往外延伸、方圆半英里(800米)以内满目疮痍,建筑全都成了瓦砾,已经看不出某一堆瓦砾属于原来这一栋建筑还是相邻那栋的了。"而范德马克的新书中也描写了同一幅场景,遣词造句仅比赫尔肯的版本少了两个单词。"这简直令人难以置信",赫尔肯说,"你很难相信竟会有人这么干,尤其是这个人还来自海军学院"。

赫尔肯发现自己作品被他人剽窃这一偶然性"机遇",实际上揭开了一起学术剽窃事件,而这一发现对范德马克而言是"不幸"的。此后,另外几名学者也认真阅读了范德马克的新书,竟然发现它与赫尔肯的《必胜武器》一书有多处"似曾相识"的内容。经过考证,《潘多拉魔盒的守护者:9个男人和核弹的故事》一书中涉嫌剽窃他人著作的50多个段落被列了出来,而这些内容如按学术规范,都应注明出处。尽管范德马克在这本书的"参考书目"一栏中,把包括赫尔肯的书在内的他人著作都列上了,但书中"引用"他人的所有段落均未加标注解,甚至连引号都没用,明显构成剽窃。

范德马克学术剽窃败露后,范德马克本人仍然坚持维护其作品的"清白",但他愿意"承担矫正错误的责任"。范德马克在家中接受《纽约时报》采访时辩称,书中那些被指控剽窃他人作品的段落都属于"合理的同义转换",但他同意,这本书再版时会为那些引起争议的词句"换个说法"或者加上出处注解。对于范德马克事发后的表态,美国海军学院的同事们感到惊讶,因为他们印象中的范德马克应是个治学严谨、作风正派的学者,而现在似乎一反常态。

2003年4月2日,美国海军学院表示,将对范德马克教授涉嫌剽窃他人著作的事件展开内部调查。其实,这一声明实乃不得已之举。美国《纽约时报》2003 年 5 月 31 日首先披露了这一消息,这给海军学院和范德马克本人的声誉蒙上一层阴影。海军学院的一位官员告诉记者,范德马克目前仍留在学校内,在学校职员组成的调查小组得出结论前,范德马克在学院内的身份和地位不会受到影响。

此后,海军学院在查询、专访的基础上,认定范德马克有严重学术不端行为,并给出处罚决定:撤消范德马克终身教授资格,降为助理教授;年薪削减 1 万美元。

参考文献

[1] 沈敏.拿同义转换为窃书开脱 美国知名教授涉嫌剽窃丑闻[N].新华网,2003 - 06 - 03.
[2] 李立.美国人如何对待学术造假[N].新京报,2010 - 07 - 27.

思考题

1. 范德马克在《潘多拉魔盒的守护者:9 个男人和核弹的故事》一书中犯了什么错误,以致遭到剽窃的指控?
2. 你认为影响剽窃事件曝光的主客观因素主要有哪些?
3. 你认为怎样才能使自己的学术行为始终为理性所掌控?

(朱宝荣)

6. 他因 19 个单词险失一世英名
——哈佛大学却伯教授的学术剽窃事件

　　劳伦斯·却伯(Laurence H. Tribe)是美国哈佛大学法学院著名教授。"二战"期间,却伯的父母与一大批犹太难民逃离战火纷飞的东欧来到上海。1941 年,却伯出生于上海。度过难忘的童年时代后,却伯赴美谋生,成为美国的第一代移民。他凭借犹太人的天赋与苦学,单枪匹马,在美国"打出一片天地",最终成为哈佛大学法学院宪法学教授,且获得哈佛大学地位最尊崇的校级教授头衔(University Professor,哈佛最高头衔,当时全校合计仅 19 位)。

　　却伯法学修养深厚,他独著的美国宪法学教科书地位显赫,如同美国法学界的《圣经》,多少年来影响了几代美国法律人,美国前任总统奥巴马就读哈佛法学院时,就是他的得意弟子,他很早就预言,奥巴马前途无量,因而却伯对奥巴马一路提携爱护。

　　却伯不仅学术功底深厚,还以学问卷入社会与政治而名满全美。他曾先后代理过 30 余次最高法院民权宪法案件,可谓无役不与,其声望在美国法学界真是无人不知、无人不晓。尤其在著名的布什诉戈尔案中,却伯作为戈尔一方的主辩护人,对案件平息起到关键性作用,却伯的声望也因此达到顶峰,成为美国自由派超级巨星。

　　不料风云突变,2004 年 10 月,美国保守派喉舌《旗帜周刊》指控却伯犯下学术剽窃丑行。《旗帜周刊》指控的论据是,1985 年却伯教授在出版的通俗著作《上帝拯救这个尊崇的法院》中,有一句共19个单词剽窃了弗吉尼亚大学亨利·亚伯拉罕教授出版于1974年的一本名为"大法官与总统"的著作。其实,却伯的该本通俗著作是针对普通读者所写,并非学术作品,所以,却伯在该书中删除了所有脚注和尾注,但在背景文献中仍提及亚伯拉罕教授的这部著作。由于百密一疏,未注明出处,剽窃弗吉尼亚大学亚伯拉罕教授的著作成了板上钉钉的事实,无可辩驳。

却伯教授学术剽窃事件一度成为美国各大报纸热议的新闻,也引发了各方对此事件的激辩。不少自由派学者,例如,却伯的法学院同事德萧维茨教授痛批保守派居心叵测,指控全无根据,是对却伯教授的肆意围攻。有人甚至挑明,2000年美国总统大选中的小布什与戈尔案,却伯教授当时不平则鸣,是民主党候选人戈尔在最高法院的代理律师,堪称美国自由派的"首席护法"。随后却伯在《哈佛法律评论》发表的相关学术论文中,甚至破天荒地将标题反排,对最高法院的判决表达了强烈抗议之情,让保守派更是恨之入骨、心结难解。因此,有人认为,此次却伯的学术剽窃事件被曝光,与和却伯教授结下梁子的保守派有关,保守派似乎是背后的主谋,对此应无异议。

身陷剽窃事件的却伯本人因媒体高调报道之后,深感自身面临人生的最大挫折与挑战,预料自己的一生英名可能毁于一旦。处于风风雨雨之中的却伯究竟该何去何从?是洗心革面,以最高学术标准为绳,公开道歉忏悔?抑或打出政治牌,指控保守派迫害自由派学者,换取外界廉价同情?一时成为摆在却伯面前必须尽快抉择的难题。

经过一夜未眠的痛苦反省,在《旗帜周刊》刊登报道次日,却伯教授做出重大抉择,真诚向亚伯拉罕教授与学术界公开致歉,表示未能注明资料来源,个人愿意承担全部责任。

此后,哈佛大学校长萨默斯先生及法学院院长卡根女士宣布成立由哈佛前校长博克组成的 3 人调查委员会负责处理。7 个月之后,调查委员会提交了报告。根据报告的意见,萨默斯先生及法学院院长卡根女士于 2005 年 4 月联袂发表新闻稿,向外界清楚表达校院双方立场:却伯教授之错虽非有意为之,却违反学术伦理,所幸只涉及个别措辞,而非核心观点,故不予以处罚。但却伯教授期待成为最高法院大法官的多年夙愿,从此梦碎。这场来势汹汹的学术剽窃风波就此戛然而止,落幕收场。

参考文献

[1] 俞飞. 我道歉、我认错——从哈佛教授剽窃风波说起[N]. 新京报,2010 - 07 - 24.

[2] 王江雨. 抄袭 19 个字也是学术上的严重失误[N]. 新京报,2015 - 04 - 15.

思考题

1.《上帝拯救这个尊崇的法院》一书被曝学术剽窃,也许有其深远的社会政治背景因素,但对却伯本人而言,其错误究竟在何处?

2. 因板上钉钉的剽窃事实,使却伯深感自身面临人生的最大挫折与挑战,经过一夜未眠的痛苦反省,他最终做出何种重大抉择?

3. 哈佛大学及其法学院为何对却伯的行为过错做出不予处罚的决定?

(朱宝荣)

7. 一次"无心的"错误毁了他一世美名

——哈佛法学院奥格莱特里的学术抄袭事件

2006 年,美国的一些民权人士掀起了声势浩大的"赔偿运动",即向黑人奴隶后代赔偿的浪潮。一时间,一些美国教堂不仅就过去曾经参与贩卖奴隶行为道歉,还有人考虑向黑人教会成员进行赔偿。不仅是教堂,美国的一些州和城市还通过规定,要求本地的工商企业公布自己历史上同奴隶制度的联系,这些城市包括芝加哥、底特律和奥克兰等。一些法庭还受理了类似的赔偿诉讼,并得到国际人权组织的关注。然而数年前,"赔偿运动"只有少数边缘性组织参加,影响也不大,但是在学者和律师的推动下,已发展成一场进入美国主流社会的运动,而这场"赔偿运动"的主要发起人之一就是哈佛大学法律学院黑人教授查尔斯·奥格莱特里(Charles Ogletree)。奥格莱特里不仅领导了这场"正越来越受到关注、同历史上的赔偿和维权运动相比、它在 21 世纪里更具有活力"的民权运动,而且作为一个学者,奥格莱特里学术功底深厚,无论在教学、学术研究方面均极为出众,是美国社会十分著名的法律顾问。尤其是他学术成果丰硕,出版了诸多既有质量又有分量的名著,在美国法学界与当代美国社会颇具影响,使其成为哈佛大学法学院备受尊崇的学者、终身教授。

然而,就是这样一位在学术界与社会上受人尊重的学者竟然也曝出了学术丑闻。有人发现在奥格莱特里已出版的一本有 380 多页的著作中,其中有 6 大段竟然与耶鲁大学法学教授巴尔金的作品几乎一字不差。这一学术抄袭事件震动了整个学界与社会,惊奇、议论、评析在媒体与学刊中比比皆是。

事发后,奥格莱特里立即在网上发出道歉信,并解释说,他犯了一个"无心的"错误。当时自己工作十分繁忙,而又赶着要交书稿,在不得已的情况下,他请两位研究助理协助整理书稿。这两位研究助理就把巴尔金的文章插入了他的草稿,但是忘了加引号并注明出处,就此酿成抄袭事件。奥格莱特里说,自己已经通知了书商,在所有未售出的书中夹一页说明信。

哈佛校方经征询与调查,宣称已对奥格莱特里按校规进行了惩罚,不过哈佛校方并没有就惩罚的具体内容做出说明。法学院院长也在公开场合批评奥格莱特里犯了严重的学术错误,并强调学术品德是哈佛法学院的治学之本。

对哈佛校方和院方的决定,校内师生议论纷纷。许多学者建议校方撤销奥格莱特里终身教授的待遇。他们认为,当学术规范遭到侵犯时,不管是学生还是教师,后果同样严重。由于哈佛以前极少发生教授抄袭事件,哈佛对这种行为还没有明文规定。哈佛校刊主任编辑斯特洛姆伯格称,奥格莱特里是明星教授,是哈佛法学院的巨大财富,被开除的可能性不大。有的学者则认为:奥格莱特里的公开道歉实际上已经是很大的耻辱,比起任何给予学生的惩罚都要严重。奥格莱特里教授的行为同样也引发了哈佛学生的不满。一直以来,哈佛对学生抄袭管得很严,如果被发现有抄袭行为,学生该学期所有成绩作废,甚至被开除。2005 年哈佛就有 6 个学生因为抄袭而被迫退学。哈佛学生认为,抄袭的教授应该和学生一样接受严厉惩罚。

哈佛师生的议论并未使哈佛校方和院方对奥格莱特里的处罚有明显改变,师生无奈,只能拭目以待。

参考文献

[1] 飞语. 情况严重将被开除　美国专门机构管教授剽窃[N]. 环球时报，2004 - 12 - 17.

[2] 俞飞. 我道歉、我认错——从哈佛教授剽窃风波说起[N]. 新京报，2010 - 07 - 24.

思考题

1. 奥格莱特里的著作受到学界的何种指控？

2. 奥格莱特里因学术抄袭在网上所发的道歉信中，他为何说自己犯了一个"无心的"错误？

3. 哈佛大学许多师生为何建议校方撤销奥格莱特里终身教授的待遇？

（朱宝荣）

8. 发生在哈佛的又一学术丑闻
——美国进化心理学教授豪瑟的学术造假事件

马克·豪瑟(Marc Hauser)是美国著名学府哈佛大学进化心理学教授。1987年,他从加州大学洛杉矶分校毕业后,在密歇根大学等校进行了几年博士后研究,1992年便成为哈佛大学助理教授,1998年获得终身教职,成为哈佛大学知名心理学家、进化和道德心理学的代表人物。此外,他还兼任了哈佛大学心理学系、组织和进化生物学和进化人类学系的教授,以及教育和神经科学研究生院主席等职务,其学术生涯可谓一帆风顺。

豪瑟从事的是灵长类动物的心智研究,他反对人们通常认为灵长类动物缺乏高等社会认知能力的观点,认为人类的这些"近亲"远比我们想象中要智慧得多,从它们身上一样可以发现人类所拥有的种种社会行为。作为道德心理学领域的引领者,他坚信可以"将一切生物的行为都归结于对进化有意义的特征",甚至道德观念同样如此。豪瑟认为,"一切符合道德的行为,例如,我们选择合作而非自私地窝里斗,甚至不需要高级的人类意识,从灵长类动物的时代就开始了",而这种"道德"一直在帮助灵长类生存。为此,他撰写了多篇论文来阐述自己的观点,如《道德大脑:自然如何塑造我们对善恶的观念》一文强调了道德观念同样存在于灵长类动物中,并且顺应了进化过程。

从事科学研究的20年间,高产又高质的学术研究成果使豪瑟成为无可置疑的"学术明星"。此外,他还是个活跃的演讲者,在各种学界的会议或在世界级的科学节上,常常可以见到他活跃的身影。

然而,2007年的一份匿名举报开始动摇豪瑟的学术地位。当时,豪瑟的两名助理和一位研究生在豪瑟不知情的情况下,分析了豪瑟过去的一段很"成功"的实验录像,却得出了实验失败的结论:猴子的行为在两种实验条件下并无显著的差异。之后,他们又重新审查了豪瑟本人的实验记录,发现他在文章中所写的与录像内容并不吻合。例如,他把录像中猴子一个微小的退缩动作记录为"猴子转头"。这些年轻的研究者们逐渐相信这并不是解释上的差异,完全是错误的实验记录。与此同时,其他研究助理也发现了类似情况,但屡次遭到豪瑟本人的否认。于是,学生与实验助理基于豪瑟在学术界颇有声望并且是该领域明星学者的考虑,他们顶着巨大的压力,将他们的发现以匿名方式上报给哈佛大学教务处,并要求调查。

此后,《高等教育纪事报》的一份内部报告披露了豪瑟的学术不端行为。《认知》期刊编辑格雷·奥特曼底也审核了豪瑟于2002年发表于《认知》的一篇论文,发现豪瑟存在捏造研究数据的嫌疑。例如,在2002年豪瑟的一篇文章中,本应有两组棉顶狨(一种动物)作为被试对象,被训练识别两种模式的声音。举个简单的例子,一组猴子被训练学习"嘟嘟",另一组猴子则被训练学习"嘀嘀"。之后,实验者通过一个隐藏起来的扩音器播放两种模式的声音刺激,查看猴子是否会对陌生的模式更加敏感。事实上,豪瑟只拥有其中一组猴子的实验视频资料——另一组猴子的视频记录由于空缺,只能被认为是捏造的结果。奥特曼底认为:如果调查结果属实,那么,这绝对属于"最严重的一类学术不端行为"。

鉴于学生举报与学界和舆论压力,哈佛大学在公开场合表示,

将对进化心理学教授马克·豪瑟在其关于非人类灵长目动物行为
与人类关键特征进化联系的研究中,就数据运用及结论形成环节可
能存在的学术不端行为进行彻查。哈佛大学文理学院院长迈克
尔·D·史密斯向全院发表的公开信也确认这一决定,但就豪瑟学
术不端行为所涉及的"数据获取、分析、保存、研究方法和最终结果"
等并未给出更多详情。

2007 年 8 月 20 日,哈佛大学终于对外公布了初步调查结果,判
定豪瑟的 3 篇文章存在 8 处学术不端并告知了论文处理现状,即
2002 年发表在《认知》有关棉顶狨学习代数的文章已被撤回;
2007 年发表在《英国皇家学会会志》的文章"已经修改";另有 2007 年
发表在《科学》的文章"还在讨论之中"。哈佛大学认为,豪瑟本人须
对实验数据造假负全责,其惩罚性措施将会涉及强制休假、进一步
监察以及学术和学生管理方面的权限调整,豪瑟没有对此表示异
议。但对于具体细节,哈佛大学依然保持沉默,称已将所有调查结
果呈报给资助豪瑟研究工作的两家联邦机构——美国国家科学基
金会和国立卫生研究院。最终,豪瑟本人发表声明,计划离开哈佛
教职 1 年,其所教授的课程已全部停止。豪瑟在给史密斯的辞职信
中写道:"在哈佛的 18 年执教生涯中,我非常荣幸能给这么多聪明、
具有天赋的学生当老师,还与这么多专注的同事一起工作。""我在
潜危(at-risk)青少年的教育需求方面已发现一些很有意思的工
作。""我期待明年可以全身心投入到这些新挑战之中。"

豪瑟学术造假事件就此尘埃落定,但哈佛的调查结果及其处理
决定并不令相关研究领域的科学家们感到满意。豪瑟的一位同行、
宾夕法尼亚大学的某进化心理学家就对记者表示:"科学家们希望
在豪瑟的研究成果的基础上进行下一步研究,他们想知道豪瑟的学
术不端对他的研究具体有多大影响,秘而不宣只会让谣言加剧。"豪
瑟的学生们更是担心自己并未伪造数据的研究结果会因为这位导

师而被质疑。学界一致要求哈佛公布调查的详细结果,但哈佛似乎对公开详情并无兴趣。

虽然哈佛的报告把学术不端的主要责任推到豪瑟身上,但最受伤害的可能是豪瑟的学生们。2007年8月25日,《自然》发表了编辑评论《附带的损害》,表达了对豪瑟的研究生和博士后未来道路的担心。这些人最容易受到此类学术不端事件的冲击:年轻科学家的声誉与其导师的成功与否息息相关,如果导师被发现有学术不端行为,年轻研究者所受的训练也会受到质疑。在豪瑟所带领的研究者中,有些人必须找到新的实验室,有些需要寻找教职,但是他们都面临着共同的困境。例如,应聘时是否应当公开自己在豪瑟实验室工作的经历?申请研究基金时是否应把在豪瑟实验室期间发表的论文列在简历内?这些都是令人尴尬和困惑的事情。

此外,所有信任并赞同豪瑟思路进行研究的同行们,也将面临是否要沿着过去思路走下去的挑战。《自然》的编辑访问埃默里大学的灵长类动物学家弗兰斯·韦尔时,这位《共情的年龄:自然关于善良社会的一课》的作者认为,豪瑟事件对他的影响是"灾难性的"。

1年后(即2008年8月),豪瑟给文理学院院长迈克尔·D·史密斯写信,希望能回校复职,然而心理学系的大多数教师都投票反对他回来任教,史密斯院长也支持这一决定。

参考文献

[1] 悠扬.哈佛大学通报知名教授存在8项学术不端事件[N].南方人物周刊,2010-09-10.

[2] 陈力权.哈佛教授的"实验门"[N].南方人物周刊,2010-09-11.

思考题

1. 豪瑟这位"学术明星"的研究数据造假是怎样被发现的?

2. 你认为豪瑟的动物实验研究涉及哪几项学术违规?

3. 为什么说豪瑟的学术不端事件对某些同行的影响是"灾难性的"?

（朱宝荣）

9. 德国前国防部长何以会身败名裂

——古滕贝格的博士论文剽窃事件

　　卡尔·特奥多尔·楚·古滕贝格(Karl Theodor zu Guttenberg)有德国贵族血统,其家族产业包括一座 14 世纪的古堡,妻子史蒂芬妮也系出名门。

　　2006 年,古滕贝格在拜罗伊特大学获得博士学位,博士学位论题为"宪法与宪法条约:美国和欧洲的宪法发展"。

　　古滕贝格自 2009 年在政坛亮相以来,他一直是默克尔内阁最受欢迎的政治明星,他先担任经济部长,随后改任国防部长。上任时,古滕贝格是万人迷,作为当时德国最年轻的经济部长,他在短短几个月赢得了 70％的支持率,人称"德国奥巴马"。人们甚至一度预测,他会是默克尔的继任者。

　　然而,2011 年 2 月,德国不莱梅大学法学院教授雷斯卡诺在一次例行检查中发现,古滕贝格的博士论文《宪法与宪法条约:美国和欧洲的宪法发展》多处引用报纸和学术文章内容,却未注明出处,其中一整段甚至原封不动地照搬自一篇新闻报道,论文中一些引用内容的出处也标注错误。还有人指责,古滕贝格从"导言"开场就长篇照抄别人的文字,根本没有论述观点。由此,古滕贝格陷入了媒体质疑漩涡。随后,拜罗伊特大学的学术监察专员对古滕贝格的博士学位论文进行认真核查,认定论文属严重抄袭。

　　"论文抄袭"这一学术丑闻传出后,古滕贝格的闪亮星途瞬间黯淡下去。有上百人以"侵犯知识产权"向他提出刑法检举,检察院正式审理调查。至此,古滕贝格不得不承认犯了错误并道歉,但他并没得到民众的原谅,于是他无奈地向拜罗伊特大学提出申请,请求撤销自己的博士学位。

古滕贝格被剥夺了博士学位,但德国政界和民众依然不满意。因为德国一直把科学精神看作德意志民族的文化传统,无论大学教育、科学研究和技术开发,均在很大程度上传承了这份祖上遗传下来的"基因",诚诚恳恳,精益求精,为国际科学界、工业界等树立了良好的学术与技术信誉。而古滕贝格无视科学的严肃,无视高等学府的尊严,居然把博士论文当成儿戏,从根本上亵渎了科学精神,亵渎了德意志引以为骄傲的民族传统,使德国学术界在国际社会蒙羞。于是,德国全国上下掀起了大讨论,民众不断施压要求古滕贝格辞职。尽管古滕贝格在德国联邦议院接受质询时诚恳认错,但反对党依然指责他是"说谎者",并要求默克尔将其解职。默克尔力挺爱将,称古滕伯格可胜任国防部长。此后,舆论要求古滕贝格辞职的呼声一浪高过一浪,民众甚至举行游行向政府施压。2011年2月底,超过2万名学者向默克尔递交了一份集体签名信,抗议默克尔"袒护"古滕贝格,这成为压倒古滕贝格的"最后一根稻草"。

最终,古滕贝格因(法学)博士论文抄袭事件,不仅被大学取消已经授予他的博士头衔,他自己也无脸面对国人。3月1日,这位原本人气颇高的国防部长在如山的舆论压力下败下阵来。他在宣布辞职的新闻发布会上表示:"我是人,我也有人类的弱点,我也会犯错误","对于默克尔总理所给予我的支持、信赖和理解,我致以特别的感谢","这是我人生中最痛苦的一步","有关我工作和为人的争论使我不再能履行职责","我一直都做好战斗准备,但我已经达到了自己力量的极限"。由此,古滕贝格引咎辞去国防部长职位、永久告别了政坛。

参考文献

[1] 颜颖颛.德国防长古滕贝格因博士论文抄袭事件宣布辞职[N].新京报,2011-03-02.

[2] 黄鹤昇.从古滕贝格博士论文抄袭事件看中国知识界[N].珠江论坛,2011-04-22.

[3] 孙进.德国:杜绝学术抄袭[N].辽宁教育,2014-07-15.

思考题

1. 古滕贝格为何会身败名裂?

2. 古滕贝格被剥夺博士学位之后,德国政界和民众为何依然不满意?

3. 你认为合理利用他人学术成果与抄袭、剽窃他人学术成果之间的区别应该如何界定?

（朱宝荣）

10. 玉女的陨落

——欧洲议会前副议长科赫·梅林的
博士论文抄袭事件

科赫·梅林(Koch Mehrin)1970 年 11 月 17 日生于德国伍珀塔尔市,她于 2001 年在著名的海德堡大学获得经济学博士学位,博士学位论题为"经济和政治间的历史货币联盟"。

科赫·梅林勇于挑战男权,成为女性主义的先锋。2005 年身为德国女议员的科赫·梅林接受了德国《明星周刊》的采访时,自愿"曝光"一组孕期的大肚照片,她毫不讳言地说,她就是要用大肚来"挑衅"这个男权社会,争取女性平等和解放。

科赫·梅林被德国自民党寄予厚望,2009 年被选为欧洲议会副主席。正当这位"美女议员"春风得意之时,德国却刮起一阵强烈的追查政客论文抄袭之风。在前国防部长古滕贝格的论文抄袭事件败露之后,"抄袭猎人"便将其搜索锁定科赫·梅林。经初步调查发现科赫·梅林确有抄袭嫌疑之后,针对科赫·梅林的指控即刻出现在互联网上,引起了社会的广泛热议。于是,科赫·梅林的母校德国海德堡大学启动了对该事件的调查工作。经多方取证,海德堡大学初步证实科赫·梅林在其 2000 年提交的博士论文中确有"实质性"抄袭行为,其整篇论文中有多达 120 处存在抄袭嫌疑。2011 年 5 月,科赫·梅林的博士论文被德国新开张的两家"学术维基"网站盯上。其中一家通过电脑对比软件测试显示,科赫·梅林的博士论文的抄袭指数约为 27.36%,达到 55 页之多。据此,海德堡大学最后的结论是,从文章的质量和数量上来看,由于这篇论文没有完成独立的科研调查,因此,海德堡大学做出取消科赫·梅林博士学位的决定。

随后,这名女政治家迅速做出回应。她在提交给海德堡大学的一份个人声明中写道:虽然自己的论文存在不足,出处不准确、不认真,有时甚至有错误,但这篇论文得出的结论也是建立在自己科学实践的基础上完成的。因此,她认为博士授予委员会做出的决定十分"突然"。

尽管科赫-梅林试图为自己辩护,但社会对论文抄袭的强烈指控,使这位女政治家自感力不从心,最终只得辞去所有政治职务,其中包括欧盟议会副议长、欧洲议会自民党团主席等。她希望通过辞职,避免家人受到舆论的压力。幸运的是,科赫·梅林侵犯版权的行为已经超过了法律追诉期,国家检察院表示免于对她的抄袭行为进行立案调查。

参考文献

[1] 窦小文. 德国女议员用肚皮捞资本[N]. 世界新闻报,2005 - 03 - 14.

[2] 林杉. 他们都被博士帽绊倒[N]. 钱江晚报,2012 - 04 - 09.

[3] 德国"政治洁癖"给人启迪[N]. 大众网,http://paper. dzwww. com/dzrb/content/20130212/Articelo3004Mt. htm.

思考题

1. 科赫·梅林因何被取消博士学位?

2. 德国国家检察院为何对科赫·梅林的抄袭行为免于立案调查?

3. 德意志民族为何在学术上具有捍卫科学精神的坚定信念?

（杨庆峰）

11. 一位科学家的堕落
——荷兰心理学家斯塔佩尔的学术造假事件

德里克·斯塔佩尔(Diederik Stapel)是荷兰蒂尔堡大学社会与行为科学系教授、系主任。他因在《科学》上发表了数篇颇具影响力的有关人类行为学的学术论文而震惊世界学坛,成为享誉世界学坛的明星学者,并因此受到诸多媒体的广泛关注。

斯塔佩尔是家中幼子,家住荷兰阿姆斯特丹旁边。高中时,斯塔佩尔成绩优异,热爱运动,还参与过戏剧的编写和演出。当时与他一起排演的一个同学玛瑟尔后来成了他的妻子。高中毕业后,斯塔佩尔曾到宾夕法尼亚的东斯特劳斯大学学习表演。很快,他发现自己并没有很高的表演天赋,便回到荷兰开始学习心理学。

几年后,他申请了阿姆斯特丹大学的博士生,研究课题是"人们对别人的评判"。不过,他并没有得到这个研究岗位,另一位年轻人获得了这个机会,他名叫马塞尔·泽伦伯格。1年后,斯塔佩尔又来到这里攻读博士,这次他的研究课题是"同化和异化效应",导师是著名心理学家威廉·库门。

同化和异化是已知的心理效应。当人们刻意地去注意一个抽象的概念——比如"诚实"或"傲慢"时——他们会更容易在别处注意到这个概念,这就是同化效应。异化效应则通常会发生在人们将某事跟一个实例做对比的时候,譬如拿自己的身材去跟超级模特的身材比较。斯塔佩尔当时设计了一系列实验来证明人们的同化和异化取决于当时的具体情景。

作为导师的库门对斯塔佩尔的实验研究十分满意且给予高度评价,他说:"斯塔佩尔是一个天资过人、充满热情且勤奋努力的博士生。能与他一起工作是我的荣幸。"1997 年,斯塔佩尔拿到博士学位,并留校工作。

在阿姆斯特丹大学任教的 3 年中,斯塔佩尔写了几篇反响平平的论文。不管怎样,当时的同事都认为他是个年轻有为的学者,他还获得欧洲实验社会心理学协会的一个奖项。2000 年,他来到格罗宁根大学任教。

随后,斯塔佩尔开始一个新课题的研究:"人们是否潜意识地受到暗示的影响?"为此,他设计了几个实验,实验情境大致如下:实验对象要坐在电脑前,屏幕上会有一个词或者一个图像,词或图像闪现的时间仅为 0.1 秒钟,这样一来,这个词或者图像就没有足够的时间进入实验对象的意识之中。随后,实验对象会被要求做一件事情,以便考察暗示是否会造成影响。在以本科生为对象的实验中,斯塔佩尔要求实验对象在观看闪现的照片后给自己的容貌打分,而闪现的图像分为两种,一种是一张漂亮的人脸,另一种是不漂亮的人脸。斯塔佩尔的假设是,比起那些看到不漂亮人脸的人来说,看到那些漂亮人脸的人应该会通过自动的异化效应给自己的容貌打较低的分。但实验并没有获得斯塔佩尔所期望的结果。这时,他只有两个选择——终止这种研究,或者重新设计实验。此时,他因抉择困难而花费了许多时间,最终他坚信自己的猜想是对的——"于是,决定自己创造一组数据"。

他坐在格罗宁根家里厨房的椅子上,对着电脑,输入了一批会让他得到理想结果的数据。他知道,要让这组数据看上去真实可信,这个效应不能太过于明显——哪怕是最成功的心理学实验都很少产生指向性很强的数据。斯塔佩尔逆向计算,得出两个实验组理想的平均相貌分数值(区间为 0~7),这个值既不夸张,又能显示出两组数据在统计学意义上的不同。他编出了如"4,5,3,3"这样的数据,并承认"我试图让它看上去更随机,而这是很难的"。在分析过程中,斯塔佩尔先得出了两组差别太过于明显的数据,于是,他不得不又重新删改了一些数据。之后的几天,他总共花了好几个小时,才得到了刚刚好的数据。此刻,他感到既难受又轻松。幸运的是,2004 年,该项"研究成果"被发表在《人格与社会心理学》上。斯塔佩尔在兴奋之余,开始"意识到原来编造数据是可行的"。

斯塔佩尔的事业从此步入了"正轨"。在格罗宁根大学期间,他发表了 20 多篇论文,其中有许多是与他的博士生们共同完成的,而他的学生和同事们却从未对导师帮学生做实验的不寻常行为产生疑问。

2006 年,斯塔佩尔来到蒂尔堡大学,成为泽伦伯格的同事。大批学生开始涌向他的实验室,斯塔佩尔的影响力日益增大。2010 年9 月,他成为社会与行为科学系的系主任。此时,他完全可以把事业重心从学术研究转移到行政方面来,但他仍然无法抗拒编造数据的快感,忙于编撰一篇关于乌得勒支火车站研究的实验数据论文,这篇论文于次年发表在《科学》上。学术威望的提升,引来更多的同事期待与斯塔佩尔合作新项目。

编造数据的快感使斯塔佩尔设计了一个新的实验:研究人们会不会在被暗示"资本主义"这个概念后消费更多的东西。他与他的伙伴设计了一份问卷,给实验对象在经过两种略微不同的情境后填写。在第一个情境中,实验对象面前放着一个装满巧克力豆的杯子,杯子上写着"资本主义";在另一个情境中,这个杯子上的字母被打乱。尽管问卷中的问题都跟资本主义和消费有关,比如说大车好还是小车好。这个实验主要研究的是,在哪一种情境中实验对象会吃掉更多的巧克力豆(此实验并非原创,之前其他人也做过类似的巧克力豆实验)。斯塔佩尔和他的同事预测,实验对象会在第一种情境中吃下更多的巧克力豆。于是,斯塔佩尔让一个学生买了杯子和巧克力豆,随后,便把它们跟问卷一起装进了他的车里,驱车离开,他说要去他的一个朋友工作的中学做实验。事实上,斯塔佩尔将问卷扔掉后,回家称了一杯巧克力豆,在自己家里做实验。在实验问卷填答中,他用一个自己认为合理的速度吃着巧克力豆,完成问卷后再称一次,估算出自己吃了多少巧克力豆。然后,他便围绕这个实验开始捏造数据。可见,斯塔佩尔"是这个实验中唯一的实验对象"。

在斯塔佩尔为"巧克力豆实验"编造数据的同时,他在蒂尔堡的另一位同事维格霍思也来找他,请他帮忙设计一个验证看到别人哭泣是否会引发情感认同的实验。斯塔佩尔对该实验主题做了巧妙的设计:他准备让小学生完成一个涂色的任务,其中一半的孩子要涂的卡通人物是面无表情的,另一半要涂的则是一个正在流泪的脸。完成这个任务后,孩子们可以拿到糖果。这时他们便可以通过询问这些孩子是否愿意将糖果与他人分享(这是一种情感认同的表现)来验证预设的假说。实验设计完毕后,斯塔佩尔、维格霍思与一位助手一起准备了涂色卡和问卷。斯塔佩尔告诉维格霍思,他准备去一个他有熟人的学校做这个实验。几周后,他把维格霍思叫来,给他看了自己记在一张纸上的实验数据。维格霍思惊喜地发现,看到哭脸的那一组小孩明显地比另一组小孩愿意分享自己的糖果。维格霍思当时连声称好,认为"这个结果一定可以发表在高端的学术杂志上"。于是,维格霍思开始着手写论文,然而他又想知道男孩和女孩的反应是否不同,于是他要求斯塔佩尔把原数据发给他看。结果,斯塔佩尔的回答是原数据尚未被录入电脑。这使维格霍思感到十分吃惊,因为斯塔佩尔当时给他看了平均数、标准差,甚至还附上了验证问卷是否可靠的统计索引,而这些一般都需要使用电脑才能得出的。这使维格霍思对斯塔佩尔的实验数据产生了怀疑,察觉到有不寻常之处。此后,维格霍思咨询了一位退休的教授,教授反问他:"难道你真的觉得一个有斯塔佩尔那种地位的人会造假吗?"面对事实,维格霍思并未对斯塔佩尔的实验结果消除怀疑,但屈服于斯塔佩尔这位系主任的权威,维格霍思只得"在那一刻,决定不上报此事"。

其实,在维格霍思之前已经有人对斯塔佩尔的造假有所传闻,但因没有确凿证据而无法调查,但斯塔佩尔收集数据的奇怪做法却经常受到质疑。2010年春天,一个研究生在斯塔佩尔帮他做的3个实验中发现了一些古怪。当该研究生提出要看原始数据时,斯塔佩尔却说他因疏忽而未将数据储存下来。之后,在斯塔佩尔升职成为系主任之后,这位学生在学校的健身房里将此事告诉了另一位年轻的教授。这位新来的教授得知此事后开始参加斯塔佩尔的实验例会,他在看到斯塔佩尔不管做任何实验都能得到那么漂亮的数据时惊呆了,他说:"我不记得我看到过任何失败的实验,这很反常。一般来说,哪怕是最优秀的心理学家都会有一半的实验是不成功的。"于是,这位年轻教授想通过与斯塔佩尔的合作项目来仔细观察他的工作方式,想仔细看看斯塔佩尔的那些漂亮的数据是怎样获得的。他俩一起设计了一些实验来研究那些让人们意识到有金融危机的商店会拥有更大方的顾客。两个月后,斯塔佩尔称他"一帆风顺地"完成了这些实验。他说他找到了对于金融危机的意识跟人们的慷慨程度有统计学意义上的联系。当这位年轻教授在看到斯塔佩尔所获取的原始数据时,发现了一些自相矛盾的数据,这些数据证实斯塔佩尔在造假。

2011年夏天的一个晚上,在接近午夜时,斯塔佩尔接到了他的朋友兼同事马塞尔·泽伦伯格打来的电话,说有急事要见他。泽伦伯格当时是社会心理学院的院长、斯塔佩尔的顶头上司。斯塔佩尔到达泽伦伯格家后,斯塔佩尔问道:"出什么事了?"敦实的光头男人泽伦伯格哽咽着解释说:"有两名研究生提出指控,怀疑你涉嫌学术造假。"斯塔佩尔回答,自己一定是受到了对头的诋毁,因为他当上系主任后,曾因工作上的事引起某些人的不满——所谓树大招风。当泽伦伯格追问到一些如"为什么你好几篇不同的研究中会出现一模一样的数字和图表"时,斯塔佩尔保证自己今后会更小心。随着泽伦伯格的不断施压,斯塔佩尔变得越来越慌乱。最后,泽伦伯格问道:"你到底有没有编造数据?"斯塔佩尔回答:"当然没有。"

随后,泽伦伯格将这起投诉转告校长菲利普·艾伦朗。艾伦朗是一位法学教授,经常跟斯塔佩尔一起打网球。一个周二的下午,斯塔佩尔受邀来到艾伦朗家里,积极地为自己辩解,不断强调他作为系主任的不俗表现,并表示自己的研究方式只是"出乎寻常"而已。谈话进行了 5 个小时左右,最后,艾伦朗礼貌地将斯塔佩尔送出家门,但同时也清楚地表示,他并不相信斯塔佩尔的清白。

为探明事实真相,斯塔佩尔工作过的 3 所大学(阿姆斯特丹大学、格罗宁根大学和蒂尔堡大学)组成了联合调查小组,对斯塔佩尔之前发表的几十篇论文进行整理,以便彻查他的造假行为。除了要清理斯塔佩尔的假数据之外,调查小组还需要鉴定斯塔佩尔这些论文的共同作者——其中包括他带过的 20 多位博士生是否也参与了造假。

1 周后,联合调查小组完成了关于斯塔佩尔学术造假事件的调查报告。该报告明确了斯塔佩尔学术造假的事实,并清楚地表明许多在他指导下完成的博士论文都基于虚假的数据。

又是 1 周后,蒂尔堡大学将斯塔佩尔解雇,并为宣布他的造假行为召开了一场新闻发布会。此事在荷兰引起了轰动,成了媒体在之后几个月津津乐道的话题。一夜之间,斯塔佩尔从一位备受尊敬的教授变成心理学史上最大的骗子。

参考文献

[1] 山石. 在美国搞学术不端被发现"后果很严重"[N]. 新华每日电讯，2010 - 09 - 17.

[2] 金津,徐贝译. 美国：呼吁公开数据以抗击学术不端[N].(美)高等教育内视,2011 - 12 - 08.

[3] 苏格拉呆.造假的科学：看我如何编造数据,成为学术大师[N].果壳网,2013 - 06 - 25.

思考题

1. 怎样的实验背景使斯塔佩尔"决定自己创造一组数据"，从此陷入学术造假的泥潭？

2. 试对斯塔佩尔"无法抗拒编造数据快感"的心态作归因分析。

3. 斯塔佩尔一贯善于编造数据的学术作假行为是怎样被发现的？

4. 为什么说斯塔佩尔是"心理学史上最大的骗子"？

（朱宝荣）

12. 因抄袭而辞职的教育部长
——德国前教育部长沙范的博士论文抄袭事件

德国前教育部长沙范①

2011 年，当德国前国防部长古滕贝格因其博士论文抄袭而无奈辞职时，当时的教育部长安妮特·沙范（Annette Schavan）在接受《南德意志报》采访时说过这样的话："作为 31 年前博士学位的获得者、指导数名博士生的导师，我本人在小圈子内为他（指古滕贝格）感到羞耻。"但不幸的是，她自己不久也成为一个让人感到羞耻的人。

2012 年 5 月，万龙尼维基网站的一个匿名博客作者指责沙范在其 1980 年撰写的博士论文《个人与良知——当今良知教育的前提、必要性和需求》中，多处直接使用了别人论文中的内容却未注明其出处。沙范闻讯后对此予以全盘否认，且为表明自己清白，她主动要求杜塞尔多夫大学成立调查小组，对当时自己提交的博士论文进行重新评估。

杜塞尔多夫大学组织的特别调查小组经多方取证且做认真比对，发现沙范的博士论文中确有数十页未注明引文出处，存在蓄意

---

① 图片来源：http://www.baike.baidu.com。

抄袭、隐瞒事实和欺骗的企图。2013 年 2 月 5 日晚,德国杜塞尔多夫大学正式宣布,因沙范 1980 年提交的博士论文中存在"系统地、故意地抄袭了他人的思想",因而决定取消现任教育部部长安妮特·沙范的博士学位。该决定公布后,引起了德国社会的强烈反响。当时正在南非访问的沙范立即表示:"我不接受杜塞尔多夫大学的决定,并将对此提出起诉。"

沙范博士论文抄袭事件的披露,反对党却取得了要求沙范辞职的种种理由。德国绿党秘书长施特菲·莱姆克说:"我无论如何也无法想象,带有这个污点的部长怎么还能在德国主管教育?"社民党秘书长安德烈娅·纳勒斯说,沙范已经不再被信任,她应对自己的行为负责。左翼党教育政策发言人佩特拉·希特对《南德意志报》表示,负责教育与科研的部长首先应该扮演模范角色。当古滕贝格的博士论文剽窃事件闹得沸沸扬扬时,沙范曾公开表示,对古滕贝格的做法感到"十分羞愧"。而现在,德国网友称:"沙范该为自己的行为感到羞愧了。"

现年 59 岁的沙范任德国教育部长已有 8 年(2005—2013 年)之久,据说她是德国总理默克尔的亲信。取消沙范博士学位的决定公布后,默克尔并没有对此表态。此间媒体分析认为,沙范虽然有权对杜塞尔多夫大学提出起诉,但德国大学的科研是独立的,法庭很难裁定一个专业科研机构的决定是否违法。提出起诉可能为沙范赢得一些时间,但诉讼的过程旷日持久,这对处于德国大选年的执政党而言,反而可能会成为一种不利因素。因此,卷入博士论文抄袭丑闻数月后,德国教育和科研部长安妮特·沙范于 2013 年 5 月 9 日最终决定辞职。在辞职会上,沙范表示:"我想今天是离开部长一职的合适时间,我会集中精力履行议员职责。"

参考文献

[1] 刘向. 德国教育和科研部长因博士论文风波辞职[N]. 新华网,2013 - 02 - 09.

[2] 国际新闻(新华社). 论文剽窃风波：安妮特·沙范捍学位[N]. 北京晨 报,2013 - 02 - 08.

[3] 潘旭. 德国大学初步认定德教育部长博士论文剽窃[N]. 新华网,2013 - 01 - 23.

思考题

1. 沙范为什么和古滕贝格一样令人感到羞耻？
2. 沙范为什么要求杜塞尔多夫大学对自己的博士论文进行重新评估？
3. 沙范最终为何要辞去德国教育和科研部长？

（杨庆峰）

13. 颁错的奖状?

——德籍社会心理学家福瑞斯特的数据操纵事件

继斯塔佩尔学术抄袭事件之后,荷兰国家科研诚信委员会又相继发现了阿姆斯特丹大学社会心理学家杰斯·福瑞斯特(Jens Frster)的实验数据操纵事件,该事件引发了世界心理学界的广泛关注,因为这位2007年来到阿姆斯特丹的德籍科学家在国际上久负盛名。有人称"他是他这一代人中最有创造力、最有影响的社会心理学家"。加州大学戴维斯分校的杰夫瑞·舍曼透露,2011年福瑞斯特因"在自我调节、创造力、新奇性、具身性和社会认知领域的开创性研究",曾获得了欧洲重大社会心理学荣誉——库尔特·勒温奖。

福瑞斯特数据操纵事件的揭发始于2012年9月,当时一位研究人员向阿姆斯特丹大学寄来一封长达35页的信件,对福瑞斯特的3项研究成果提出质疑。这位研究人员尤其对福瑞斯特2012年发表于《社会心理学和人格科学》上的一篇论文中所出现的异常数据表示困惑,福瑞斯特的研究认为,被试对象通过闻气味、聆听诗歌等微小刺激之后,其认知能力测试分数会显著上升。

出于好奇,这位研究人员曾向福瑞斯特索要实验的原始数据,结果却只收到福瑞斯特送来的实验数据集,其中仅包括被试的数量和测试标准差,而未涉及实验原始数据。这位研究人员进而又分析了2009年及2011年福瑞斯特在《实验心理学杂志:总论》发表的两篇描述类似实验的文章,然后写道,3篇论文共有42个实验,在绝大多数实验中发现的平均数"异常接近线性趋势",而这种情况发生的概率在508×1 020例中才会出现1次。

对于这位研究人员的质疑,阿姆斯特丹大学学术诚信委员会表示认同,认为该线性趋势"从统计学角度来说几乎是不可能的",但也表示这可能是因为"草率的研究"或出于"存疑的研究实践",例如忽略了某些异常数据。所以,诚信委员会成员表示并不能确定福瑞斯特的实验数据是否遭到操纵。

对于阿姆斯特丹大学学术诚信委员会的分析与推断,这位研究人员并不满意,他随即诉诸荷兰国家科研诚信委员会,该委员会开始介入福瑞斯特的实验数据调查。荷兰国家科研诚信委员会从福瑞斯特处获得了被处理的数据文件,并邀请统计学教授对此类数据文件进行分析、研究,结果从这些被福瑞斯特处理的数据文件中发现了有价值的线索。荷兰国家科研诚信委员会在2013年5月6日的分析报告中非常严肃地指出,"关于研究数据肯定遭到操纵的结论被视作无法避免",这种操纵实验数据违反了学术诚信,实验者是要负责任的,尤其是福瑞斯特。

由于荷兰国家科研诚信委员会对福瑞斯特实验数据操纵事件有了相对明确的定论,期刊方撤消了福瑞斯特于2012年发表的论文,但阿姆斯特丹大学拒绝透露是否要对福瑞斯特进行纪律处分。然而基于舆论压力,福瑞斯特最终只得离校辞职。

因荷兰国家科研诚信委员会的介入,福瑞斯特实验数据操纵事件虽然有了初步定论,但这种定论所凭借的是理性推断的结论,即基于统计和方法论上的取证。因此,在缺乏直接证据的情况下,给福瑞斯进行自我辩解留下了一席之地。在福瑞斯特致同事的一封公开邮件中,他将国家科研诚信委员会的结论称为是"一个可怕的判断错误",并将责任归咎于在斯塔佩尔事件后的杯弓蛇影。他写道,"我的确感觉自己是这场难以置信的迫害的受害者"。福瑞斯特在邮件中甚至极力为自己辩护,他完全否认曾有过操纵数据的行为,"关于我操纵数据的结论从未被证实过","这仍是一个基于可能性的结论",因此,他誓要争取重审此案。

荷兰国家科研诚信委员会的定论在学者之间也引发了不同的争论。美国普渡大学西拉法叶校区认知心理学家乔治·弗朗西斯曾调查过多起学术不端行为,他认为这套计算方法"非常有说服力"。美国弗吉尼亚大学社会心理学家布瑞·诺斯克"明确表示刊载的数据好得令人难以置信,人们对此不得不表示怀疑"。弗朗西斯和诺斯克指出,正如学术界首次发现了斯塔佩尔和斯曼斯特的伪造证据后一样,福瑞斯特的其他论文也应放在显微镜下进行剖析。

而舍曼认为,应该给予福瑞斯特"无罪推定(即在罪证不足的情况下被假定为无罪)","即便我们都同意这些数据不太现实,但也未必表示就是欺诈行为"。他指出:"目前尚不清楚为什么数据会是这种情况。我们之后可能会理解现在无法理解的事情。"福瑞斯特的博士生导师、德国维尔茨堡大学社会心理学家弗瑞兹·斯坦克同样告诫学界,莫要过早下结论,"福瑞斯特是一名优异的博士生,我从未怀疑过他的诚信问题"。

针对福瑞斯特实验数据事件以及学界对该事伴引发的不同争议,荷兰科学家开始思考,学术不端事件时有发生是否意味国家科研体系的腐化(在诸多领域也存在多起学术不端)。事实上自斯塔佩尔事件以来,专门处理申诉的荷兰国家科研诚信委员会收到的待处理案件数量增长了3倍,2013年已达19起。但是荷兰国家科研诚信委员会主席、阿姆斯特丹大学社会学荣誉教授克伊·斯佑则表示,案件数的上升只是表明荷兰的检举人现在已了解了检举的方式。在《新鹿特丹商报》的最新采访中,斯佑表示:"因为所有对学术不端行为的曝光,人们更好地了解到如何在校内进行检举,如何向荷兰国家科研诚信委员会申诉。"

参考文献

[1] 陈素清,吕锡强.抄袭心理探析[J].沈阳师范大学学报(社会科学版),
    2008(5):155—156.
[2] 张惠琴,李俊儒,段慧.中国大学生"抄袭、剽窃"概念实证研究——中、
    美大学生 plagiarism 概念比较[J].外语研究,2008(2):66—71.

思考题

1. 福瑞斯特的实验数据操纵主要反映在哪些方面？
2. 荷兰国家科研诚信委员会对福瑞斯特实验数据造假的定论为什么会在
   学者之间引发不同的争议？
3. 人为操纵实验数据是一种作假行为,在学术规范方面违反了哪一原则？
   其危害性主要体现在哪些方面？

（杨庆峰）

14. 一位博士生导师的痛悔
——北京大学王某著作抄袭事件

　　王某生于 1962 年,1985 年 6 月从厦门大学本科毕业,取得学士学位;同年,成为厦门大学人类学系硕士研究生,1987 年 6 月毕业,获硕士学位;此后 7 年间(即 1987 年 10 月至 1994 年 10 月)在英国伦敦大学人类学专业攻读博士学位,取得博士学位后,又分别在英国伦敦城市大学和爱丁堡大学聘任博士后。1994 年 10 月,王某回国任职于北京大学社会学人类学研究所,先后任副教授(1995 年)、教授(1997 年)、博士生导师(2001 年)。他曾兼任复旦大学高研院双聘教授、中央民族大学民族学与社会学学院特聘教授、中央民族大学人类学民族学理论与方法研究中心主任和北京大学社会人类学学社指导教师、中国文学人类学会副会长、中国人类学会常务理事与学术委员会主任、中国都市人类学会常务理事、《中国人类学评论》主编、《人文世界》年刊主编、中国人类学评论网主持人、法国国际跨文化研究院学术委员等职。

　　王某学术成果丰硕,在 1985—2002 年的 17 年间,主持、完成的国家社科基金、教育部、北大校级和国际合作等各类科研项目 10 多项;出版学术论著、译著 40 余部;在国内外期刊上发表学术论文50 多篇。

　　名校的高端人才、崇高的学术地位和丰硕的学术成果使王某成为国内外人类学学科中的领军人物、著名学者。然而,2002 年曝光的一则著作抄袭事件却强烈冲击了王某原有的学术根基。

2002年1月10日,上海《社会科学报》第7版刊登了署名晓声的文章——《北大博导剽窃,叫人如何不失望》,该文直指王某,事情缘自王某于1998年出版的32万字的《想象的异邦》一书。晓声(正在首都师范大学中文系攻读博士学位的一名学生)在文章中指出,王某所著的《想象的异邦》中第二编"视野""总共10万字左右全部抄袭自他自己所翻译的美国人类学家哈维兰的《当代人类学》","最令人不可理解的是,在《想象的异邦》书末开列的'参考文献'中,王某列举了120位中外学者的论著,却没有列举哈维兰的著作。这本由王某自己翻译,且由王某全篇搬运了10万字左右的学术名著,遭遇如此的待遇,实在是不公"。

一石激起千层浪。北大教授抄袭再度成为报纸、网络、广播、电视关注的焦点话题。有严厉批评的,有冷静分析的,也有为王某鸣不平的,卷入此事激辩的大多为学术界人士。2002年1月14日,南方某报刊载文章——"近10万字内容相同,北大名教授剽窃国外名教材",全面报道了此事的来龙去脉。紧接着,各大媒体纷纷跟进对此事进行报道。

对于王某抄袭事件,高校师生中有两种不同的声音,既有主张严惩的,也有为王某辩护的。例如,王某指导的博士生感到"自己敬爱的老师遭受了恶意攻击",认为"王老师之所以遭到这样的恶意攻击,就在于'木秀于林,风必摧之',就在于有人嫉妒他为中国人类学做出的突出贡献,嫉妒北大人类学在学术界的地位"。清华、北师大在内的10多位教授也向北大校长写信,要求"保护王××"。武汉大学的一位教授把10万字的抄袭说成是王教授"放弃自己的言说能力,而让一个或许并不比自己高明多少的哈维兰先生替自己做学术发言"。还有人认为"这样对待王××过了",因为"王××在学术上是有贡献、有创见的,像他这样处在该学科前沿的人才,中国没有几个。费孝通先生年纪大了，精力有限，他名下的一些博士生，平时实际上由王××指导。如果让王××靠边站，有些事无人代替"。于是，"为王××辩护"一度成为相当流行的关键词。

北大对王某抄袭事件十分重视，北大有关领导多次找王某谈话，对其进行严肃的批评教育，要求他做出深刻检讨，并通过适当方式向有关方面致歉。经过一番痛苦的思想斗争和自我反省之后，王某想通了，终于一朝省悟，豁然开朗。2002年1月23日，王某在《我的检讨与致歉》中表示："《想象的异邦》……在书中介绍学科研究领域、概念和著名描述性案例的过程中，我确实大量录入了《当代人类学》一书中的有关内容。当我意识到这事实上已构成对他人著作的抄袭时，我对自己所犯的严重错误感到震惊，并感到深深的痛悔。在引用他人的论述时，不注明出处，显然不符合学术活动规范。对这一错误，我正在深刻反省，并将终生为鉴。"

北大党委《关于在全校师生中开展师德学风教育的通知》称："王××事件在媒体披露以后，不仅在校内，而且在社会上都引起了广泛关注。这表明社会各界和全国人民对北京大学寄予了很高的期望，也显示人们对学术腐败现象的强烈不满。"

2002年2月5日，北大校方批发了24号文件——《关于停止王××招收博士生的决定》。该文件称："鉴于王××教授错误行为的性质，为严肃学术纪律，2002年2月4日，学校研究决定，停止王××教授招收博士生。"北大并在学术职务方面对王某做出了严肃处理，即撤销其包括北大民俗学研究中心主任、北大社会学系学术委员会委员、北大人类学教研室主任在内的全部学术职务。但是，王某依旧担任北京大学社会学人类学研究所的教授。

仅仅4天时间，王某由一名当红的学术带头人、专业领域内知名的年轻学者变成了一个学术不端者。对此，全国人大代表、北京大学数学研究所原所长张恭庆在对北大教授王某学术剽窃事件感到震惊的同时,也客观地剖析了学术领域存在的深层次问题。他指出,人才培养和科研管理领域一些根本性问题不解决好,很难避免今后再出现"张××"、"李××"事件。

参考文献

[1] 黄安年. 从北大王铭铭教授学术剽窃案谈起[N]. 中华读书网,2002 -
01 - 14.

[2] 李一夫. 从《中华人民共和国著作权法》谈北大王铭铭抄袭案[N]. 学术
批评网,2002 - 01 - 15.

[3] 马丽娜. "北大博导涉嫌剽窃"出笼内幕[N]. 南方网,2002 - 01 - 22.

[4] 周祥森. 以德治学　任学道远——就王铭铭事件谈"北大现象"[J].《社
会科学论坛》,2002(2):32—35.

思考题

1. 针对王某抄袭事件,有人说:"王××在学术上是有贡献、有创见的,像他
这样处在该学科前沿的人才,中国没有几个。如果让王××靠边站,有
些事会无人代替。"你认为这种为王某辩护的言论是否可取? 其理由
何在?

2. 经北大有关领导多次批评教育,王某的态度是否有所转变? 对自己的抄
袭行为是否已深刻反省?(请具体阐述。)

3. 有人认为王某抄袭事件的发生除个人主观因素之外,与学术领域存在的
深层次问题有关,你认为此类观点是否正确? 理由何在?

(朱宝荣)

15. 一位因学术剽窃被院方解聘的教师
——北京大学英语系黄某译作剽窃事件

黄某曾于 1993 年就读北大英语系,是美国文学专业博士研究生,1996 年 7 月获博士学位且留校任教,1997 年 8 月晋升为副教授,事发前是英语系工会主席。

1999 年,黄某出版了《艾略特——不灭的诗魂》(以下简称为《艾略特》)一书。此后,远在美国新泽西州留学的钟山虎先生发现黄某的《艾略特》一书涉嫌剽窃。为了确认事实,钟山虎先生将黄某的《艾略特》一书与彼得·阿克罗伊德所著的《艾略特传》做了认真比对,发现黄某的《艾略特》一书"基本上直接剽窃自彼得·阿克罗伊德所著《艾略特传》"。于是,钟山虎先生在"学术批评网"上发表文章,详细罗列了《艾略特》一书的剽窃细节。

指控黄某学术剽窃行为的文章在"学术批评网"首发后,立即引起北大英语系领导班子的高度重视。2004 年 1 月 2 日,为对基本情况有主动和直接的把握,为了维护英语系的学术声誉,系务会先委托系里教师对涉嫌剽窃的书籍进行技术性初查。2004 年 1 月 6 日,根据系学术小组的意见,系主任致信英语系全体同事和同学,告知系里对此案"正在审处"并将尽快公布结果。2004 年 1 月 7 日,调查人员拿出了"初步结论",确认网络文章所反映的情况基本属实。2004 年 2 月 3 日,系主任致信院领导,说明黄某"有重大剽窃嫌疑,应立即进行正式的查处",于是英语系核查程序正式启动。2004 年

2月4日,系主任代表系学术小组要求黄某本人自查,并于2004年2月20日之前提交自查报告。2004年2月19日,系主任收到黄某所写《自查报告》后,即致信系学术小组,建议成立系核查组并提出人选。2004年2月26日,核查组受系里委托成立后首次开会,确定核查重点以及需要黄某提供的书籍清单。此后,核查组对黄某在1999—2003年这段时间中出版的个人著作、文本进行查核,其中包括受到外界指控的学术专著《艾略特》(长春出版社,1999年)、英诗《古舟子咏》详注、2000—2003年约4年间发表在核心刊物上的5篇论文与发表在一般刊物上的1篇论文、编入论丛的2篇论文、已发表的1篇英文国际会议论文,以及以上述论文为各章主体的学术专著《抒情诗史论》(北京大学出版社,2003年)。

尽管黄某在《自查报告》中系统地否认自己存在剽窃情节,认为其属于"采用"、"参照"、"改写"、"改译",但核查组经约两个月的仔细核查工作,在2004年4月22日拿出《评价报告》初稿。核查组的《评价报告》在"基本事实"部分指出:"除《抒情诗史论》第八章尚未核查,就《艾略特》正文而言,共219页的篇幅里,至少有163页是大规模地、有意地剽窃了他人的著作,其剽窃面达到全书的74%。"因此,"仅凭这本书的剽窃行为,就足以认定黄某有极其严重的学术道德问题"。核查结果还表明,"从1999年《艾略特》一书起,查及的黄某所有发表著作均有明显剽窃问题,且程度严重、面积大。黄某反复以不同形式发表雷同的文字,有严重剽窃情节的文章达20篇。这只是就目前已经落实的出处而言"。根据核查组的这一认定,英语系决定核查程序不再继续。2004年5月6日,核查组将完成的《评价报告》提交给系务会与系学术小组联席会议讨论。

2004年5月21日,系领导班子决定召开系务会与系学术小组联席会议,核查组成员列席。与会人员就黄某剽窃行为的性质进行讨论,审阅核查组《评价报告》,提出定性意见和处理意向,并以无记名投票表决方式形成系一级决议。参加联席会议并拥有投票权的系务会成员和系学术小组成员共 9 人,投票结果显示:①"是否同意《评价报告》?"全票同意;②"剽窃问题的严重程度——不严重、比较严重、严重、特别严重",仅 1 票认为"严重",8 票认为"特别严重";③"处理意向为撤职、降级、记大过、解聘、开除",8 票投"解聘",1 票投"开除"。从投票结果来看,绝大多数人认为黄某剽窃程度特别严重,认为应予以黄某解聘并借此给其一定出路。

2004 年 5 月 28 日,英语系召开专业学科全体教授会议,听取系主任有关系务会与系学术小组联席会议内容的汇报,并对系决议进行无记名投票表决。在京教授共 12 人全部到会,经无记名投票,全票同意联席会议对黄某剽窃行为的定性和处理意见,一致认为黄某的剽窃问题特别严重并应予以解聘。

英语系对黄某剽窃行为的定性和处理意见上报学校后,北大校方表示:"对于任何查证属实的学术剽窃行为,北大都将一律予以严惩,决不姑息护短。"

参考文献

[1] 李东舰. 北京大学"黄宗英抄袭事件"凸现学术评价之弊端[N]. 国际在线(CRI Online), 2004 - 08 - 06.

[2] 马妮娜. 北大一副教授剽窃被解聘涉及其 20 篇学术文章[N]. 新京报, 2004 - 08 - 05.

[3] 祝国光. 打击学术造假应该有法律保障[N]. 法制网(www. legaldaily. com. cn), 2017 - 05 - 24.

思考题

1. 北大英语系针对黄某的剽窃嫌疑,做了哪些细致的调查、核实工作?

2. 为什么说本案中的黄某"有极其严重的学术道德问题"？

3. 以本案为例,试阐明学术研究中对他人研究成果的合理"采用"和"参照"与抄袭和剽窃的本质区别。

（朱宝荣）

16. 博士生导师竟然也学术抄袭
——中国政法大学金某专著抄袭事件

2008年3月26日,中国政法大学一学生打假团体发现该校商学院教授、博士生导师金某所撰《21世纪中国人力资源竞争战略》一书涉嫌学术抄袭。该书共18万字,其中10万字与东北师范大学博士生王德君所撰的《知识经济时代中国人力资源竞争战略研究》一文雷同。

于是,中国政法大学学生打假团体的一位名为"雪山飞虎"的成员向本校商学院学术委员会举报金某涉嫌抄袭事件。该商学院学术委员会主席杨帆教授接到举报信息后,即将举报材料转交给中国政法大学学术规范与学风建设委员会(简称"法大学风建设委员会")。

2008年5月8日,法大学风建设委员会经认真调查后,召开了第一次全员会议,会议由法大学风建设委员会主席丛日云教授主持。丛日云和金某曾同在辽宁师范大学共事,金某是由丛日云介绍进入中国政法大学工作。会上金某提交了一份文字稿。据该文稿称,金某在辽宁师范大学任职时,曾主持过与"知识经济时代中国人力资源竞争战略研究"相关的课题,王德君当时是该课题组成员之一,仅仅是该课题研究的参与者。金某强调,当时她已独立形成一份与该课题相关的书稿,该书稿的完成时间要早于王德君博士论文的完稿时间。金某为证明自己独立创作了书稿,还拿出辽宁师范大学科研处、王德君本人以及东北师范大学金喜教授等提交的相关证明。这一证明反映金某曾帮助金喜教授指导过王德君的博士论文写作,王德君曾因论文写作需要而带走与金某当时所主持的研究课题相关的部分材料。

有鉴于此,法大学风建设委员会主席丛日云认为,基本可以确定王德君的抄袭事实,而金某作为博导是不可能抄袭学生论文的。法大学风建设委员会的部分委员则有不同看法,认为丛日云的认定过于草率,万一判定错误,别人找上门来可不好办。经争议与协商,法大学风建设委员会最终要求金某在 15 天内拿出能证明自己原创的最初书稿。

2008 年 5 月 26 日,中国政法大学科研处作出初步调查结论:金某的专著中确有 10.7 万字与他人著作雷同。为此,法大学风建设委员会就金某涉嫌抄袭一事投票审议:共有 10 名委员参与投票,其中 5 人认为是"学术失范",建议对金某进行批评;另 5 人则认为已构成抄袭,建议撤消金某的学术职务。

此后,中国政法大学又两次选派由专家组成的调查组赴大连、长春等地调查,发现金某向法大学风建设委员会出示的所谓"证明材料"均系伪造之作。其中,辽宁省委宣传部保存了金某的一部密封的书稿,辽宁省委宣传部却无法讲明该书稿的来龙去脉。法大学风建设委员会部分委员强烈要求对该密封书稿进行鉴定,决心将学术抄袭案办成铁案;但部分委员则不赞同,认为该书来历不明,不能作为证据使用。当法大学风建设委员会的意见趋于一致、决定对该书进行鉴定时,校学术委员会却否定了学风建设委员会对该书进行鉴定的设想,至此法大学风建设委员会只得无奈声称:"学校把我们的权力剥夺了。"

更使人费解的是,2008 年 5 月底,涉嫌著作抄袭的金某居然开始反攻,写信举报商学院学术委员会主席杨帆教授,该举报信列举了杨帆教授存在一稿多投、学术剽窃等五大问题。对此,法大学风建设委员会做了认真调查、客观分析了金某的举报动机后,对金某的举报进行了两次审议及表决,均以 10∶1 的投票结果否定了金某的举报,认为杨帆教授不构成剽窃。

参考文献

[1] 向春.中国政法大学教授"抄袭门"始末[N].南方周末,2014 - 10 - 21.

[2] 黄秀丽.被抄袭者也抄袭 举报者也被举报——中国政法大学博士生导师金仁淑教授涉嫌学术抄袭案的最新进展[N].豆丁网,2008 - 07 - 08.

[3] 王晓易.中国政法大学博导金仁淑举报教授杨帆抄袭[N].四川新闻网-成都商报,2008 - 10 - 14.

思考题

1. 法大学风建设委员会为何最终确定金某抄袭了学生王某的博士论文,其证据何在?

2. 为什么说金某向法大学风建设委员会出示的所谓证明材料均系伪造之作?

3. 以本案为例,试阐明学术道德与学风建设为何是一项长期性和艰难性的工作。

(朱宝荣)

17. 被开除学籍的硕士生
——华中师大贾某论文剽窃事件

2002 年,贾某从黑龙江考入华中师范大学历史文化学院,成为历史学基地班的一名本科生。在 4 年本科期间,贾某除学习成绩优良、获得学校的诸多奖励之外,还展露出多才多艺的特质。他曾获得全国青年演讲大赛一等奖、湖北省高校普通话演讲大赛特等奖、武汉地区高校"校园之星"评选银奖等 30 多项荣誉。他连年获得优秀三好学生奖学金,担任过校广播台台长,并代表湖北省大学生赴马来西亚参加中马建交 30 周年交流活动。许多学生认为"在我们学校,没人不知道贾某","他那标准的普通话、富有磁性的声音、极富感染力的演讲,绝对是学生心中的偶像"。

贾某"明星"般的影响力远非局限于校园内部。凭借过人的才华,贾某还担任某教学网的首席培训师,同时还担任湖北省普通话测试员、武汉市朗诵艺术团会员等,先后受聘担任包括华中师范大学在内的 5 所高校及艺术中心语音塑造类课程教师职务。

2006 年,贾某以优异成绩免试直升华中师范大学历史学硕士研究生,在读研的同时还兼任本科班辅导员。

然而,贾某这颗"明星"却因学术抄袭事件而陨落,事发的缘由始于网上的一个帖子。2008 年 9 月 22 日,一个题为"剽窃示众:历史文化学院 2006 级硕士研究生贾某"的帖子刚一发表,就迅速流传开来。该帖声称:贾某 2005 年在《理论月刊》和《大庆师范学院学报》两本期刊上分别发表的论文《鸦片贸易在华泛滥的经济视角思考》和《翁通龢"罢退"之原由》均系抄袭西北大学历史学人才培养基地主办的内部交流年刊《史林新苗》，原标题分别为《1840年前鸦片在中国泛滥之原由新探》和《试析翁同龢"罢退"之原由》，作者分别为王显波和杨华萍。

网络信息的迅速传播使王显波和杨华萍很快知晓"贾某学术论文剽窃事件"，俩人深感气愤。为此，王显波给华中师范大学寄去8封检举信，杨华萍则给华中师范大学寄了7封检举信。半个月过去了，他俩仅得到校方一位秘书的非官方回应。同时，在这半个月中又发生了两件使他们感到更加气愤的事情：

其一，杨华萍检举信的收件人在第一时间把杨华萍现有的工作单位、单位地址、手机、座机等全都透露给贾某。当时贾某认为女同学好应付，只要求得她的原谅，就可万事大吉。于是，贾某凭借有关杨华萍的个人信息迅速赶往深圳，找到杨华萍后三番五次地纠缠于她，缠着要当面道歉，以致严重影响杨华萍的工作与休息。

其二，王显波检举信的收件人在未与王显波取得任何联系的情况下，先将王显波的个人信息及其检举事件透露给贾某，使贾某能凭借有关王显波的个人信息给王显波写去所谓"道歉信"。同时，贾某请年高德劭的熊先生到西安开会之际，"顺便"找王显波谈话，劝说王显波要有宽厚的心胸，要坚持"治病救人"的原则，"不要将人一棍子打死"。熊先生充满人情味的话语并未动摇王显波与学术腐败做斗争的坚定立场。王显波认为，大学者自身治学的严谨和他们为学术做出的重要贡献是值得尊重的，但他们在反对学术腐败方面却没有发挥自己应有的作用，没有尽到自己的责任，甚至从某种意义上说，正是由于他们的容忍，反而在学术腐败中起到推波助澜的作用。在行政主导学术界的局面下，学术本身要向着健康的方向发展困难重重。但是，学者们（尤其是有影响力的学者）不能放弃努力，更不能忽视自己在改善困局方面所可能起到的作用。只有学者们都从学术本身的发展来行为处事,学术主导的局面才能来临,整个学术氛围才能得以改善。在学术腐败面前,每一个学术人都要自觉参与斗争,不能姑息容忍,一切都按相关法规进行处理,决没有情面好讲!

几天后,王显波在网上发表了"就剽窃事件答复贾某"一帖,帖中道出贾某曾赴深圳找过杨华萍,并附上贾某发给自己的道歉信全文,贾某在信中自承"侵犯了您的权利、伤害了您的感情",因此"作深刻的检讨和诚挚的道歉",并表示自己错在"学术严肃性不强,好奇心、虚荣心作祟"。王显波还揭露:在他和杨华萍给校方寄出多封检举信后的半个月里,杨华萍的单位、地址和联系方式被透露,贾某才得以前往深圳"当面道歉",而王显波本人是在检举信寄出去的第21天才收到贾某的"道歉信"。王显波的这个帖子产生了广泛的社会影响。

此后,王显波和杨华萍经过反复商量,决定给贾某写信,表达他俩对剽窃事件的最终立场。王显波和杨华萍在信中表示,在学术腐败面前不能姑息容忍,"你应当得到开除的处分,一切都按相关法规进行处理,绝没有情面好讲"。同时,两个人认为华中师范大学对贾某学术剽窃事件处理不力,举报信已发出24天,却未见华中师范大学有处理意见,这反映校领导在处理学术腐败方面效率低下、犹犹豫豫、拖拖拉拉。据此,两人表示将把此次剽窃事件的前因后果上报相关的教育部门和研究机构,以作为备案。如果华中师范大学开除了贾某,他俩将向上级部门汇报华中师范大学在学术反腐方面终于有了进展;如果记过或者其他,他俩会汇报华中师范大学在学术反腐方面不能忠实地履行法律规定,学术反腐工作仍然停滞不前。

王显波的网上帖子、信件及其对学术剽窃事件的坚定态度使华中师范大学倍感压力。为此,历史文化学院院长彭南生对贾某学术剽窃事件做了深入调查,在反复核实真相后多次找贾某谈话,贾某向学院领导做了检讨。

根据网友举报和相关人员的认真核查,还发现贾某发表在2007年10月《华中师范大学研究生学报》(第14卷第3期)的论文《严复国民思想"劣根性"研究》也是全文剽窃之作。贾某的这篇论文与2005年8月《江西教育学院学报(社会科学)》(第26卷第4期)上的论文《严复国民素质教育思想研究——以批判和改造国民"劣根性"为例》完全相同,甚至连这两篇论文的摘要、关键词、正文也都一模一样。而后一篇论文的作者是袁阳春和刘力欣,作者单位也是华中师范大学历史系。有人揭发贾某存在其他学术欺诈行为,他在《大庆师范学院学报》上的作者简介是"贾××(1979—),男,黑龙江大庆人,华中师范大学历史文化学院博士生,研究方向:社会史",而在2004年8月《中南民族大学学报》S2期上的论文《太平天国运动的突破》的作者简介则是"贾××,华中师范大学教师,主要研究中国近代史"。可见,为了发表论文,贾某不仅全文剽窃他人作品,而且敢于谎称自己是博士生、教师。

2008年10月9日,华中师范大学认为贾某全文剽窃两篇论文,情节相当严重,虽然事情发生在就读本科期间,只因为被害人发现得晚而拖至现在,这丝毫不能减弱剽窃行为的严重性。据此,按照《中华人民共和国教育部令》第21号第54条以及《华中师范大学研究生违纪处罚暂行办法》第14条,校方正式公布了《关于取消贾××研究生学籍的决定》。

贾某论文剽窃事件给不少华中师大师生带来耻辱感,他们从不同侧面表达了自己的看法。

历史文化学院院长彭南生向记者坦言:"让他(指贾某)意识到自己的错误、应该承担的责任,比开除他学籍的那一张纸要重要得多,这对于其他师生树立正确的学术观也很重要。"据彭南生介绍,尽管他本人并未收到检举信,但得知此事后他立即找贾某谈话,并在深入调查、反复核实真相后,慎重地作出取消贾某研究生学籍的处理结果,"处理抄袭事件,我们绝不手软,发现一起就处理一起"。但"犯了错,并不等于一棍子打死","我们欢迎他能以新的形象重返校园"。

一位年逾八旬的老学者、教育家一方面为贾某痛惜不已,同时也表示:"贾××事件,校方需要反省。""这就像是一个脓包,已经到了非挤不可的时候了。"在他看来,对此事校方应该反省的地方不少。首先,"对这个孩子是不是'捧'得太高了?"其次,事情发生后未能及时给出正确的回应,甚至一度以为能以"压"的方式来"摆平",结果反而更激化了矛盾,"教育者应先受教育,华师是百年名校,只有不断反思,才能不断进步"。

对于校园明星、校园偶像的完美形象一朝破灭,很多同学都觉得难以接受。贾某的同门师兄陈勇告诉记者,为了提高普通话水平,贾××每天清晨6点就起床练声,风雨无阻。他所有的荣誉、成绩都经过个人艰苦的努力。一位新生泪盈于睫地道出心声:"我们一进校,就听到贾老师给我们作演讲。他真的很优秀,不管怎样也改变不了这一点。我和同学们都相信,经历了这一次,未来他还将更优秀!"

对于自己的过错,在给记者的短信里,贾某是这样说的:"木已成舟,我现在最为关注的是如何通过自我把握来减少对母校的冲击,因为我爱她。"

2008年10月10日中午,华中师范大学东区一栋研究生宿舍楼前,许多学生目睹了这样一幕:硕士研究生贾某默默搬出自己的行李——一位被学校开除学籍的学生不得不离开华中师范大学。

参考文献

[1] 王小晗,刘佳婧. 华中师大硕士生剽窃论文被开除学籍[N]. 荆楚网-楚天都市报,2008 - 10 - 11.

[2] 李刚."校园明星"剽窃论文被开除[N]. 金羊网-新快报,2008 - 10 - 14.

[3] 曾莉. 华师大校园明星剽窃论文被开除引发网友对高校学术腐败反思[N]. 荆楚网,2008 - 10 - 12.

思考题

1. 你认为贾某的论文抄袭事件败露后,急于赴深圳找杨华萍、给王显波写信,其真实意图何在?

2. 本案例中王显波对熊先生的一番评价,你认为是否合适? 其理由何在?

3. 你认为华中师大在处理贾某的论文抄袭事件中是否存在欠妥之处? 请具体阐述。

(朱宝荣)

18. 学术带头人因抄袭被撤职
——上海大学陈某论文抄袭事件

陈某是上海大学国际工商与管理学院教授、博士生导师。1993 年，他升任该校国际工商与管理学院副院长、学术带头人，并兼任上海大学学术委员会委员、上海体制改革研究会常务理事、上海市政府决策咨询专家、上海粮食经济学会会长、上海亚太财经研究中心主任等诸多职务。

陈某擅长经济学、投资与资本运营研究，曾出版了《金融创新实务》、《社会资金实证论》、《金融融资》、《宏观市场经济平衡下资金监控》、《中国宏观经济监控研究》、《中国金融市场》、《中国社会总资金流量和结构监控研究》、《国际资本与中国产业发展》等专著、教材及译著26 本，发表了《中国宏观经济运行监控模型研究》、《未来上海资金的筹措与运行》、《固定资产投资和资本效率提高》等学术论文116 篇，并主持完成了中国国际合作项目、国家自然科学基金项目、省市级重点项目共 41 项，取得国家和省部级以上优秀科研奖 16 项。

2005 年，陈某以投标人身份获得国家社科基金项目《中国制造业的国际竞争优势及其跨国投资战略》。两年后，在陈某主持下取得两项阶段性研究成果，即《我国制造业国际竞争力的显示性指标研究》和《四因素模型视角下中国制造业的国际竞争优势研究》。此后，《我国制造业国际竞争力的显示性指标研究》一文发表于《对外经济贸易大学学报》（2007 年第 6 期），《四因素模型视角下中国制造业的国际竞争优势研究》一文发表于 2007 年 5 月《上海大学学报（社会科学版）》。

2009 年 3 月 9 日，全国哲学社会科学规划办公室查核后发现，陈某在《对外经济贸易大学学报》上所发表的《我国制造业国际竞争力的显示性指标研究》全文约 9 100 字，其中抄袭了 2 300 字，抄袭率约为 25%。同时发现陈某在《上海大学学报》上所发表的《四因素模型视角下中国制造业的国际竞争优势研究》全文约 5 500 字中抄袭了 1 660 字，抄袭率超过 30%。据此，全国哲学社会科学规划办公室根据《国家社会科学基金项目管理办法》第 32 条规定，撤销陈某主持的国家社科基金项目"中国制造业的国际竞争优势及其跨国投资战略"，并要求各单位从这一事件中"认真吸取教训，引以为戒，进一步加强国家社科基金项目管理特别是后期管理，严把项目成果'出口关'"。

2009 年 4 月 21 日，上海大学宣布，因陈某两篇论文存在抄袭现象被通报，学校决定免去陈某上海大学学术委员会委员职务，撤销其相关行政职务。校方并表示，《上海大学学术规范及违规处理办法》已经成文，并正加快审批和修改。依据这一规范和办法，可能对陈某作出进一步处理以加强制度建设，引导全体师生吸取教训、引以为戒。

陈某论文抄袭事件在上海大学一度成为师生的热议话题，在师生的言论压力下，陈某曾为自己的过错寻找种种理由。陈某强调，国家社科基金项目是他主持的，因课题比较庞大，下设 6 个子课题，参与人数有 10 多人，其中有一个子课题是由研究生做的，论文也是他们写的，抄袭部分"没有征求我的意见"，"我更多的是主持"，不过陈某也承认没有严格把关。对于陈某的辩解，上海大学校方认为，尽管陈某为自己辩解提出理由，"但不管怎么说，这个项目的负责人是他，学生参与不应该成为学术不端行为的借口"。

　　陈某论文抄袭事件在上海各高校也引起争议,教授们普遍认为,高校中导师主持的项目都会有研究生参与。作为导师、科研项目负责人,对于研究生做出的科研成果或发表与研究课题相关的论文,导师应该认真审核、签字后方可到期刊发表。此外,教授们还揭露当前高校所存在的一种不良现象,即某些教授由于职务众多、事务繁忙,他们一方面需要不断地生产出论文和研究成果,以争取更多的项目保住学术地位;另一方面,他们在时间和精力上又不允许,往往让学生帮自己做项目、写论文,但又指导和监督不力,最后导致学术不端,这种状况急需改变。

参考文献

[1] 张建松.上海大学博导陈湛匀因论文抄袭被严肃处理[N].新华网,2009-04-21.

[2] 李雪林.上海大学博导抄袭论文被撤职[N].文汇报,2009-04-22.

[3] 李征.上海大学博导抄袭论文被撤职　项目成果被撤销[N].解放网-新闻晚报,2009-04-21.

思考题

1. 在本案例中,上海大学为何要免去陈某的学术委员会委员职务且撤销其相关行政职务?

2. 陈某为自己的过错做了哪些辩解?你认为这种辩解错在何处?

3. 你是否赞同研究生参与导师主持的科研项目?这种参与对研究生而言,其意义何在?

(朱宝荣)

19. 一篇仅改动"致谢"的学位论文
——华中师范大学胡某硕士论文抄袭事件

2009 年 5 月 21 日,有网友在"天涯社区"论坛发表了一篇题为"史上最牛硕士论文抄袭,直接用替换键搞定,我无语了"的帖子,揭发了一起仅数据被替换、"从摘要到目录到文献综述到正文分析再到后面的对策几乎完全一样"的论文抄袭事件。

4 天后,即 2009 年 5 月 25 日,上海某高校的一位博士研究生小唐举报,因撰写博士论文之需,他上"中国期刊网"时,偶然发现一起极为严重的论文抄袭事件:华中师范大学胡某所撰的题为"试论财经领域的新闻舆论监督"的硕士学位论文和广西大学黄某所撰的同名论文,两论文除"致谢"不同之外,其标题、中英文摘要、中英文关键词、论文内容、注释、参考文献等均完全复制、一字不差。

此后,《中国青年报》和新华网先后报道了小唐举报的抄袭事件,并请专家对两篇论文进行仔细比对,确认小唐的举报完全属实。

据小唐推测,发生在胡某与黄某之间的学位论文抄袭事件,可能出于两种情况:其一,就论文发表的先后时序而言,可能是胡某抄袭了黄某的论文,因为前者比后者晚一年撰文与发表;其二,两人均抄袭了他人业已公开发表的同一篇论文,抑或是两人暗中邀请的同一"枪手"所为。

胡某原为华中师范大学文学院现当代文学专业(新闻学方向)硕士研究生,已于 2004 年毕业,同年获硕士学位,现为湖北工业学院(原名为湖北工业大学)教师,就读期间的指导教师是刘九洲与员恕华。黄某原为广西大学新闻学专业硕士生,已于 2003 年毕业,同年获硕士学位,就读期间的指导教师是曾建雄。

据曾建雄教授透露,当年黄某在硕士论文撰写过程中与她有过多次交流,从选题到提纲拟定、再到论文内容确定的各个写作环节,均为师生共同商定,其中花了大量时间和精力,因此,黄某大面积抄袭他人撰文或雇"枪手"代以撰文的可能性极小。

相反,据胡某当年的导师刘九洲教授反映,胡某当年就读的是华中师范大学的研究生学位班,而非统招的硕士研究生。研究生学位班的学生"一般是自修,通过考试后,可以申报学位"。胡某当年的另一位导师员恕华老师进一步透露,学位班的学生一般都是在职人员,工作都很忙,大多是自修,因而她对胡某"丝毫不了解"。员恕华老师回忆,胡某当年在申请学位时第一次未通过,原因在于"实在太差了,基本的学术规范都没有,那一批就他一个被卡",院方为此要求胡某重写论文。胡某因第一次论文未通过十分痛苦,甚至还喝醉了酒。

过了一段时间后,胡某上交了第二篇学位论文。员恕华老师看后觉得好了一些,该文"最起码的基本规范符合了,当时时间也比较紧,而一年只有两次答辩机会,过了时间当年就拿不到学位了,我们觉得胡某达到硕士水平了,就让他过了"。

为此,胡某对员老师心存感激,他在其硕士论文的"致谢"中写道:"使我受益匪浅的是在论文写作阶段,员恕华老师及时、耐心地点拨我、指导我,使我充分看到自己的浅薄和无知,加深了我对'为师之道'的理解与认识。由于工作原因,因此我与员恕华老师传阅论文和交流思想只能通过邮寄和打电话的形式,但员老师给予我充分的理解和支持,她曾多次在百忙中抽出时间对我的论文进行从头到尾的审阅,不厌其烦地教我如何调整结构、删加内容。对此我心存感激，并因无法报答而深感愧疚，我只能向各位老师们致以诚挚谢意。"

胡某具有论文抄袭的现实动机显而易见，事实表明胡某确实存在抄袭黄某学位论文的嫌疑，胡某的抄袭行为已可基本定论。对于胡某涉嫌论文抄袭一事，员恕华老师说，"我也没想到他会这么做"，"我们做导师的也有责任，唯一的把关是看看规范上有没有问题"。

事后，华中师范大学明确表示：学校原来举办的硕士生学位班现已被取消，"就是因为有很多问题，太水、太乱"。就胡某涉嫌论文抄袭一事，刘九洲教授与员恕华老师一致表示，如经专家鉴定抄袭事件属实，胡某的学位肯定会被取消。

参考文献

[1] Admin. 论文查重不过关，华中师范大学硕士论文抄袭事件[N]. 论文检测查重网，2014 - 03 - 01.

[2] 小佳. 没有最牛只有更牛？谈华中师大硕士论文抄袭事件[N]. 新闻中心-中国网，2009 - 06 - 06.

思考题

1. 在本案例中，为什么说是胡某抄袭了黄某的学位论文？

2. 你认为研究生导师的职责何在？在本案例中，胡某的导师是否尽有作为导师的职责？

3. 以本案为例，试对网络信息传播作辩证的剖析。

（朱宝荣）

20. 经济学硕士的舞弊造假
——东北财大袁某硕士论文抄袭事件

2009 年 5 月的一天,网友小萧为撰写学位论文在中国知网上搜索相关信息,惊奇地发现整体框架完全相同的两篇硕士论文:一篇是来自南京财经大学 2006 年的硕士学位论文《江苏省 FEEEP 协调度研究》,作者为该校统计学专业学生曾康宁,指导教师为胡荣华,答辩日期为 2006 年 12 月 27 日,网络出版时间为 2007 年 7 月 16 日;另一篇是来自东北财经大学的硕士学位论文《山东省 FEEEP 协调度研究》,作者为该校统计学专业学生袁某,指导教师是杨某,答辩日期是 2007 年 11 月,网络出版时间为 2008 年 3 月 19 日。从时间先后上推断,抄袭者应是东北财经大学的袁某,而被抄袭者应是南京财经大学的曾康宁。两文几乎一模一样,仅把"江苏"替换成"山东",把江苏的统计数据换成山东的统计数据,以及对一些统计指标的对比排序结果稍有改变,从摘要、目录到文献综述、正文分析再到对策、思路几乎完全相同,就连参考文献的排序也一模一样,"这篇抄袭的论文几乎就是用替换键搞定的"。于是,小萧在"天涯社区"发表了题为"史上最牛硕士论文抄袭,直接用替换键搞定,我无语了"的帖子。

小萧除了对抄袭者感到气愤之外,对抄袭者的导师与该论文的评审专家也表示不满,小萧在帖子里写道:"据我所知,不是说一般学校都要求导师对自己学生的论文严格把关吗? 这是怎么把的关啊？自己学生完全抄袭了别人的论文，导师都没发现？据我所知，硕士论文答辩前不是要送出去盲审吗？这盲审的专家就真是瞎审了？据我所知，硕士论文答辩委员会都有 5 个以上的专家吧，怎么就没有一个人知道这是抄袭的呢？眼下又将是各个学校硕士学位论文答辩的时间了，不知道又将有多少篇抄袭的论文会轻松通过。"

小萧的帖子很快在网上流传开来，许多回帖者对抄袭现象表示惊讶和愤怒。《中国青年报》的一位记者按照小萧提供的信息，登录中国知网，分别下载了这两篇硕士论文。他对比两篇论文后发现，正如小萧所言，除了地名分别为"江苏"和"山东"以及所涉及的不同统计数据之外，全文结构基本相同，包括中英文摘要、目录、文献综述以及提出的对策也都相差无几，论文后所附的参考文献内容和顺序一模一样。两篇论文的中文摘要节选如下：

曾康宁论文的中文摘要（节选）："……食物-经济-能源-环境-人口发展（FEEEP）的协调发展是可持续发展的关键环节，而研究可持续发展，在一定的区域范围内才有意义。江苏省作为全国的经济大省，凭借自身的地理优势，在经济的快速发展的同时，却给资源、环境造成了巨大的压力。省政府已经意识到这个问题，提出将生态省的建设作为江苏未来 20 年发展的战略性目标。本文研究区域食物-经济-能源-环境-人口发展的协调发展就是以实现区域可持续发展为目的的。"

袁某论文的中文摘要（节选）："……食物-经济-能源-环境-人口发展（FEEEP）的协调发展是可持续发展的关键环节，而研究可持续发展，在一定的区域范围内才有意义。山东省作为全国的经济大省，凭借自身的地理优势，在经济的快速发展的同时，却给资源、环境造成了巨大的压力。省政府已经意识到这个问题，提出将生态省的建设作为山东未来 20 年发展的战略性目标。本文研究区域食物-经济-能源-环境-人口发展的协调发展就是以实现区域可持续发展为目的的。"

从上面的比对中可以看出，除了将"江苏"换成"山东"外，两段文字确实没有任何区别。从答辩时间以及网络出版时间来看，很显然是东北财经大学的袁某抄袭了南京财经大学的曾康宁。

此后，记者与曾康宁取得联系，曾康宁已经在上海一家公司从事市场分析调查工作。曾康宁说："我昨天才知道这件事，是听同学说的，很震惊，马上去网上看了。"曾康宁告诉记者，这一看发现，抄袭程度真的很严重。曾康宁回忆说，当时我写这篇论文花了大半年时间，指导老师评价也不错。他说，"对于硕士生来说，不能指望创造新的理论，但至少应在理论指导下有自己的分析，而直接抄袭，用个替换键就搞定实在太过分了，影响很不好"。对于此事的发展，他表示将继续观望事态发展再做决定，"可能对方学校也会调查核实"。曾康宁还说由于自己工作很忙，他对抄袭者的情况至今也一无所知。

记者随后联系了曾康宁的硕士生导师——南京财经大学经济学院统计系教授胡荣华。他对曾康宁印象深刻，"这是个很优秀的学生，本科就读南京大学，基础扎实，他的数学、计算机和外语都不错"。胡教授告诉记者，"FEEEP 协调度研究"是他的研究课题的一个方面，"FEEEP"是指食物、能源、环境、经济、人口，未来社会要达到和谐与可持续发展就得从这 5 个方面来做。他也是国内提出该课题的第一人，国内尚没有其他人在做。胡教授说："前两天就有人打电话给我，说网上在炒这件事，其实这事很久以前就有学生跟我反映过，说在写论文查资料时发现有人抄袭师兄的论文，但当时并没在意。"胡荣华说，其实现在对论文抄袭的界限还不是太明确，比如到底抄多少字才算抄袭。对硕士研究生而言，搞研究才刚开始，参考借鉴在所难免，不可能都是自己的创新。但不能不消化就去抄袭，至少要搞懂，用这个方法去解决问题，找到别人薄弱的地方，这才是你的创新。像这样照抄过来,太过分了。胡荣华说:"说实话,我们过去还没碰到这样的情况,不同的学校应该有不同的规定。但如果我们培养的研究生发现有这样的情况,通常要取消硕士学位。"

为了解抄袭者所在学校对袁某硕士论文抄袭事件的回应,记者电话联系了东北财经大学统计学院蒋萍院长。蒋院长说,学院已经得知网上正流传的袁某硕士论文抄袭事件和社会对该事件的强烈反响,现在学院正在开会、讨论处理事宜,随即又说最终处理要由学校决定。当记者追问涉嫌抄袭学生的导师将如何处理时,蒋院长以开会为由挂断了电话。

记者另从东北财经大学宣传部得知,校方在获悉袁某硕士论文抄袭事件后高度重视,强调如果该学位论文抄袭事件经调查属实,校学位委员会将根据国家和学校的相关规定进行严肃处理。鉴于袁某已毕业离校且在山东工作,5月26日,东北财经大学副校长马国强专程赶赴山东,与袁某所在单位进行沟通,并就有关问题交换意见。同时,校方已组成由研究生院院长任组长的联合调查组,对袁某论文抄袭事件进行认真调查和核实。调查组经仔细审核与比对,最终认定袁某硕士学位论文确实犯了抄袭错误,且属于比较严重的抄袭。

2009年5月27日,东北财经大学公布了《东北财经大学学位评定委员会关于撤销袁某硕士学位的决议》。该决议指出,经查实,本校2005级统计学专业研究生袁某的硕士学位论文《山东省FEEEP协调度研究》系抄袭南京财经大学研究生曾康宁的硕士学位论文《江苏省FEEEP协调度研究》,袁某的抄袭行为违反了国家和学校的相关规定。为此,根据《中华人民共和国学位条例》第17条规定,即"授予单位对于已经授予的学位,如发现有舞弊作伪等严重违反本条例规定的情况,经学位评定委员会复议,可以撤销"。又根据《东北财经大学学位授予工作实施细则》第24条的规定,即"校学位评定委员会如发现硕士、博士论文有舞弊造假等严重违反本细则规定的行为,应举行会议,对已授予的学位做出撤销原决定的决议"。据此,东北财经大学决定撤销 2007 年第四次校学位评定委员会授予袁某经济学硕士学位的决议,并收回已发放的硕士学位证书。

事后,东北财经大学表示,要将袁某硕士学位论文抄袭事件及其处理结果向全校通报,以起到教育和警示作用。学校要从制度建设和规范管理入手,最大限度地杜绝和避免此类事情的发生。同时,进一步加强对全体教师和学生的学术道德教育,在学校每年开展的"师德建设月"和"学风建设月"活动中,进一步突出学术道德建设的专题教育,在全校营造遵守学术道德和遵守学术规范的良好学术氛围。

参考文献

[1] 来扬. 东北财大撤销抄袭者硕士学位[N]. 中国青年报,2009 - 06 - 01.

[2] 手机版(编辑). 东北财经大学撤销硕士论文抄袭者学位[N]. 应届毕业生网,2014 - 11 - 25.

[3] 张少雷. 史上最牛硕士论文抄袭续:东北财大撤销学生学位[N]. 中国青年报,2009 - 05 - 29.

[4] 吴琳. 东北财经大学撤销论文抄袭者硕士学位[N]. 光明日报,2009 - 05 - 29.

思考题

1. 针对袁某学位论文抄袭,东北财经大学依据什么条例对袁某作出何种处分? 为引以为戒,东北财经大学校方准备从何着手,以加强对师生的学术道德教育?

2. 你认为本案中袁某的硕士学位论文在抄袭的情况下仍被授予硕士学位，其导师和论文评阅专家是否应该承担相应责任？其理由何在？

3. 本案中曾康宁的导师胡荣华教授的一番话对你撰写学位论文有何指导意义？你认为硕士研究生的学位论文怎样才能体现创新性？

（朱宝荣）

21. 胡编乱造的"学术成果"

——郑州大学贾某的"造假门"事件

贾某曾是"河南省优秀教师"和"河南省优秀中青年骨干教师"。2003年,贾某期望深造,努力拼搏后考入中国人民大学新闻学院,获得新闻学博士学位后,又赴美国纽约大学做高级访问学者1年。回国后不久,她很顺利地成为河南省教育厅学术带头人。2007年12月,郑州大学教师系列高级职务评审委员会经评审通过教授59人,贾某作为新闻传播学唯一一人入选,排名第18位。此后,贾某升任郑州大学新闻与传播学院副院长、特聘教授。

在学术研究方面,贾某先后出版了《广播学论》、《新闻发布理论与实务》(上、下卷)等专著,主编了国家"十一五"规划教材《节目主持人通论》,参编过《应用广播学》、《中外广播作品评析》、《广播新闻与电视新闻》等国家级通用教材;独立发表学术论文30篇,其中在权威期刊、核心期刊发表论文共15篇。

2009年6月,A者(一位有心人)无意中看到一份2006年郑州大学教授职称评审申报表,在这一高级职称评审表里发现了有关贾某的诸多重要信息:

其一,申请人贾某的实际年龄和身份证号码存在不一致现象。表格中填写的身份证号码为"4101026309×××××",按照旧版身份证的组成规律,第七和第八位数字为出生年份,第九和第十位数字为出生月份,按常理推断,贾某的出生年月应为1963年9月,但申报表的"出生年月"一栏填写的却是 1964 年 9 月。

其二,表格中的"任职以来发表出版的代表性著作"一栏中,填表人所填写的是"新闻发言人制度研究丛书",共包括 3 本专著,其中《新闻发言人制度导论》后注明的是"独著"(华夏出版社出版)。为证实《新闻发言人制度导论》一书的出处,A 者曾去电华夏出版社总编室查询,一位接电话的女士在该社数据库中搜索了《新闻发言人制度导论》一书后,明确回复数据库中肯定没有该书。A 者后来意外中发现,这本"无中生有"的专著(即《新闻发言人制度导论》)确实存在,但作者不是贾某,而是另有其人,真实的作者名叫孙聚成。据孙聚成说,自己在中国人民大学求学时,贾某还是自己的师妹,彼此很熟悉。至于为什么该书会成为贾某申报表中的学术专著,而且是独著,孙聚成说"那我就不太清楚了"。

其三,贾某申报的其他学术成果也存在诸多问题。如论文《试论"宽带"对传播的影响》的作者是付玉辉而非贾某。此外,还发现贾某申报表中填写的《主持人心中当有法》一文涉嫌一稿多投,该文的刊物出处为 1996 年 10 月的《新闻战线》,与这篇论文几乎完全雷同的论文在 1996 年 9 月的《声屏世界》上也发表过。

A 者还对贾某的学术作假动机作了归因分析,认为现在有的大学老师到了该评职称的时候,苦于没有著作,就找印刷厂出高价印刷自己胡编乱造的"书"。这些"书"虽然和正规出版物一样,有书号,有出版社,凡正规书应有的标识它都有。但是,这种书的书号往往是编造的,书又印得不多,反正职称评审时只要给出两三本样书就可以了,那些评审委员也不去查这些书的真假,这样,教授的职称就可以到手。而这些所谓的学术"著作",永远只有那么几本,只有作者本人才有,只有在评审现场和科研成果登记时可以看到,之后就完成使命、永远消失。

鉴于以上事实与分析,A 者于 2009 年 6 月 29 日在网上发表博文称,郑州大学新闻与传播学院副院长贾某在 2006 年正教授职称评定中所提交的学术著作有造假嫌疑,并指出其高级职称评审申报表中有诸多疑点。此博文一出立即引起社会的广泛关注。郑州大学对此事高度重视,迅速成立调查组对这一"造假门事件"展开调查。

经郑州大学调查、核实,新闻与传播学院副院长贾某在申报教授职称过程中,确实提供了虚假材料,属于学术不端行为。根据教育部《关于严肃处理高等学校学术不端行为的通知》精神和学校有关规定,郑州大学经研究,决定免去贾某新闻与传播学院副院长职务,解除教授聘任。郑州大学新闻发言人表示,郑州大学将以此为警示,进一步规范师生学术行为,进一步加强学术道德建设,弘扬优良学风,营造良好的学术文化氛围。

参考文献

[1] 编者. 郑州大学严肃处理贾士秋学术不端行为[N]. 凤凰网,2009 - 07 - 06.

[2] 楼主. 关于郑州大学新闻传播学院"造假门"的再讨论[N]. 天涯论坛,2009 - 07 - 10.

[3] Yafx. 贾士秋的"造假门"事件[N]. 中国百科网,2010 - 02 - 26.

思考题

1. 本案中的贾某在高级职称评审中提供了哪些虚假的学术信息?

2. 面对贾某的学术作假,其供职的郑州大学采取了哪些应对措施?

3. 你认为 A 者对贾某的学术作假动机所作的归因分析是否合情合理? 是否符合当前高校的实际状况? 其理由何在?

(朱宝荣)

22. 他被取消了管理学博士学位

——西南交大黄某的学位论文抄袭事件

黄某是成都人,生于 1956 年。1981 年,黄某从兰州大学毕业,获理学硕士学位。2000 年,黄某从西南交通大学毕业,获管理学博士学位。此后,黄某留校任职,成为教授、博士生导师。曾任西南交通大学应用物理系副主任、网络学院院长、研究生院副院长、常务副院长、院长、副校长,曾分管教学工作、教务处、成人教育学院、网络教育学院、现代教育技术中心、工业中心等,联系理学院、应用力学与工程系等。黄某还兼任大量社会职务,主要有全国学位与研究生教育学会理事、中国交通运输领域青年科技委员会副主任委员、四川省高等教育学会副理事长、四川省学位与研究生教育学会副会长、四川省铁道学会副理事长、《交通运输工程学报》编委兼编辑委员会主任等。

黄某长期从事教学、科研工作。曾获得自然科学基金"八五"重点项目——"宇宙超高能天体现象的观测研究",并参与属于自然科学基金项目的在西藏羊八井建立超高能观测点等多项科研工作,为此他兼任了中日高山宇宙观测合作委员会委员和中意西藏超高能宇宙线观测合作委员会委员。1981—2000 年期间,他在 SCI、ISTP 及国内核心刊物(如 *Phys. Rev. D*, *Phys. Rev. Lett.*, *Astrophys. J.* 等)上发表学术论文 40 余篇;在管理类学术刊物上发表论文 10 余篇,并承担省、部级科研课题多项。黄某是四川省首批学术带头人之一,1999 年获四川省有突出贡献专家称号,2000 年被国家人事部专家服务中心聘为专家顾问委员,并享受政府特殊津贴。

黄某这位优秀的科研与行政管理人才却在 2007 年被曝学术不端丑闻。2007 年的七八月间,有人通过各种渠道反映,黄某此前公开发表的两篇署名论文涉嫌抄袭或过度引用,举报材料很快被上传至网上,在中国经济学教育科研网论坛、新语丝网站及一些高校学术论坛广泛传播。据举报者反映,在《统计与决策》2005 年第 9 期上发表的论文——《一种新的综合评价方法——粗糙集灰色聚类评价》(论文署名依次是袁智敏、黄某、汪江洪,黄某系第二署名作者),涉嫌抄袭钟波等人发表在《重庆大学学报》2002 年第 7 期上的论文——《组合预测中基于粗糙集理论的权值确定方法》。此外,《西南交通大学学报(人文社科版)》2000 年 6 月刊中,黄某作为第一作者发表的《新世纪管理科学发展的战略思考》,涉嫌严重抄袭成思危等人的论文。

对黄某 2000 年 6 月所发论文,举报者罗列了 20 多条"证据"。除核心观点及核心内容涉嫌抄袭外,举报者同时还反映,黄某的论文有多处文字、一些章节涉嫌抄袭。举报者所提供的证据及相关材料引来多方热议。但也有人提出,《统计与决策》期刊中有"黄某"署名的论文是"学生抄袭论文时用了老师的名字",抄袭者并非黄某本人,黄某的过失主要是对学生的行为失察,缺乏必要监管。

西南交大对举报者的反映和师生议论起初并不重视,在此后的数月中校方并未对黄某涉嫌"抄袭事件"作认真调查,这引起部分教师的不满。据西南交大一名退休教授说,该校许多老师都知道副校长黄某卷入"抄袭门",西南交大是百年老校,一向治学严谨。黄某作为分管教学的副校长,而且是博士生导师,到底是不是抄袭?如果抄袭会不会受到处理?学校及有关方面仍没有结论,师生对此非常关注。另一名在职教授称,此前有人在网上发帖称,西南交大经济管理学院院长贾教授当时涉嫌抄袭,学校及时邀请专家对此进行调查。来自校内的一个专家组及校外的专家组经严肃调查,结论均为"不存在抄袭"。校方及时公布调查结论,这让学校及贾教授本人的声誉得到恢复。然而,在副校长黄某"抄袭门"事件中,学校却未及时公布结果,这"有损西南交大百年老校声誉"。

2007年12月,校方又接到举报材料,是关于副校长黄某博士学位论文第4章涉嫌抄袭问题的匿名举报。校方对这一匿名举报极为重视。随后,校方立即着手开展相关工作,严格按照学术问题处理程序,先由学校研究生院组织校外"管理科学与工程"学科专家匿名评审。之后,学校学术委员会又邀请国内外公认的6位同行专家,对此再次进行判定。经过几个月细致缜密的工作,2008年3月20日,专家组对黄某学术不端问题的性质有了最终认定,其结论是抄袭成立。

2008年4月,校学术委员会正式成立学术道德委员会,并制定颁布了《西南交通大学学术道德规范》。在此期间,学校收到关于黄某博士学位论文第四章涉嫌抄袭问题的七人联合署名报告,要求对此进行调查。学校学术委员会即责成学术道德委员会着手进行审理。正当学校学术道德委员会拟启动此项工作时,"5.12"汶川特大地震发生,致使此项工作推迟。2008年11月,学校学术道德委员会重新开始对黄某博士学位论文第四章涉嫌抄袭问题的审理工作,并启动审理程序。在学术道德委员会经过审理并提出定性结论建议后,学校学术委员会主任陈春阳校长于2009年6月6日下午,主持召开了学校第六届学术委员会第八次会议,审定学术道德委员会提出的定性结论建议。与会委员通过投票表决,同意学术道德委员会提出的关于黄某博士论文第四章涉嫌抄袭问题成立、且性质较为严重的定性结论,会议当场宣布了表决结果。依据学校学术委员会关于黄某博士学位论文涉嫌抄袭问题的定性结论,西南交大学位评定委员会于 2009 年 7 月 10 日下午召开第六届第九次会议，专题研究处理意见。经过无记名投票表决，决定取消黄某博士学位，撤销研究生导师资格，并将处理结果上报国务院学位办备案。

2009 年 7 月 15 日下午，西南交大的中层干部、硕士和博士研究生导师等陆续赶往国际学术报告厅，参加校方临时召开的学术问题通报会。在大楼入口处，校方安排了 3 名保卫人员及多名老师"把关"，禁止媒体记者进入会场。参加会议的老师进入会场前还需要签名。下午 4 时 30 分，学术通报会正式开始。台上就坐的有学术委员会主任、校长陈春阳，副校长苑平志，学术道德委员会主任钱清泉院士。由于参会的老师较多，许多老师只能站在后排及学术厅门口。

西南交大学术问题通报会当众宣读了校方对黄某"抄袭门"事件的认定结果，即黄某抄袭事实成立。不过，学术问题通报仅针对黄某的博士学位论文，并未涉及之前网上流传的两篇学术论文。根据学校已查实的学术问题，西南交大学术委员会决定：取消黄某管理学博士学位，撤销黄某研究生导师资格。至于黄某是否仍然可以留校工作，西南交大校长陈春阳表示，学校本着"治病救人"的原则，愿意帮助黄某端正学术作风，如果黄某仍然愿意留在该校工作，学校可以接纳。至于黄某所担任的副校长职务，陈春阳表示，由于黄某是部（教育部）管干部，其行政职务是否调整还要过一段时间才能有结果。

在通报了相关情况后，学术委员会主任、校长陈春阳再次重申：西南交大有 110 多年的办学历史，一向秉承"严谨治学、严格要求"的传统。不论是过去还是将来，对本校师生的学术不端行为，一经查实将严肃处理。对于校长的表态，多名教授表示肯定。

参考文献

[1] 周楠.西南交大严肃处理副校长黄庆学术不端问题[N].新华网,2009 - 07 - 16.
[2] 王晓易.黄庆"抄袭门"事件尚缺一道程序[N].东方早报,2009 - 07 - 17.

思考题

1. 本案中黄某的学术不端行为主要反映在哪些方面?
2. 为彻查黄某博士论文涉嫌抄袭,西南交大校方做了哪些细致缜密的调查、核实工作? 最终是如何定论的?
3. 你认为西南交大对黄某的最终处理是否合适? 其理由何在?

(朱宝荣)

23. 学界虽有激辩，但具警示意义

——关于清华大学汪某的博士论文抄袭

汪某，1959 年生，中国大陆著名学者，被誉为"新左派领袖"。担任清华大学中文系、历史系教授，博士生导师，清华大学人文学院学术委员会委员，《读书》前任主编，中华人文与社会高等研究中心执行主任，中国文化论坛理事。

1966 年，汪某就读于扬州市西门街小学。1971 年考入扬州市鲁迅中学（今扬州大学附属中学），1976 年高中毕业。在 1976—1977 年间，他先后当过一年半的临时工和徒工。1978 年，他被录取为扬州师院中文系 77 级本科生，1981 年本科毕业后，于 1982 年又考取扬州师院现代文学专业研究生，1985 年在南京大学获得硕士学位。同年，他考入中国社会科学院研究生院，师从著名文学史家唐弢教授攻读博士学位，于 1988 年毕业并获得博士学位。随即他被分配至中国社会科学院文学研究所工作，先后任助理研究员、副研究员、研究员。2002 年，受聘清华大学人文学院教授。曾先后在哈佛大学、加州大学、北欧亚洲研究所、华盛顿大学、香港中文大学、柏林高等研究所等大学和研究机构担任研究员、访问教授。

汪某的主要著作有《反抗绝望——鲁迅及其文学世界》（1990）、《无地彷徨："五四"及其回声》（1994）、《汪×自选集》（1998）、《死火重温》（2000）、《现代中国思想的兴起》等，编有《文化与公共性》、《发展的幻象》等图书。多种著作、论文被翻译为英文、日文、韩文、法文等。

在汪某的学术生涯中,《反抗绝望》这部 30 余万字的专著奠定其学术地位。该书写于 1986 年至 1987 年间,1988 年 4 月作为他的博士论文通过答辩。1990 年,该书在台湾出版繁体字版;1991 年作为"文化:中国与世界"丛书中的一本,由上海人民出版社出版;2000 年,经修订后作为"回望鲁迅"丛书之一,由河北教育出版社出版。

《反抗绝望》是一部不容忽视的"名著",自出版以来经常出现在中文系教师开给学生的书单中,该书"到今天甚至已经具有了'经典'的性质"。正是这部经典著作在被学人反复研究中意外地发现了其中所存在的问题。

2009 年 7 月,南京大学中文系教授王彬彬发现,学生做论文的时候经常会引用《反抗绝望》,他觉得有必要自己先看一看,否则指导学生不方便。于是,他利用暑假期间仔细看了《反抗绝望》一书。"看着看着就觉得不对劲",发现书中存在多处抄袭和剽窃。通过比对,他发现汪某的抄袭"很明显"也"很严重",被抄袭对象至少包括 5 部中外专著:李泽厚的《中国现代思想史论》(东方出版社 1987 年版);李泽厚的《中国近代思想史论》(人民出版社 1979 年版);[美]勒文森的《梁启超与中国近代思想》(四川人民出版社 1986 年版);[美]林毓生的《中国意识的危机》(贵州人民出版社 1988 年版);张汝伦的《意义的探索》(辽宁人民出版社 1986 年版)。此外,书中有些地方虽然没有文字上的抄袭,但明显是将别人的观点"偷意"而来。抄袭手法则包括:①"搅拌式",即将他人的话与自己的话搅拌在一起,"你中有我,我中有你",或者将他人论述的次序做些调整,便作为自己的话登场;②"组装式",即将别人书中不同场合说的话组合在一起,在一段话中,这几句剽自这一页,另几句袭自离得很远的一页,然后作为自己的话示人;③"掩耳盗铃式",即将别人的话原原本本地抄下来，或者抄录时稍做文字上的调整，没有冒号、没有引号，但做一个注释，让读者"参见"某某书；④"老老实实式"，即一字不差地将别人的话抄下来，不搅拌、不组装、不让读者"参见"。

2010年3月10日，国家级核心期刊《文艺研究》刊发了王彬彬教授的长篇论文《汪×〈反抗绝望——鲁迅及其文学世界〉的学风问题》。在文章中，清华大学中文系教授、《读书》杂志前主编汪某写于20多年前的博士论文《反抗绝望》，被指存在多处抄袭。

2010年3月25日，具有全国性影响力的《南方周末》以及北京的《京华时报》于同一天分别以全文转载和摘录的方式报道了王彬彬对汪某抄袭的指控。因汪某的博士论文以鲁迅为主题，《京华时报》采访了鲁迅博物馆馆长孙郁、中国社会科学院文学研究所研究员赵京华等多名鲁迅研究专家。

《京华时报》也采访了汪某本人，得到了汪某的简短回应：我现在国外，我还未看到王彬彬的文章，而且手头也没有自己20年前的著作；希望此事由学术界自己来澄清。汪某表示4月回国后，将相关资料会交给专门研究和处理著作权问题的法律机构进行研究。自己觉得只有对相关法律、规章进行研究，对具体指控进行核实，才有助于澄清问题。

王彬彬的文章被多家媒体转载后，更多的媒体又及时跟进，一时间"汪某抄袭门"成为中国内外学术界与舆论界的激辩议题，所谓"倒汪"和"挺汪"两大阵营的学者各执一词，形成对峙。

多名学者认为，"汪某抄袭说"难以成立。著名鲁迅研究专家、北大教授钱理群向媒体回应王彬彬的批评文章时表示，《反抗绝望》一书的核心观点是汪某独立思考的结果，为鲁迅研究提供了一个新视角。从这个意义上讲，汪某对鲁迅研究的贡献不容否定。以今天的学术标准来看，书中有些文字在引用他人观点时，注释做得可能确实不够严格，但这需要考虑当年的学术规范远不如现在严格，"在当时看来,只要大致标注出你引用了哪些资料就可以,不像现在,每引用一句话都得加引号"。所以,钱理群认为,"使用引文不够规范"和"剽窃"是两个概念,而且需要考虑当时的语境。鲁迅博物馆馆长孙郁、中国社会科学院文学研究所研究员赵京华等多名鲁迅研究专家均表示,《反抗绝望》一书确实存在引文不够规范等"技术层面的问题",但要说汪某恶意剽窃恐难成立。此外,不少学者(如舒炜、钟彪、魏行等)对王彬彬的动机提出质疑,因为王彬彬以前曾发文辱骂过王蒙与清华大学中文系另一教授蓝棣之,"派系之争"、"骂名人以扬名"之说也被提及。总之,批评王彬彬的学者均认为,汪某之著为20世纪80年代学术规范未成型时的产物,应属"引文不规范",此为技术层面的问题,而"王彬彬式"的学术举报与学术批评"别有用心",利用媒体暴力抹黑学者,对学术发展有百害而无一利。

反之,多名学者则要求严查"抄袭门事件"。美国威斯康星大学教授林毓生呼吁:要尽快调查汪某"抄袭门"事件。他认为,中国学术界最近一再声言要与世界学术接轨,如果这不只是一句口号的话,负责督导校内学术发展、维持学术秩序的清华大学文学院院长与清华大学校长如有政治与道德的责任,应尽快成立"汪×涉嫌抄袭调查委员会",根据调查报告作出符合上述原则的决定,即根据鉴定的确实证据作出停薪、停职或撤职的决定;如果清华大学校长、文学院院长不愿作出任命"汪×涉嫌抄袭调查委员会"的决定,他们显然未能负起责任,他们自己应该下台。美国普林斯顿大学教授余英时表示完全赞同林毓生的观点。知名学者丁东在《南方都市报》评论周刊发表文章称,自从中国有了现代学术以来,引用别人的著作不注明出处,从来都是不正当的,即便在20世纪80年代也不例外;汪某博士论文中的硬伤,当时没有发现,应当说是评委的疏忽,并不能证明80年代不需要遵守学术规范。总之,"倒汪派"坚决要求:清华大学校长(如果负责任的话)应立即成立"汪×涉嫌抄袭调查委员会"，对此事件给出公开、公正、公平的结论，并根据鉴定的确实证据作出严肃处理。不如此，不足以端正学风；不如此，不足以挽回清华大学的声誉。同时，这些学者还呼吁：在全国学术界、教育界，应尽快确立防止学术腐败的有效机制，制定解决学术争端的游戏规则。汪某20多年前在中国社会科学院完成的博士论文，答辩小组是中国社会科学院的研究员和北京大学的教授，应由社科院学术委员会重新考虑是否取消汪某的博士学位，对于如此严重的问题，不能互相推诿责任。

从2010年4月开始，"汪某抄袭门"趋于更为复杂化。有人向国外翻译、评论和出版过汪某著作的译者、评论者、刊物和出版社广泛寄送匿名信，一些与汪某合作过的学者和学术机构也成为这些匿名信的目标。此类以匿名信方式对学者进行人身攻击的行为引起了收信学者与单位的强烈不满。于是，这些学者开始收集并研究有关汪某事件的各类文章和讨论，并将相关情况向国际学术界的同行进行通报。2010年6月9日，有90多人联合签名，领衔者为9名汪某著作译者。签名学者来自美国、澳大利亚、日本、德国等国高校及研究机构，也有多名香港和台湾学者参与其中。这些国际学者致信清华大学校长，谴责媒体"在冷静的学术讨论上造成敌对氛围的作用"，也谴责由激烈争议所引发的、不断针对汪某以及其他人的敌意。2010年7月7日，《中国青年报》刊发一封63名中外学者签名附议的公开信。信中称，"为对汪×教授负责，澄清这一争议，我们联名要求中国社会科学院和清华大学迅速答复，履行职责。在组成调查委员会时，应邀请贵院、贵校之外的学者，乃至海外学者参加，公示委员会成员名单和调查结果。我们同时要求，调查结论以及各委员投票意向最终能公布"。签名附议的63名学者中，有南京大学文学院教授董健、复旦大学中文系教授吴中杰等现当代文学研究领域的知名专家，还有北京大学国家发展研究院教授汪丁丁、中国人民大学政治学系教授张鸣、北京大学社会学系教授郑也夫、复旦大学英文系教授陆谷孙等。

国内外学者的强烈愿望与请求将清华大学和中国社会科学院推到风口浪尖。在重压之下,清华大学向记者的表态非常微妙:"对汪×著作的批评学术界尚有争议,校方将继续关注这方面的讨论,目前没有进一步举措。"据了解,在《反抗绝望》写作和出版期间,汪×还在中国社会科学院攻读博士和任教,2002年以后他才到清华任职。中国社会科学院研究生院则表示"国家是有规定的,我们会按规定去做",但具体有什么规定并未解释。中国社会科学院纪检组张老师表示:"我们是有专门的部门对这些进行具体管理的、有程序的,应该是由信访处来处理。其他的我也不是很清楚。"

2010年7月底,汪某接受了新加坡《联合早报》的采访,这是他在2010年3月表示"希望学术界自己澄清"的简短表态后,对此事件的再次表态。他说关于对他的所谓"抄袭"的批评,将会有专门的调查报告。要说明这个问题,首先是要认定抄袭的标准,其次是要认定抄袭的事实;前者需要研究相关的规章、法律,后者需要以文本为据,详细比对和研究各条指控。不幸的是,虽然媒体就这个问题的讨论已经累积了数十万字,但在抄袭标准和事实认定方面的讨论却很少见。汪某指出:"坦白地说,我在阅读了王彬彬文章后,的确感到很惊讶。据研究,王文对于《反抗绝望》的指控共计10条,其中6条原著提供了注释,但他忽略或掩盖这些注释,或者将所谓参见式注释曲解为抄袭,这些做法只要稍加核查就可以发现。有两处原著提供注释,但重版时由于编辑分段,而将原注释与分段后的引文脱节,但注释仍然存在,属于技术性的失误。另外的例子则用完全不能成立的'偷意'概念来指控,有很强的随意性。"汪某强调,《反抗绝望》是1988年的著作,就像许多著作一样,存在一些缺点、疏漏,有些是当时的学术和出版惯例造成的,有些是校订和写作中的问题，在重版中未能加以纠正；在重版过程中，由于校订不细，还造成了一些新的问题，如前面提及的由于分段而造成的脱注现象。如果就这些问题进行分析和批评，我不但愿意接受，而且一定持欢迎态度，并在再版时吸纳这些意见。但这些疏失与抄袭、剽窃是完全不同的事情。如果刻意捏造事实或掩盖证据，用莫须有的定义对早期作品进行攻击和构陷，就是另外一种性质的问题了。汪某认为："我至今没有看到对于捏造事实或掩盖证据等行为的严肃批评——如果一个社会容忍这样的行为，将会对公民权利造成很大伤害。这类问题在媒体中很难说明，应该由学术共同体来澄清，作者个人可以提供一切必要的帮助。由于这些指控涉及 20 多年前的著述，也需要从当时的学术规范出发研究相关的例证，才能全面、客观地说明问题。"

2010 年 8 月 2 日，汪某又一次打破沉默，进行辩解，并向王彬彬发出律师函，要求"停止失实指责并书面道歉"。2010 年 8 月 29 日，王彬彬发表了《再说汪×〈现代中国思想的兴起〉的剽窃问题》一文，作为对汪某的回答。

此后，令人费解的是汪某再也没有采取进一步行为。2010 年 9 月 13 日，记者以电子邮件和短信方式，向汪某发送了采访要求，并在邮件中附上详细的采访提纲。其中，提到"你是否已将'相关资料'交给专门研究和处理著作权问题的法律机构进行研究？"、"您所信任的专门研究和处理著作权问题的法律机构具体是哪个机构？"、"目前就这一事件的研究调查已进行到哪一步？"等问题。遗憾的是，没有获得来自汪某方面的任何回复。

与此同时，由于学术界内部的严肃调查与据此应有的调查结果迟迟没有出现，属于民间范围的"挺汪派"与"倒汪派"的针锋与论辩经一段时间的交锋，也逐渐趋于沉默。更为关键的是，汪某目前供职的清华大学始终未给出一个"说法"。2010 年 9 月 7 日上午，记者致电清华大学宣传部，要求采访汪某涉嫌抄袭一事清华的处理意见和态度。清华方指出，要传真一份加盖单位公章的采访提纲。2010年9月9日下午，记者按清华要求将加盖单位公章的采访提纲传真给清华并附上联系方式。之后，清华方毫无回音。在9月13日和14日，记者连续两天致电清华大学宣传部询问进展，得到的回复是："处理此事的值班老师在开会，不知什么时间结束。（我）不清楚情况。"此后，清华大学宣传部的一位老师用手机短信给记者回复一条信息："学校一直高度关注汪×事件，我们也注意到学术界对此有不同看法，还在继续争议之中，我们将继续对此予以关注。"可见，清华大学对汪某事件的态度是明确的，即予以关注而未形成处理意见。事实也正是如此，清华大学9月6日发布的《2011年博士研究生（论坛）招生专业目录》中，汪某仍担任"中国现当代文学"和"中国思想史（专门史）"两个专业的博士生指导教师。

中国社会科学院对汪某抄袭事件的态度也逐渐明朗。9月14日，该院纪检组透露，中国社会科学院新通过一份关于学术道德的文件，不久将会公布，如果出现类似汪某这样被指多年前的毕业论文涉嫌抄袭的情况，"我们会执行新的规定"。显然，从中国社会科学院纪检组透露的信息中已经十分明确地表达了该院对汪某抄袭事件的态度，即汪某涉嫌抄袭事件发生在多年前（20年前），而当时又未形成针对该类事件的学术规范条例，所以，现在有必要形成一份新的关于学术道德的文件。如果今后再发生类似汪某这样被指多年前的毕业论文涉嫌抄袭的情况，中国社会科学院将按新的文件规定来处理。

随着清华大学和中国社会科学院对汪某抄袭事件态度的明朗化，这场曾引发海内外数百名学者参与且持续百日之久的立场争论逐渐趋于平息，大多数学者对汪某抄袭事件的性质及其处理基本认同，这一现状也正是那些对汪某抄袭事件坚持作客观、理性分析的学者所期盼的结果。例如,北京大学哲学社会科学教授、也是当年《反抗绝望》论文答辩委员会成员的严家炎曾对《中国青年报》说,王彬彬对汪×的批评"有点夸张",但"觉得王彬彬先生有些地方引出来的文字,看上去确有根据",对汪×而言是"硬伤"。他认为,虽然事过20年,讨论此类问题对于纯洁中国学风有好处和必要性。

可见,尽管汪某抄袭事件发生于20多年前,将其曝光后引发了学术界的激辩,这一事件在一定程度上发挥了积极的正面效应:强化了涉嫌抄袭者的自律意识;完善了国内高校、研究院的学术监管制度建设;对试图搞学术不端的在职、在岗、就学的教师和研究生起到了某种警示作用。从这个意义上讲,汪某抄袭事件所产生的广泛影响,已使该事件成为国内学界的典型案例。所以,新加坡《联合早报》8月1日刊登的一篇署名为"周兆呈"的文章说,"汪×事件"竟然"引起如此众多学者的参与,撇开学术派别、理念差异、治学观点等带有个人色彩的因素不说(说也说不清楚),如果将其视为公共事件,校方学术机构如何应对处置、汪×本人如何回应阐释、学术界又如何认可或继续激辩,足以构成一个案例,放到今后更长的时间段再回首时,肯定有其经典意义"。

参考文献

[1] 王彬彬.我有话说[N].京华时报,2010-03-25.

[2] 王彬彬.《汪晖〈反抗绝望——鲁迅及其文学世界〉的学风问题》[J].文艺研究,2010(3):126—136.

[3] 黄宗智.探寻中国的现代性[N].人文与社会,2013-07-11.

[4] 超级管理员(责任编辑)."抄袭门"前为何业内不作声 圈外很起劲[N].文汇报,2010-07-19.

思考题

1. 据王彬彬揭露,"经典名著"《反抗绝望——鲁迅及其文学世界》在编撰中存在哪些学术不规范之处?

2. 在本案例中,"挺汪"和"倒汪"两大学者阵营对"汪某抄袭门事件"各持何种看法,形成对峙?"倒汪派"向国外广泛寄送匿名信件的真正意图何在?

3. 你认为清华大学和中国社会科学院面对国内外数百名学者激辩的"汪某抄袭门事件"为何未作明确表态,也未对汪某作出行政处罚?

4. 你认为引发百日之久立场争议的"汪某抄袭门事件",其警示意义究竟何在?

(朱宝荣)

24. 体院院长何以被撤职

——广州体院许某的博士论文抄袭事件

许某在北京体育大学获教育学硕士学位、在苏州大学获教育学博士学位后,执教于广州体育学院。他先后任硕士生导师、教授、博士生导师、广州体育学院党委副书记、广州体育学院院长,至2011年3月调离广州体育学院。后来担任上海体育学院体育教育训练学博士研究生导师、东北师范大学体育学院博士指导小组成员,并兼任中国体育科学学会运动训练学专业委员会委员等职务。

许某曾在《体育科学》、《北京体育大学学报》、《首都体育学院学报》、《体育与科学》等刊物发表学术论文近70篇,出版和参与出版专著、教材8部,承担省部级以上课题13项,其中国家级课题3项。他编写的《篮球运动高级教程》曾获"教育部2002年全国普通高等学校优秀教材奖"。

2006年5月,许某和他的学生王恒同(一位留校硕士生)共同在2006年5月的《广州体育学院学报》上发表了《中国竞技体育利益格局衍变的研究》一文,正是该篇论文使许某身陷抄袭门事件。

2006年10月中旬,北京体育大学的一名在读博士研究生,为写论文开题报告,在网上查找资料过程中无意发现了两篇极为相像的文章,分别是:《中国竞技体育利益格局衍变的研究》,载《广州体育学院学报》2006年5月第26卷第3期,作者是许某和王恒同;《中国竞技体育的利益分析》,载《体育科学》2000年9月第20卷第

5 期,作者是李艳翎和郑吾真。两篇文章的雷同率达 80％以上,"雷同部分的字数与表述都一样"。于是,该博士生将自己的发现告知《广州体育学院学报》编辑部,编辑部立即向许某汇报此事,但许某只是向王恒同询问了情况。据王恒同说当时的情况是这样的:他对竞技体育一直比较关注,在网上查找资料时,发现了《中国竞技体育的利益分析》一文,该文没有标明出处、也未署名,"他觉得文章的观点跟他的想法比较吻合,所以就觉得可以用,可能用得多了一点"。王恒同的文章写完后便交给《广州体育学院学报》,同时给许某打招呼:"我写了一篇文章,署了您的名字。"许某当时认为,"作为老师而言,也没多想就同意了。因为学生写篇论文也不容易,能发出来很不错"。

此后,北京体育大学的这位博士研究生又向《中国青年报》记者送交了举报信。记者在两文比对中发现,许某、王恒同所撰写的《中国竞技体育利益格局衍变的研究》与李艳翎、郑吾真所撰写的《中国竞技体育的利益分析》除去引言部分的 390 多字及结论等部分的 730 多字外,两文的中间部分几乎一字不差。于是,2006 年 11 月 15 日《中国青年报》率先报道了"广州体院院长身陷'抄袭门'事件",该文很快被多家网站转发,形成一定社会影响。对此,许某在多种场合强调:"这篇文章我没有参与过写作,挂我的名字,是因为可以不交论文的版面费。"

2006 年 11 月 17 日,广州体育学院专门成立的工作小组认定《中国竞技体育利益格局衍变的研究》一文抄袭情况基本属实,其处理意见如下:处罚王恒同两年不准申报职称、两年不准在《广州体育学院学报》发表文章、两年不准申报科研课题,并给予行政记过处分。作为院长的许某因在不知情中被署名发文,故仅要求在学院中层以上干部会议上作了检讨。

许某的"抄袭门"事件并未因他的自我检讨而就此平息。两年半后,即 2009 年 5 月 30 日,在"天涯社区"的网络杂谈版块,一位名为"eeeee1234"的网友发布了"抄袭,又是抄袭——博士论文也是抄袭"的帖子,指责广州体育学院现任院长许某的博士论文《中国竞技体育制度创新》一书"抄袭情况极其严重"。此事经 2009 年 7 月 5 日的《新快报》报道后,迅速引起轰动。这是两年半后,许某又因涉嫌论文抄袭而被媒体再次曝光。

据悉,本次"抄袭事件"的曝光起因于一项"职业介绍"。一位署名为"一个学生家长"的网友说,他有一个亲戚的儿子在广州体院读书,今年行将毕业,其父母托他帮忙找工作。他找了一家大型国企,……该企业的人力资源部领导上了广州体院网站,好奇地看了该院领导的网页,发现院长许某因论文抄袭于 2006 年 11 月曾被媒体大规模报道过,但许院长还是现任领导。带着疑问,这位网友进一步发现:"大事不好! 许××的博士论文也大面积抄袭!"

许某的博士学位论文题为"中国竞技体育制度创新中政府与垄断问题研究",2004 年 6 月,该学位论文在苏州大学经过评审、获得通过,许某取得博士学位。此后,许某和另一作者(许某的博士生导师孙民治教授)将该博士学位论文在人民体育出版社出版,书名改为《中国竞技体育制度创新》。

据《新快报》报道,许某所著的《中国竞技体育制度创新》一书共354 页、约 40 万字,其中竟然有 202 页、约 19 万字为抄袭得来。《新快报》记者王华平发现,在许某的这本学术专著中,"有一些涉嫌对原论文结构大段文字一字不落地抄袭,有一些则是对原论文中除图表外的理论文字进行抄袭,而有一些对原论文的抄袭超过了80%"。由于该书与他人论文存在大量雷同,而在各章节的参考文献中一字未提被抄袭的论文或期刊,因此,王华平认为,《中国竞技体育制度创新》一书"存在大段大段与他人论文高度雷同的现象,完全可以称之为抄袭"。

　　许某的博士论文抄袭事件被《中国青年报》曝光后数日,记者不断收到匿名人士寄来的投诉材料,其中包括许某涉嫌抄袭的详细索引。记者通过比对后发现,《中国竞技体育制度创新》一书确实大部分为抄袭之作,从第一章第一节就开始抄起,如书中的第一章写的是"研究选题与总体思路",第一章第一节的第 18,19,20 页抄袭自杨树安的论文,第二章第一节第 25,26,27 页抄袭自詹建国等人的论文,第一部分第二章第二节第 33,34,35,38 页抄袭自宇正香的论文。书中也不乏长篇抄袭,如第二部分第十章第 327—339 页共13 页抄袭自杜丛新的博士论文,第二部分第十章从第 313—323 页共 11 页抄袭自陈勇军的论文,书中连续 6 个页码以上的抄袭就有14 处。但在《中国竞技体育制度创新》一书所列的参考文献中,均未提及所抄袭的论文。

　　2009 年 7 月 5 日下午,《新快报》记者通过电话与《中国竞技体育制度创新》第一署名人许某取得联系,希望他能对论文抄袭事件作出回应。许某邀请记者前往广州体育学院,并称他将在他的办公室接受记者的采访。当记者 5 分钟后再次打电话给许某时,许某的电话则一直处于无人接听或无法接收信号的状态。在距离第一次打电话 15 分钟后,记者赶到许某的办公室,敲了许久的门,里面无人应答。此时,广州体育学院科研处办公室一名李姓副处长告诉记者,许院长刚才还在办公室,但不知道为何现在不在了。当这位李副处长使用办公室座机拨打许某电话时,也一直无人接听。其后的1 个小时内,记者多次拨打许某的电话,仍无人接听或处于无法接通状态,许某没有再联系记者。

　　许某博士论文抄袭事件伤害了他人,引起了被抄袭者的极大愤怒。《中国竞技体育制度创新》中,第 72—79 页抄袭自湖北省社会科学院经济研究所所长、研究员龚益鸣于 2003 年 10 月在《江汉论文》上发表的《政府职能转变中的利益沾滞与路径依赖》一文,许某不仅抄袭论文内容,甚至连论文标题都一起抄袭。为此,龚益鸣研究员对许某的这种抄袭非常气愤,他撰文称,对"这样的剽窃忍无可忍","近万字的呕心沥血之作被许一口吞下,顿有被人掏空之感!"在接受《中国青年报》记者采访时,龚益鸣称许某的抄袭行为早有人揭发,但"没想到这样一件事情,查处居然花了两三年"。他认为,既然许某的博士论文存在大面积抄袭,授予博士学位单位就应当撤销其博士学位。

根据网友和《中国青年报》记者针对许某博士论文抄袭事件所提供的大量事实,广州体育学院学术委员会组织专门人员对《中国竞技体育制度创新》一书进行了认真审核、仔细比对,最后确认许某在撰写的《中国竞技体育制度创新》一书中抄袭了 46 篇论文,抄袭比例高达 56.37%,构成论文抄袭。为此,广东省纪委召开了新闻发布会,通报了许某博士论文抄袭事件,并于 2011 年 3 月撤销了许某的党内职务、处于行政撤职,将其调离广州体育学院。

对于许某被撤职与调离,21 世纪教育研究院副院长熊丙奇称,在国内因为学术不端被处理的有长江学者、院士和高校副校长,而"中国高校的正校长因为论文抄袭事件受到处理,在我的记忆里,这还是第一例"。

参考文献

[1] 叶铁桥.广州体院院长身陷"学生门"事件[N].中国青年报,2006-11-15.

[2] dylanzhai(责任编辑).广州体院院长博士论文涉嫌抄袭 3 年前曾曝光[N].四川在线/新快报,2009-07-06.

[3] 杭娜.博士论文大面积抄袭 广州体育学院原院长被撤职[N].中国青年报,2012-04-18.

思考题

1. 在本案例中,王恒同撰写的文章将导师许某作为第一署名人,仅在文章投稿后向许某打了招呼,许某称"作为老师而言,也没多想就同意了。因为学生写篇论文也不容易,能发出来很不错"。对此,你认为按照学术规范条例许某的态度和做法有何不妥?

2. 《中国青年报》记者通过比对后发现,许某所著的《中国竞技体育制度创新》一书"抄袭情况极其严重",你认为该记者的评价是否恰当?其理由何在?

3. 为什么被抄袭者对许某博士论文抄袭表示极大愤怒?

4. 许某两次被曝论文抄袭,为何前后两次抄袭事件的最终处理大相径庭?

(朱宝荣)

25. 留给中国学界的精神财富

——著名学者俞吾金的"哲学治学理念"

2014 年 10 月 31 日凌晨,复旦大学哲学学院资深教授、我国外国哲学研究领域的著名学者俞吾金老师因病与世长辞,全国的学术界同仁都陷入了巨大的悲痛。徐英瑾教授作为俞老师的弟子,对于恩师西去的痛楚,感受尤为深切。徐英瑾于 1999 年正式成为俞门弟子,此后在其指导下连续攻读复旦大学外国哲学专业硕士、博士学位,最终留校成为恩师的同事。多年来,徐英瑾在恩师耳提面命的关怀下慢慢领会了恩师的治学理念,从中获得大量教益,并归纳出"俞氏哲学治学理念"。

俞氏哲学治学理念之一:治哲学必须从打好语言功底开始,因为语言是思想的载体,搞不通哲学表达的语言就搞不通哲学思想。本着这一治学理念,俞老师严格要求学生努力精通外语。据徐英瑾教授回忆,当他作为"复旦大学九五级文科基地班"的成员于1995 年第一次和俞老师座谈时,俞老师就对全班同学表明了从事外国哲学研究的基本语言门槛:必须懂英、德、法这 3 种现代欧洲语言以及拉丁、希腊两种古代欧洲语言。对于刚离开高中踏入大学的本科生来说,听到这样高的"门槛设定"后自然会感到压力倍增。与俞老师相处得比较熟悉之后,徐英瑾曾试探着向其探询"门槛降低"的可能性:如果时间有限的话,外语学习的重点又是什么? 俞老师的建议是一定要先将作为国际学术通用语言的英语的水平提高到"精熟"

的程度,若学有余力则根据研究需要的紧迫次序逐一覆盖别的语种。关于所谓"精熟",俞老师给出的标准乃有 3 项:能够以至少接近于母语阅读的速度阅读英文专业文献;能够用英语准确表达学术思想、发表学术论文;能够在国际学术场合用英语与外国专家就专业问题进行流畅的对话。他本人也不时拿自己的外语学习经历勉励后学。他常提醒大家注意,因为"十年浩劫"的原因,他本人是从 29 岁才开始学习英语的,尔后再将学习对象延展到法语以及德语。现在的年轻人外语学习的起步要早得多,客观的学习条件也好得多,却往往因为疏懒而浪费了大好光阴,实在让人可惜。

俞氏哲学治学理念之二:学术创新虽然值得鼓励,但是要时常以挤压"创新泡沫"为念,做到先温故、后知新。俞老师经常向学生指出,动笔写论文之前首先得想清楚自己的构思和立论有何新意,而要想清楚这个问题,作者预先要做调查,了解学术界对于相关问题有哪几种见解,而这些见解各自的短长又是什么——否则,作者对于自身立论之"新意"的辩护就会缺乏根据。俞老师关于这个问题的见解,在当下中国对外国哲学的研究颇具针对性与引领意义。现在外国哲学界的主流教学理念是,重视经典原著解读,而相对轻视二手研究资料中的经典。换言之,依据此主流思路,论文写作者更为熟悉的文本似乎更应是自己所研究的核心哲学文本,而不是别的国内外学者研究同一文本时所产生的同类研究成果。而在俞老师看来,重视经典文献解读固然是正确的,但若偏执到"只读经典却不重视二手资料"的地步,这在客观上就会使得一些已经被前人得出的解读结论,在新的解读者不知情的情况下被多次重复,造成一些"伪创新"。依俞老师见解,对于这些"伪创新"所导致的学术泡沫的打压,不仅仅是学术规范的硬性要求,更应当出自学者的职业良知之自发。这也就是说,只有一名学者谦逊地将自己视为全球学术共同体中的一个接棒者,他才能够抱有同情之态度去关注学术同行既有的成就,而不会唯我独尊地将自己视为真理的独享人。

俞氏哲学治学理念之三:要将锻造学术精品的意识贯彻到每一个细节中去,以最大的诚意,最大限度地消除学术作品中的瑕疵。这一点在俞老师指导学生学位论文的过程中得到了淋漓尽致的展现。不少俞门弟子都有这样的记忆:俞老师会对学生提供的论文初稿的每一细节进行推敲,至于被牵涉的细节种类则是无所不包:为何某处要使用逗号而不是分号? 为何是单引号而不是双引号?某个专业哲学术语的外语拼写是否正确、汉译是否妥帖? 某个句子是否句法过于复杂,需要加以简化? 某段引文的出处是否经得起查考? 等等。徐英瑾至今还记得,他的博士论文《维特根斯坦哲学转型期中的"现象学"之谜》在即将被提交答辩委员会之前,先前已经对文稿表示满意的俞老师转而改变主意,于深夜给他打电话,要他重新编辑全文的"导论"部分,因为俞老师突然觉得该导论对于某些问题的讨论在文脉上与正文不甚相关,建议大段删除。不得不承认,徐英瑾在当时听到这些建议后,情绪上的确是有所抵触的,这不仅是因为论文提交的时限已经近在眼前,也是因为大段"割爱"所必然会带来的"心痛"。察觉到了徐英瑾的情绪波动之后,俞老师就通过罗丹斩去精美的雕像手部以免喧宾夺主的故事,对徐英瑾进行思想开导,并对如何编辑修改导论给出了具体的意见。徐英瑾在俞老师指导下立即打开电脑对文本进行重新编辑,而俞老师则在电话那头耐心等待徐英瑾完成修改,以便在打印文本前最后通读一遍电子稿。那一夜师生反复切磋、打磨细节,彻夜未眠,直至天明。后来徐英瑾的这篇博士论文有幸被国家教育部评为"2006 年全国优秀博士论文"之一,其中固然有评审专家错爱的缘故,但这一成绩的取得,无疑也因为其凝结着俞吾金老师大量的心血,以及他力求完美的学术追求。

徐英瑾认为,俞吾金老师留给中国学术界的最大的精神财富,可能并不是他大量的优秀学术成果,而是支撑着这些学术成就的学术理念。概而言之,对于将中国学者的风采在国际舞台上不断光大的希冀,对于诚实、谦虚的创新学风的秉持,对于科学精神和人文精神之间平衡点的寻觅,以及对于奉献出最完美学术作品的巨大诚意,构成了俞老师学术生命的4根理念性的支柱。我们唯有好好地继承这些理念,进一步推进中国哲学事业之发展,以切实的努力夯实国家的文化软实力,才能祭告俞老师早逝的英灵,不愧于中华复兴的伟大时代。

参考文献

[1] 复旦大学研究生院.《研究生学术道德案例教育读本》[M].上海:复旦大学出版社,2016.

思考题

1. 俞吾金教授给中国学界留下哪些精神财富?

2. 众所周知,英语是国际学术通用语言,为鉴定自己英语水平是否达到"精熟"程度,俞吾金教授提出哪3项评判标准?

3. 你认为人文社科类研究的创新性可体现在哪几个方面?研究生在论文撰写时应注意哪些问题才有助于形成具有创新性的研究成果?

4. 治学为何应遵循严谨原则?在治学严谨方面,俞吾金教授提出哪些对研究生具有指导意义的建议?

(徐英瑾、朱宝荣)

理科案例篇

自然科学是人类探究自然现象背后规律的一类活动,它不仅是一些技术性和理论性的操作活动的集合,还是一种献身于既定精神价值和受伦理道德标准约束的社会文化活动。科学研究活动与其他人类活动一样,都需要倡导负责行为,才能保证科学研究活动的健康运行。

科学研究活动的负责行为主要依靠以下道德准则来维系。

自然科学研究是探究自然界未知的过程,自然科学知识的形成是一个不断修正、不断深入以逐步逼近客观存在的过程。可验证性是科学知识的重要特征,科学强调和尊重经验事实对科学理论的检验,实事求是成为科学研究活动的基本准则。

科学科研工作者在"研究选题"环节必须遵循责任准则,在"课题申报"、"形成成果"和"获取事实和数据"等环节必须遵循诚信准则。

科研工作者在学术研究活动中所获得的知识还需充分接受共同体内集体的评议、判断、筛选后,才可能有选择地被接纳为共识而成为共同体内的集体知识。只有充分认识到个体知识和集体知识的相互联系和转换,科学知识的形成才拥有坚实的社会基础。从科学共同体层面来看,在"学术评价"环节必须遵循尊重准则、公开准则和公正准则。

在大科学时代,各门科学相互渗透,科学研究的许多重大课题都必须依靠集体的力量才能完成,在集体合作的过程中,必须遵循相互尊重、乐于协作的准则。科研工作者在处理个人与他人、个人与集体的荣誉和利益分配上必须受到科学道德的约束,避免利益冲突对研究工作造成损害。

在科学研究活动中,有许多案例生动地说明了学术道德准则的重要性。一些案例从正面告诉我们,遵循学术行为规范和道德准则对推动科学研究活动的开展和科学事业的繁荣的作用和意义,许多做出了杰出贡献的科学家为我们树立了遵循科学道德准则的榜样。

进化论创始人达尔文收到青年博物学家华莱士的论文,发现论文中的物种进化观点与自己不谋而合。谦恭和不图私利使达尔文决定放弃优先权,他向编辑部建议将华莱士的论文公开发表。编辑部裁定进化论思想由两人分别独立得出。华莱士十分赞同,提出把达尔文的名字放在前面,将这一理论称为"达尔文进化论"。达尔文和华莱士对优先权互相尊重,在名利面前遵守诚信,体现了崇高的道德水准。

居里夫妇发现了放射性元素镭,他们毫无保留地把生产镭的方法公之于世,放弃了对专利的申请。在居里逝世后,居里夫人把他们共同研究的成果、价值100万法郎的镭无偿赠给研究治癌的实验室。她没有把这笔财产留给自己的孩子,要求孩子用勤劳的双手去开拓生活道路,她给孩子们留下的是独立不羁的精神和鄙视功利的高尚品德。

美国核物理学家西拉德在20世纪30年代认识到"中子链式反应"的发现会导致具巨大打击威力的"原子弹"的发明,建议爱因斯坦给美国总统罗斯福写信,促使美国政府实施了著名的"曼哈顿计划",并于1945年3月先于德国研制成原子弹。此时,西拉德认识到,原子弹具有可怕的毁灭力量,他又联合63位著名科学家劝说美国政府慎用这种武器，但未被采纳。"二战"后，西拉德积极参与反对核战争、反对核扩军的运动。西拉德从积极主张试制核武器到反对核战争，体现了科学家具有的强烈的社会责任感和历史使命感。

美国贝尔电话公司彭齐斯和威尔逊用新架设的天线来测量银晕气体射电强度，在测量过程中出现了背景噪声。他们检测噪声的性能并设法消除该噪声，然而噪声仍然存在。1965年7月他们在《天体物理学报》上诚实地向外宣布令人困惑的观测事实：噪声无法消除，它不是来自天线本身，而是来自整个天空，其强度与3.5K的黑体辐射相当，简称为3K微波背景辐射。很快就被证实，3K微波辐射背景是对宇宙大爆炸理论的最有力的支持。为此彭齐斯和威尔逊荣获1978年度的诺贝尔物理学奖。

科学家具有高尚道德风范的事例不胜枚举。遵循科学道德准则使他们具有"道德敏感性"素质，能意识到自己的行为会影响到他人，在决定自己如何行动时也要考虑到他人；他们具有"道德判断"素质，即明道德之理，能认识到自己的行为有多种可能，只选择在道德上更能站得住脚的行动；他们又具有"道德动力和决心"，将道德价值置于个人的其他价值（如利益、情感、审美、享乐等）之上，把"做一个有道德的人"作为第一原则；他们在实践中具有"道德人格和能力"，面临冲突有自我约束能力，持之以恒地履行自己确立的道德信仰。

厚德载物。科学家具备热忱的爱国情怀、造福人类的崇高信念、大无畏的献身精神、锲而不舍的治学态度以及群体意识的协作精神，深厚的思想品德基础使他们获得了伟大的成就，同时赢得了民众的敬仰、崇高的社会地位和广泛的社会公信力，这对社会精神文明的建设、社会文化的发展和全社会崇尚科学、热爱科学良好风范的形成产生了深刻的影响。

另外一些案例则从反面告诉我们违反学术行为规范和道德准

则给科学事业带来损害和警示。这些案例揭示了在提议、开展和评议科学研究的过程中,或在报道研究成果的过程中出现的伪造、篡改或剽窃等不端行为。伪造是指制造数据或结果,并且进行记录或进行报道;篡改是指修改实验材料、仪器或过程,或者是修改或省略数据或结果,造成研究记录所反映的研究是不准确的;剽窃是指擅取他人的思路、方法、结果或者文字,而不给出适当的来源。科研不端行为有悖于科学精神,造成学术资源和学术生命的极大浪费,误导科学研究的方向,贻误人才的培养,破坏科学研究的诚信和正常的学术秩序,损毁学术界和知识分子的社会公信力,妨碍社会精神文明的建设。

理科研究生的培养目标是,成为具有坚实的自然科学基础理论、系统的专门知识和从事自然科学研究的能力的人才。为实现这一目标,研究生除提高业务能力和学术水平外,还必须加强在学术道德与科学品行方面的修养。我们选编了有关学术道德正反两方面的案例,结合每一案例,列出了若干问题,谨供理科研究生从这些案例和对问题的思考中得到启示和借鉴,加强学术道德修养,加速成为德才兼备的人才。

(陈敬铨)

26. 探寻元素周期律的曲折道路

——元素周期律探索者们遭遇的不公正待遇

19 世纪的前几十年,人们陆续发现 10 多种新的化学元素,整整超过 18 世纪以前人类认识的全部化学元素的三分之一。1789 年,法国化学家拉瓦锡(A. L. Lavoisier)曾提出一种按照气、非金属、金属和土质(共 4 类)对元素进行划分的分类法,众多新元素的发现,使拉瓦锡的这一分类法受到了冲击;同时也在化学家面前提出了一系列新的问题:自然界里究竟应该有多少种元素? 未知元素的寻找有无规律可循? 元素之间有无内在的必然联系? 新元素的性质是怎样的? 其性质能否预测? ……

德国化学家德贝策纳(J. W. Dobereinert)于 1829 年发现 3 种化学性质相近的元素,比如氯、溴、碘等,它们不仅在颜色、化学活性等方面可以看出规律的变化,而且其原子量之间也有一定量的关系,即中间元素的原子量总是另两种元素原子量的算术平均值。他一共找出 5 组这种带有规律性的元素组,并将其称为"三元素族"。

此后的 40 多年里,陆续有科学家对化学元素的规律性进行探索。1857 年英国的欧德林(Wodling)发表了《元素表》,1862 年法国人尚古多(B. de Chancortois)提出了关于元素性质的《螺旋图》,1864 年德国人迈尔(J. LMayer)发表了《六元素表》,1865 年英国人纽兰兹(J. A. R. Newlands)发表了关于元素性质的《八音律》,等等。

门捷列夫①

门捷列夫元素周期律②

1869 年,迈尔和俄国的门捷列夫(D. I. Mendelyeev)同时提出了科学的化学元素周期律,全面揭开了化学元素规律性的奥秘。

上述化学元素周期律的探索者们都受到了不公正的待遇。在他们艰难的探索征途中,一些科学权威由于自身认识的局限,对这些探索者不是积极地予以支持和鼓励,而是热嘲冷讽、多加责难。

在法国,巴黎科学院对尚古多的《螺旋图》相当冷漠。尚古多曾在 1862 年和 1863 年先后两次将有关的 3 篇论文、图表和模型送交法国科学院,但一直没人搭理;在德国,由于少数科学权威的非难,迈尔的《六元素表》连及时发表的机会都被剥夺;在英国,纽兰兹在化学学会上提到《八音律》时,英国化学学会会长福斯德森教授当众奚落他说:"是否尝试把元素按字母的顺序排列,这样可能得到更精彩的符合!"这位会长的态度都如此,英国化学学会其他会员的反响就可想而知了。

门捷列夫在俄国受到的阻力就更大了。他的导师、有着"俄罗斯化学之父"美称的沃斯克列森基教授,以及化学权威齐宁等知名权威从一开始就不支持门捷列夫从事这项研究,认为他是不务正

① 图片来源:http://www. baike. com。
② 图片来源:http://www. kc. xue. 63. com。

业，甚至谆谆告诫门捷列夫说："到了干正事、在化学方面做些工作的时候了！"还有一些科学界的专家则认为门捷列夫的周期律是科学研究中"不能依靠"的"一种普遍分类法"，所以，他们竭力反对门捷列夫的研究，就连迈尔也曾对门捷列夫表示过怀疑，认为他在"薄弱"的基础上来修改当时公认的原子量，是近乎"鲁莽"的行为。

还有一些专家更是竭尽挖苦、讥讽之能事，他们说："化学是研究业已存在的物质的，它的研究结果是真实的无可争辩的事实。而门捷列夫却研究鬼怪——世界上不存在的元素，想象出它的性质和特征。这不是化学，而是魔术！等于痴人说梦！"

权威们的傲慢与偏见，使得周期律的探索之路更加曲折和险峻。在法国，尚古多的研究成果被推迟了整整 20 年，直到 1889—1891 年间才先后被翻译出版，这不仅在一定程度上影响了对元素周期律发现的进展，而且使法国科学界也因此失去这一重大发现的优先权。在英国，纽兰兹在科学权威的巨大压力下，不得不放弃对这一重要理论问题的探索，转而研究制糖工艺。

然而，科学的发展并不完全受权威们左右。元素周期律得到了越来越多的科学事实的支持。

1875 年，门捷列夫根据周期律对新元素的预言第一次得到了证实，法国人布瓦博德郎（L. Boisbaudran）发现的新元素"镓"（Ga）正是门捷列夫所预言的"类铝"。

1879 年，瑞典化学家尼尔森（L. P. Nilson）发现了新元素"钪"（Sc），又一次证实了门捷列夫预言的"类硼"存在。

1886 年，当德国科学家文克勒（C. A. Winkler）看到自己发现的"锗"（Ge）正是门捷列夫在 16 年前就已预言过的"类硅"时，在惊奇之余，他用一段极为精彩的话来说明元素周期律这一科学发现的无可争辩的真理性。他说："再没有比'类硅'的发现能更好地证明元素周期律的正确性了，它不仅证明了这个有胆略的理论，还扩大了人们在化学方面的眼界,而且在认识领域里迈进了一步。"

化学元素周期律就这样终于得到公认,那些反对过这一研究的权威们也不得不改变了态度。

1906年评选诺贝尔化学奖时,门捷列夫是候选人之一,而另一个候选人是法国化学家莫瓦桑(F. H. Moissan),他在制备元素氟方面做出了贡献。瑞典科学院化学分部投票表决时,10名委员中有5名投莫瓦桑的票,有4票赞成门捷列夫,有1票弃权,结果莫瓦桑以1票的优势而获奖。门捷列夫在1907年去世,失掉了再次被评选的可能,这不能不说是诺贝尔颁奖历史上的一大遗憾!

历史永远铭记门捷列夫所做出的划时代的里程碑式的贡献,恩格斯赞誉他:"完成了科学上的一个勋业,这个勋业可以和勒维烈计算尚未知道的行星海王星的轨道的勋业相媲美。"

参考文献

[1] 梶雅範,杨舰.门捷列夫的元素周期律发现——其前提条件、历史脉络及其与同时代人的比较研究[J].科学学研究,2003(4):352—357.
[2] 徐飞主编.科学家的失误[M].合肥:安徽教育出版社,1997.

思考题

1. 元素周期律探索者们遭遇了哪些不公正的待遇?
2. 一些科学权威是如何对待元素周期律的?从他们那里我们能吸取什么教训?
3. 元素周期律最终是怎么得到公认的?为什么恩格斯说门捷列夫"完成了科学上的一个勋业"?

(陈敬铨)

27. 精心编织的"点石成金"之术

——莫瓦桑与假造的"人造金刚石"

莫瓦桑①

法国化学家享利·莫瓦桑（F. H. Moissan)在电镀制取最活泼的非金属、毒性很大的氟,以及发明高温电炉并熔炼钨、钛、钼、钒等高熔点金属方面,做出了很大贡献,成为著名的科学家。

晶莹透明、硬度第一的金刚石,特别惹人喜爱,如经工匠琢磨成钻石,更是世间奇珍异宝。人类虽然在5 000年前就从自然界获取了金刚石,但一直不知道它是由什么元素构成的。直到1704年,英国科学家牛顿才证明了金刚石具有可燃性。以后又经法国科学家拉瓦锡、英国科学家腾南脱用实验证明金刚石和石墨是碳的同素异形体,这才弄清楚金刚石是由纯净的碳组成的。1799年,法国化学家摩尔沃把一颗金刚石转变为石墨。这激发了人们的逆向思维,能不能把石墨转化成金刚石呢? 自此以后,人们对于怎样把石墨转化为金刚石表现出极大的兴趣。谁能获得这致人巨富的"点石成金"之术呢? 莫瓦桑利用自己发明的高温电炉制取了碳化硅和碳化钙,这促使他向极富诱惑力的"点石成金"术跃跃一试。他先试验制取氟碳化合物,再除去氟制取金刚

---

① 图片来源：http://mp. weixin. qq. com。

石,没有成功。后来他设想利用高温电炉把铁化成铁水,再把碳投入熔融的铁水中,然后把渗有碳的熔融铁倒入冷水中,借助铁急剧冷却收缩时所产生的压力,迫使内中的碳原子能有序地排列成正四面体的大晶体,最后用稀酸溶去铁,就可以得到金刚石晶体。这个设想在当时看来既科学又美妙,促使莫瓦桑和他的助手一次又一次地按这个构想方案试验。

1893年2月6日,莫瓦桑终于看到他梦寐以求的"希望之星"。当他和助手用酸溶去铁后,在石墨残留物中,竟有一颗直径0.7毫米大小的晶体闪闪发光!经检测这颗晶体真是金刚石。人们像赞誉世界上排名前五的钻石一样,也把这颗金刚石誉为"摄政王"。人造金刚石成功了!欣喜若狂的莫瓦桑一再向报界宣传他的重大科研成果。这使本来因研制氟和高温电炉而著名的莫瓦桑,更加名噪一时。

1906年评选诺贝尔化学奖时,极负盛名的莫瓦桑成为候选人,另一个候选人便是发现元素同期律的俄国化学家门捷列夫。当时瑞典科学院化学分部投票表决时,10名委员中有5人投莫瓦桑的票,有4人赞成门捷列夫,1人弃权,结果莫瓦桑以1票的优势而获奖。

虽然莫瓦桑确有重大科研成果,但是,相对于做出时代里程碑式贡献的门捷列夫来说,莫瓦桑的成果为个别的,为重大成果,而门捷列夫的成果是全局性的,为恩格斯所赞誉的"完成了科学上的一个勋业,这个勋业可以和勒维烈计算尚未知道的行星海王星的轨道的勋业相媲美"。当年的诺贝尔化学奖给予了名噪欧洲的莫瓦桑,其实更应该颁给门捷列夫。1907年门捷列夫和莫瓦桑相继离世。门捷列夫也失掉再次被评选的可能,这不能不说是诺贝尔颁奖历史上的一大遗憾!

1906年瑞典诺贝尔基金会宣布,把相当于10万法郎的奖金授给莫瓦桑,是"为了表彰他在制备元素氟方面所做出的杰出贡献,表彰他发明了莫氏电炉"。证书上只字未提人造金刚石,但莫瓦桑在领奖致答谢词时,却一再强调他合成人造金刚石的创举。成功的科学实验的第一特征是可重现性,然而莫瓦桑"成功"的人造金刚石试验却只做了 1 次,他本人再也没做第二次,却沉浸在"成功"的盛名之中。

由于金刚石具有巨大的商业利润和工业价值,不少公司、企业集团纷纷组织科学家重复莫氏的合成金刚石试验,希望把科研成果转化为工业生产,却没有一个成功。这就迫使一些人直接登门找莫瓦桑的遗孀了解莫氏的试验情况。经查明,那次成功的人造金刚石试验,是由于莫瓦桑的助手对反复无休止的试验感到厌烦,但又无法劝阻莫瓦桑不再做下去,迫于无奈便悄悄地把实验室中的一颗天然金刚石混入实验中,这便是那颗被誉为"摄政王"的人造金刚石真面目。到头来莫瓦桑的人造金刚石仍然只是"希望之星"。对这件事,当然不能说莫瓦森有意作伪骗人。但是,莫瓦森没有重复做第二次、第三次试验,却律津乐道、陶醉于盛名,不能不说是科学家不应有的严重过失。

实事求是地说,在那个时代,人造金刚石只能是"希望之星"。从基础理论方面来说,对于现今高中化学课本上所阐明的金刚石的正四面体晶体结构和石墨的层状结构,是在 1910—1920 年间由于发展了 X 射线衍射技术后才有所认识的。使石墨转变为金刚石,不单纯是用外力缩短石墨层与层之间的距离,使六角形碳环转变为正四面体晶格,实际上还包含许多复杂因素。

直到 1938 年,洛锡涅等将热力学的理论计算用于石墨-金刚石的转化过程,这个问题才有了答案:要实现石墨转化为金刚石,需在 13 000 个大气压以上。如果升高温度至 1 200 开,实现转化需在 40 000 个大气压以上。

1955年，美国科学家霍尔等在1 650℃和95 000个大气压下，合成了金刚石。并在类似的条件下重复多次亦获成功，产品经各种物理、化学检测，确认为金刚石。这是人类历史上第一次合成人造金刚石。然而，这已是莫瓦桑宣称"成功"的62年以后的事了。

参考文献

[1] 华丽.发现氟的悲壮历程[J].今日科苑,2012(24)：72—74.
[2] 徐飞主编.科学家的失误[M].合肥：安徽教育出版社,1997.

思考题

1. 判断科学实验成功的标准是什么？颁给莫瓦桑的诺贝尔奖证书上只字未提他人造金刚石成功的事，这是否合理？
2. 尽管莫瓦桑在"人造金刚石"方面不是有意作伪骗人，但他仍然有严重的过失，为什么？

（陈敬铨）

28. 警惕非理性因素给科学事业造成伤害

——子虚乌有的"N 射线"

1903 年，法国南锡大学的物理学教授布朗德洛特（R. Blondlot）在研究 X 射线的时候，发现有一种能够像 X 射线一样透过纸、木头和金属并影响电火花的新射线，他把这种新射线命名为"N 射线"。他发表了一系列论文，宣称任何照明物质、热的物体、某些靠近热体或太阳光下的物质、受到压缩或硬化的物体如钢锉等都能产生"N 射线"。法国其他科学家，包括相当著名的物理学家，也都加入了"N 射线"发现者的行列。法国官方杂志《情况报告》在 1904 年几乎有上百篇关于"N 射线"的文章发表，占该杂志在这段时间发表的全部物理学论文的 15%。"N 射线"的发现造成巨大声势，法国科学院当年就决定授予布朗德洛特 2 万法郎的勒贡特奖和 1 枚金质奖章。

这样一个激动人心的新发现，自然在科学界引起巨大轰动。各国物理学家们全力投入对"N 射线"的寻找试验中，但英国、美国或德国的科学家无法获得令人满意的结果。最初各国科学家只是不相信布朗德洛特本人，认为布朗德洛特发现的效应只是一种光学上的幻觉，因为要在暗室中弄清一个昏暗的火花或一个小光点中的小变化这样一种易受影响的任何东西是非常困难的。然而，很多法国科学家都声称成功地发现了这一效应，布朗德洛特本人声称成功地拍摄到了电火花亮度的变化,这使法国以外更多的科学家投入了这项试验,但他们越来越相信法国物理界存在某种非常不健全的东西。于是,曾经揭穿过无数巫师欺骗行为和其他犯罪行为的最杰出光学试验家之一、美国霍普金斯大学物理系的伍德教授自愿去法国弄清事情的真相。

到了南锡大学后,受到布朗德洛特友好而真诚的接待。布朗德洛特立即进行了一系列的实验,以证实"N射线"的存在和它的各种性能。当布隆德洛特为伍德做完第一个实验后,伍德立即敏锐地觉察出,他的法国同行极可能误入了歧途。布朗德洛特将能斯特灯所发出的"N射线"射到正在闪火花的间隙检测器上,根据他的发现,火花亮度要增强,如果他用手挡住射线,火花亮度将减弱,伍德十分惊讶,法国同行竟然用极不可靠的眼睛来判断光的强弱。当法国同行们煞有介事地演示火花亮度强弱变化时,伍德无论怎样睁大眼睛凝视,也丝毫感觉不到亮度的变化。

当伍德将自己的观察结果讲给东道主听时,却被告知这是由于伍德的眼睛灵敏度太差之故,伍德对此十分生气,他决心试试东道主的眼睛灵敏度。伍德说:"既然我的眼睛不够灵敏,就请你们说出我用手指阻挡住'N射线'的正确时刻吧。"房间很暗,根本无法看见伍德手指的移动,伍德像逗弄小孩一样,故意把手放在射线路径上不动,然后问东道主,他们一会儿说亮了,一会儿又说暗了。而当伍德移动手的时候,他们所说的亮度变化又同手的移动毫无关系。在接着的一个演示实验中,当布朗德洛特在"N射线"的折射光束中找出"N射线"的光波谱时,他不知道伍德早已把一个必不可少的零件(一个铝质棱镜)偷偷装进了自己的衣袋!

回到美国后,伍德给英国的《自然》写了一篇披露此事的文章。文章发表后,大多数科学家对"N射线"立即失去了兴趣,只有少数几个法国科学家继续支持布朗德洛特。但到了1906年,法国科学院院刊也不再刊登有关"N 射线"的文章了。1906,年布朗德洛特拒绝了法国《科学评论》提议的一个判决性实验,这实际上宣告了"N射线"事件的结束。虽然布朗德洛特到 1919 年还声称他从未对他命名的"N 射线"有丝毫的怀疑,并且还将尽一切力量不断进行观测以证明"N 射线"的存在,但已经没有人相信他的话了。

参考文献

[1] 杨建邺,张家干. 失败案例研究——N 射线事件的启示[J]. 自然,1992 (1):59—64.

[2] 关洪. 是病态科学,还是受伤的科学?——N 射线事件百年检讨[J]. 科学文化评论,2005(2):100—107.

[3] 徐飞,梁帅. 科学不能承受之重——科学造假的社会文化动因释例[J]. 山西大学学报(哲学社会科学版),2014(1):109—114.

思考题

1. "N 射线"造假事件的起因是什么?
2. 为什么在法国许多训练有素的科学家都误入歧途、相信"N 射线"的存在?
3. "N 射线"事件是怎么得到纠正的? 从中可以得到哪些教训?

(陈敬铨)

29. 辉煌学术成就背后的不光彩行为
——密立根的油滴实验和他的"小动作"

美国物理学家密立根（R. A. Millikan）用油滴实验证实了基本电荷的存在，获得了1923年度诺贝尔物理学奖。在他辉煌的学术成就背后，却有着不怎么光彩的"小动作"。

密立根于1907年在芝加哥大学任教时开始做测定基本电荷的实验。他一开始用的是水滴，1909年他首次报告了用水滴测定的基本电荷的数值。但是，用水滴做

密立根①

实验有一个很大的问题：水滴很容易挥发，只能对它们的运动情况做几秒钟的观察。这时研究生弗雷彻（Fretcher）加入了密立根实验室。在参与讨论如何防止水滴蒸发的问题之后，弗雷彻建议改用油滴做实验。在1天之内弗雷彻制作了油滴实验的设备，并在当天就进行实验，获得了一个比较靠谱的基本电荷数据。那一天密立根并不在实验室。

第二天密立根回到实验室看到弗雷彻的实验设备，非常兴奋。此后两个人一起工作，对实验设备进行改进，6周后公布了实验结果。很显然，这个实验的论文应该由两人联合发表。但是，密立根

———————————

① 图片来源：http://n.roboo.com。

密立根的油滴实验示意图①

提醒弗雷彻,根据学校的要求,研究生的博士论文必须单独署名,不能有合作者。密立根建议,弗雷彻可以在以后的某篇论文单独署名作为其博士论文,作为交换条件,这第一篇论文必须只署密立根一人的名字。弗雷彻虽然感到失望,但是没有别的办法,只能同意这一安排。于是1910年密立根作为唯一作者发表了第一篇油滴实验的论文,并最终获得诺贝尔奖。弗雷彻则在第五篇论文中作为唯一作者。

1982年,弗雷彻死后发表的文章中披露了这个秘密。这一安排虽然是两人协议的结果,密立根在第一篇油滴实验的论文中也提到实验是由他和弗雷彻一起做的,但是不管以什么理由或交换条件,剥夺研究生在参与设计和实验的论文上署名,仍然是一种不正当的行为,不能拿论文的署名权做交易。密立根如果大度一点的话,完全可以让第一篇论文由两人共同署名,这与弗雷彻以后在某篇主要由他一个人完成的论文中单独署名,一点儿也不冲突。论文的作者必须是对实验做出了实质性贡献的所有的人,不能多也不能少。即使是在今天,实验室的"老板"不看对论文的实质性贡献,利用权势决定谁是论文的共同作者,仍然相当常见。

密立根的问题还不限于此。在密立根的论文发表后,其他实验室试图重复其实验。在1911—1913年间,维也纳大学的菲里克斯·厄仑霍夫特重复了油滴实验,却未能发现像密立根所说的油滴所带的电量总是某一个最小固定值的整数倍。1913年,密立根发

---

① 图片来源:http://blog.sina.com.cn。

表了一篇论文,其数据非常清楚地表明基本电荷的存在,并计算出基本电荷的精确值,从而结束了争论。密立根油滴实验果真像其论文显示得那样清晰、精确吗?

1981年,阿兰·富兰克林研究了密立根的实验记录本,发现密立根在记录本中对其观察结果进行打分,从"一般"到"最好"。根据记录本,密立根在1913年发表的论文依据的是140次观察,然而他舍弃其中49次的观察数据不用,只根据91次他认为有较好观察结果的数据进行计算。但是,密立根却在论文中声称"代表了所有的油滴实验"。如果密立根把所有的观察数据都包括进去,虽然不会影响其结果,却会加大误差。也就是说,密立根通过有选择性地删除数据,获得了漂亮的实验结果,并且在论文中误导读者。像这样对实验数据进行修饰,不论是少报还是多报实验次数,不论是删除不利数据还是增添有利数据,都是一种严重的学术不端行为。现在看来,密立根当时获得的基本电荷数值偏低,是因为他在计算空气阻力时使用了不准确的空气粘滞系数。

1974年,美国著名物理学家费曼在加州理工学院毕业典礼发表的演说中提到一个有趣的现象:在密立根之后物理学家测定的基本电荷数值随着时间的推移在不断增大,每次只增大一点点。费曼认为这是由于后来的物理学家在测定基本电荷时,如果获得的数值比密立根的数值高得多,就会想当然地认为自己测错了,回头去找原因,舍去这些"高得离谱"的数据,只保留那些比较接近密立根数值的数据。所以,看来干修饰数据勾当的物理学家应该还不在少数。

参考文献

[1] 杨建邺,段永法.密立根和厄伦哈夫特之间的一场论战[J].科学技术与

辩证法,1994(6):27—35.

[2] 威廉·布罗德,尼古拉斯·韦德著. 朱进宁,方玉珍译. 真理的人们:科
学殿堂中的弄虚作假[M]. 上海:上海科技教育出版社,2004.

思考题

1. 密立根在其辉煌的学术成就背后有哪些不光彩的不端行为?

2. 作为导师应该如何公正地对待自己的学生做出的科学贡献?

3. 我们在科学实验中应如何保证实验数据的客观性和真实性?

4. 为什么不少物理学家都会"修饰数据",如何避免类似的不端行为?

(陈敬铨)

30. 最有争议的诺贝尔奖获得者

——被称为"一半是天使,一半是魔鬼"的化学家哈伯

在第一次世界大战期间的 1915 年 4 月 22 日下午,在比利时伊普尔高地,协约国士兵和同盟国的德国士兵正在交战。突然,在德军阵地升起了一团团黄绿色的烟雾,随着微风向对方阵地徐徐飘去,没过几分钟,长达几公里的协约国阵地就笼罩黄绿色烟雾之中,成群的士兵被熏得东倒西歪、纷纷倒地。德国士兵戴着用水淋湿的纱布和棉花制成的简易防毒面具,向敌人冲去,轻松地占领了这块久攻不下的阵地,取得了赫赫战果:1.5 万协约国士兵中毒,战线迅速向前推进几公里。

这就是震惊世界的"伊普尔战役",黄绿色烟雾是能令人窒息的毒气——氯气。它拉开了近代化学战的序幕,化学武器从此登堂入室。这种武器在第一次世界大战中被参战国不断采用,除了氯气外,还使用了光气、双光气、氯化苦、二苯氰砷、芥子气等。各参战国共生产各类毒剂约 13.6 万吨,使用 11.3 万吨,共造成 130 万人中毒伤亡,占战争伤亡总人数的 4.3%。

哈伯①

---

① 图片来源:http://max.book118.com。

化学武器用于战争的始作俑者是德国的著名化学家弗里茨·哈伯(Fritz Habe)。哈伯由于发明了从空气中合成氨的方法而闻名于世。氨是农业生产中最重要的肥料,用空气中的氮气跟氢气反应直接合成氨是最理想的方法,但是要在化工生产中实现却非常困难。从 18 世纪中叶起,不少人开始了这方面的努力都未能成功,但明确了:氮气和氢气的混合气体在高温高压的条件下及催化剂的作用下是能合成氨的。然而在什么样的高温和高压条件为最佳?以什么样的催化剂为最好?哈伯从 1904 年起进行了艰苦的探索,经过不断的实验和计算,终于在 1909 年取得了鼓舞人心的成果:在 600℃的高温、200 个大气压和以锇为催化剂的条件下,能得到转化率约为 8% 的合成氨。哈伯成功地设计了原料气的循环工艺,使反应气体在高压下循环加工,不断地把反应生成的氨分离出来。1914 年在德国,利用哈伯的合成氨方法建成世界上第一座日产 30 吨合成氨的工厂。哈伯的发明使大气中的氮变成生产氮肥的永不枯竭的廉价来源,从而大大减少了农业生产依赖土壤的程度,开启了农业生产现代化的历程。

哈伯为德国军方出谋划策[①]

在第一次世界大战期间,哈伯因他的名声显赫,时常应邀参加德军总参谋部的会议,为德国的军火供应和战争出谋划策。采用氯气作为一种新的攻击手段就是哈伯提出的,其首次应用在"伊普尔战役"中取得胜利,这引起军方的刮目相看。军方专

---

① 图片来源:http://news.21cn.com。

门成立了化学作战局,哈伯被任命为局长。哈伯不懈地努力制造化学毒气,1917年他又指挥军方使用了毒性更大的芥子气。

但是哈伯发明的化学武器没能使德国在第一次世界大战中逃脱厄运。1918年11月,德国宣布投降,第一次世界大战以同盟国的失败而告终。

1919年冬,瑞典皇家科学院因哈伯发明合成氨工艺、使人类摆脱了依靠天然氮肥的被动局面而做出了巨大贡献,决定授予哈伯1918年度诺贝尔化学奖。消息一经传出,立即引起轩然大波。那些在第一次世界大战中受过化学毒气侵害的协约国士兵及罹难者家属纷纷走上街头,对瑞典皇家科学院的决定表示抗议。各媒体相继发表声明和社论谴责哈伯。但是瑞典皇家科学院拒绝改变所做出的决定,哈伯在1920年初得到了1918年度的诺贝尔奖。

1921—1922年,协约国在莱比锡组织审判890名战犯,哈伯的名字也出现在战犯名单中。然而仅有43名次要战犯交付法庭审判,其中大多被宣布无罪,只有少数被轻判。哈伯幸运地逃过了这次惩罚。

第一次世界大战之后,德国为支付巨额的战争赔款背上了沉重的负担。哈伯急于帮助德国摆脱困境,试图从海水中提取黄金,可惜没能成功。他领导了德国威廉物理化学研究所,使它成为世界一流的研究机构。1933年希特勒上台后,建立了法西斯统治,开始上演以消灭"犹太科学"为己任的所谓"雅利安科学"的闹剧,尽管哈伯是著名的科学家,但因为他是犹太人,和其他犹太人一样遭到残酷的迫害。法西斯当局命令在科学和教育部门解雇一切犹太人。弗里茨·哈伯这个著名的化学家被改名为"Jew 哈伯",即"犹太人哈伯"。他所领导的威廉研究所也被改组。随后,哈伯被迫离开德国,流落他国。他先到英国剑桥大学的鲍波实验室工作。4个月后,以色列的希夫研究所聘任他到那里领导物理化学的研究工作。哈伯在去希夫研究所的途中,由于心脏病发作,于1934年1月29日在瑞士去世,客死他乡。

参考文献

[1] 邓玉良. 一半是天使,一半是魔鬼——记德国著名物理化学家、化学战之父费茨·哈伯[J]. 化学世界,2003(8):446—448.

[2] 陈敬铨. 启示之光——科学发现的契机[M]. 合肥:安徽教育出版社,2003.

[3] 傅静. 科技伦理学[M]. 成都:西南财经大学出版社,2002.

思考题

1. 为什么说哈伯"一半是天使,一半是魔鬼"?
2. 瑞典皇家科学院授予哈伯诺贝尔化学奖,为什么会引起人们的抗议?
3. 以哈伯为例,说明科学工作者必须承担社会责任和奉行道德准则。

（陈敬铨）

31. 他们被钉在历史的耻辱柱上

——诺贝尔物理学奖获得者勒纳德和斯塔克的丑恶行径

勒纳德(P. E. A. Lenard)和斯塔克(J. Stark)是德国著名的物理学家,两人都是诺贝尔物理学奖获得者。

勒纳德的科学成就主要有两个方面。一是发明了所谓的"勒纳德窗",就是用一块铝箔镶嵌在阴极射线管的一端,铝箔的厚度刚好可使管内保持真空,但又要薄到恰好能让阴极射线通过。这样,不仅能研究阴极射线,而且也能研究阴极射线在放电管外引起的荧光现象。勒纳德也因此获得了1905年的诺贝尔物理学奖。二是研究

勒纳德①　　　　　　斯塔克②

---

① 图片来源：http://baike.baidu.com。
② 图片来源：http://baike.soqou.com。

了光电效应,他通过精确的测量得出了光电效应的基本规律。他对紫外线、火焰的导电原理、磷光论等也都有过独特的研究。

斯塔克在气体导电这一领域里,做出了两项有重要意义的实验发现:极隧射线的多普勒效应和以他的名字命名的非均匀电场致氢原子光谱谱线分裂效应。瑞典皇家科学院称斯塔克"对极隧射线的所谓多普勒效应进行的划时代研究,使我们看到了原子和分子内部结构的真实性"。斯塔克效应则被公认为是继成功地解释氢原子光谱和反常塞曼效应后,量子论所取得的又一个重要胜利。瑞典皇家科学院发表声明指出:"谱线在电场中的分裂,这一发现对科学是极为重要的。""这个效应表现,氢和氦的光谱系列的情况是非常复杂。"正是这两项杰出工作,使斯塔克荣获 1919 年的诺贝尔物理学奖。

尽管勒纳德和斯塔克以出色的实验为物理学新理论的建立提供了基础,但他们对提出新的革命性理论的科学家的态度却十分粗暴。

勒纳德对爱因斯坦的相对论表示不满甚至仇视。在他看来,爱因斯坦是个半路出家的无名鼠辈,靠着杜撰出一种虚妄的理论哗众取宠;他认为关于相对论的经验证据漏洞百出,而德国的物理学家竟然根据英国人的观测结果(指爱丁顿等人的日食观测首次为广义相对论提供的关键性的验证)对爱因斯坦的理论大肆吹捧,可谓人心不古。他甚至鼓动魏兰德等人及其组织对爱因斯坦大张挞伐、大肆谩骂,使事件的性质超出了科学争论的范围。勒纳德对相对论的批评没有任何分量,反而暴露出无知和偏见。对此,爱因斯坦一针见血地指出:"在有国际声望的物理学家中间,直言不讳地反对相对论的,我只能举出勒纳德的名字来。作为一位精通实验物理学的大师,我钦佩勒纳德,但是他在理论物理学中从未干过一点事,而且他反对广义相对论的意见如此肤浅,以至于到目前

135

为止我都不认为有必要给他们详细回答。"直至晚年,勒纳德还对相对论心怀敌意,他说相对论"纯属犹太佬的骗人把戏,透过它的哗众取宠,只要稍有种族知识,就可以把它一眼看穿,因为它的发明者爱因斯坦是个犹太人。然而物理学界绝大多数头面人物居然都或多或少地赞同这套犹太人的理论伎俩,我失望至深莫过于此"。

斯塔克对爱因斯坦及其理论成果,开始时还抱有好感。1906年斯塔克曾试图以实验论证狭义相对论,1907年他曾邀请爱因斯坦在他主办的《放射性和电学年鉴》上写介绍狭义相对论的文章,并曾邀请爱因斯坦去做他的助教。但是后来两人在提出光量子概念的优先权问题上发生争吵,斯塔克因而在20世纪20年代转而坚决反对广义相对论。1922年6月,斯塔克在他的《当前德国物理学的危机》一书里,攻击相对论有害于德国的实验物理工作。斯塔克对量子论和量子力学始终持否定态度。他在1920年6月3日的诺贝尔演讲中说:"尽管我对玻尔理论的成就评价很高,但是我不敢把它当作一个确定的结论来接受。除了我不能相信该理论的某些假设外,它与我们的经验也不一致。"斯塔克曾经逐条逐句地批判薛定谔的波动力学,但是波动力学已经被物理学界大部分人所接受。物理学家们不理睬他的批评,把他的态度归因于无知、偏见加上意气用事。著名物理学家弗兰克评价斯塔克,"他这个人极难对付",他会不顾一切地追逐名利和权利,无论在何时何地总是与同事、与上司关系紧张,甚至剑拔弩张,最终导致科学共同体与他为敌,他在物理学界成为十分孤立的人。

最令人不齿的是勒纳德和斯塔克两人投靠纳粹势力的丑恶行径。早在20世纪20年代初,勒纳德和斯塔克就臭味相投,狼狈为奸,效忠纳粹。如同勒纳德晚年回忆时所说:"那时,斯塔克常常令我耳目一新,犹如在学术界的精神沙漠中找到一块绿洲一般。与他以及与他那有同样观点的妻子,我们可以谈希特勒(也几乎只能与他们谈)。"1924年,希特勒在上台之前曾因试图发动暴动、政变未遂而被关进监狱,斯塔克和勒纳德就积极投身到所谓的"救援"行动之中。他们利用其特殊的身份和名声,在《大德意志时代》报上联合发表声明颂扬希特勒:"同样的精神,我们曾在过去时代的伟大科学家身上,在伽利略、开普勒、牛顿和法拉第身上找到过并且崇敬不已。今天,我们在希特勒身上找到了同样的精神并且同样崇敬不已。我们把他们视为最亲密的精神同伴。我们必将以这样的信念紧紧团结起全民族人民为着伟大的目标而抗争:希特勒为'旗手'重建德国,不但使日耳曼不再历遭磨难,更要把他解救出牢笼。现状必须改变,那被囚禁的精神必须得到保护、关怀、照顾、开花结果并发扬光大于我们这个正在遭受卑劣精神奴役着的星球之上的人类生活之中。"勒纳德还利用课堂宣传他的信念,称希特勒是"真正头脑清醒的哲学家",盼望他早日出狱。

1926年5月15日,64岁的勒纳德还赶赴海尔布隆出席纳粹党集会面晤希特勒。他们会谈了多次。1933年3月21日,已经正式退休的勒纳德不甘寂寞,上书希特勒,表示愿意做"元首"的科学事务私人顾问。1930年,斯塔克宣誓加入纳粹党;1937年,勒纳德步其后尘。勒纳德和斯塔克对纳粹"事业"的积极与忠诚,赢得了第三帝国的慷慨回报。勒纳德享有"国师"般的待遇,先后被授予日耳曼帝国鹰徽勋章、被封为以他的名字命名的研究所所长和帝国研究协会执行委员会主席等。在勒纳德75岁寿辰时,纳粹当局为他主办了大型庆典,向他颁发了金质勋章。斯塔克也终于如愿以偿地坐上觊觎11年之久的帝国物理和技术研究所所长的宝座,在就职演说中斯塔克宣称,与会物理学家应当遵照所谓"元首原理",选举他为德国物理学会终身主席。1935年。斯塔克还写了一本颂扬希特勒的意识形态的专著《阿道夫·希特勒与德国学术》。

勒纳德、斯塔克还鼓吹日耳曼物理学,扬言要从物理学和科学中清除"犹太"精神,顽固地推行他们的排外反犹立场,可谓是与纳粹党的企图不谋而合。一个最能说明问题的实例就是他们积极配合纳粹势力夹击爱因斯坦。当爱因斯坦为了避开纳粹分子的暗杀阴谋而离德赴美之后,斯塔克紧追不舍,在《纳粹月刊》上用十分恶毒的语言攻击爱因斯坦,说什么爱因斯坦已经从德国销声匿迹,整个物理学界再也不会把他的相对论当成神奇的发现了。他还在纳粹党报《人民观察》上发表攻击爱因斯坦的文章,恶狠狠地叫喊,把爱因斯坦这个犹太人当作一个好德国人是个错误!让相对论在德国存在也是个错误!勒纳德和斯塔克这两位打着"诺贝尔奖金荣膺者"招牌的纳粹分子,是在纳粹恶潮中兴风作浪、迫害犹太人、迫害爱因斯坦、编造所谓"日耳曼物理学"的一支特别行动队,他们给科学造成的损害,是别的破坏力量所无法替代的。

第二次世界大战结束后,这两个纳粹分子得到了应有的惩罚。当时已是 83 岁高龄的勒纳德由于别人的说情而被免于起诉,臭名昭著的斯塔克则被确认为主要的纳粹战犯,负有反人类的罪行。他们分别于 1947 年 5 月 20 日和 1957 年 6 月 21 日先后死去。而他们鼓吹的"雅利安人的物理学或北欧人的物理学"即"日耳曼物理学",早在第三帝国崩溃之前,就已经彻底破产。

参考文献

[1] 程民治. 勒纳德与斯塔克. 现代物理知识[J],2004(1):61—64.

[2] 田园. 战争背后的德国科学家. 光明日报[N],2015-05-24.

思考题

1. 勒纳德和斯塔克在物理学研究方面取得了哪些成就?

2. 勒纳德和斯塔克给科学事业造成了哪些严重的伤害?

3. 为什么勒纳德和斯塔克取得了伟大的科学成就,最终却被钉在历史的耻辱柱上?

4. 以勒纳德和斯塔克为例,说明科学工作者加强思想品德修养的必要性。

(陈敬铨)

32. 诺贝尔物理学奖有失公允？
——关于脉冲星发现的荣誉归属之争

休伊什①　　　　　　　　贝尔②

1967年7月，剑桥大学安东尼·休伊什(Antony Hewish)领导的射电研究小组的成员、女博士研究生乔林斯·贝尔·伯内尔(Jocelyn Bell Burnell)为撰写博士论文，利用射电望远镜搜集数据。每隔4天她就详细分析一遍近122米长的记录纸带(望远镜对整个天空扫视一遍需4天时间)。由于与射电望远镜天线配套的计算机还未安装，贝尔要一英寸一英寸地审视记录纸带。这是一件非常枯燥的工作，贝尔既要从纸带上分离出地球上人类发出的各种无线电信号，又要把真正的射电体发出的射电信号标示出来。

---

① 图片来源：http://115.com。

② 图片来源：http://mt.sohu.com。

同年10月的一天,贝尔在纸带上看到了一个长约1.27厘米的特殊信号,以前的纸带上是否也有这样的信号呢? 为了弄清这一点,贝尔决定再仔细地审查一下以往的记录,最早在8月6日的记录纸带上就出现过这种奇怪的信号,到9月底为止,这样的信号已记录到6次之多,她把这一情况报告给休伊什。他们经过讨论,决定用新安装的时间分辨率很高的快速记录仪继续观测。到11月底,贝尔终于发现这是一种短暂的脉冲,其周期很稳定(为1.337 28秒),而且很有规律,每次出现的间隔是23小时56分,这正好是恒星周日视运动的时间间隔。

这个发现非常奇特。为慎重起见,休伊什写信给全英的天文研究小组,询问他们是否有类似的发现,回答是否定的。休伊什起初认为,这种脉冲是人为的,因为它的周期太短。有什么自然物体可以保持其周期振动或运动如此快速且又如此准确呢? 是不是在遥远星球上的智慧水平很高的"外星人"以某种方式在寻呼呢? 小组成员为此给它起了一个很好听的名字——"小绿人",这的确是一件

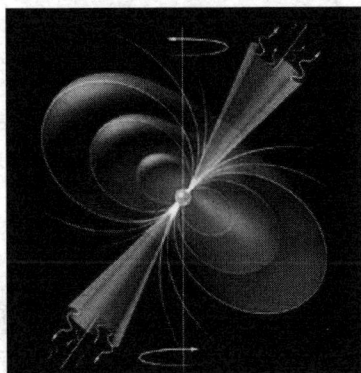

脉冲星①

---

① 图片来源：http://baike.baidu.com。

令人兴奋的事情。

贝尔对"小绿人"的说法不以为然。她认为,这种射电天体有固定的位置,天线接收的方向和速度也都不变,不像是"小绿人"所为,如果是"小绿人"所为,那么它们所居住的行星的运行会影响信号的速度,进而产生所谓的"多普勒位移",几个月的观测并未发现这种效应。贝尔接着又发现 3 个辐射脉冲的天体,"小绿人"不可能在4 个相距如此遥远的天体上同时使用同频段发射射电信号。贝尔和休伊什等 5 人于 1968 年 2 月在《自然》上发表了题为"对一个快速脉动射电源的观测"的报道。文中对这种天体的性质做了尝试解释,认为它可能是物理学家预言的超级致密的中子星。他们的设想得到了证实,这是天文学上的一个重大发现,为天文学研究开辟了新的研究方向,而且对现代天体物理学的发展产生了深远影响,成为 20 世纪 60 年代天文学的四大发现之一(另三大发现分别是星际分子、类星体、微波背景辐射的发现)。

然而发现脉冲星的举世荣誉出现了归属争议。1974 年诺贝尔物理学奖桂冠只戴在导师休伊什的头上,完全忽略了学生贝尔的贡献,舆论一片哗然。英国著名天文学家霍伊尔爵士在伦敦《泰晤士报》发表谈话,他认为贝尔应同休伊什共享诺贝尔奖,并对诺贝尔奖委员会授奖前的调查工作欠周密提出了批评,甚至认为这是诺贝尔奖历史上的一桩丑闻、性别歧视案。霍伊尔还认为,贝尔的发现是非常重要的,但她的导师竟把这一发现扣压半年,从客观上讲就是一种盗窃。当宣布发现脉冲星的文章在《自然》上出现时,贝尔的名字在 5 位作者中排在第二位,休伊什的名字列在首位。按照学术论文写作的规则,这篇文章的作者排序向科学界传送了一个明确的信息:脉冲星的发现者是休伊什,而其他 4 位都是他的研究小组成员。更有学者指出:"贝尔小姐做出的卓越发现,让他的导师休伊什赢得了诺贝尔物理奖。"英国焦德尔班克射电天文台的天文学家史密斯在 1968 年指出,脉冲星是贝尔发现的,但休伊什在这一发现过程中发挥了重要作用。著名天文学家曼彻斯特和泰勒在所著的《脉冲星》一书扉页上写道:"献给乔瑟琳·贝尔,没有她的聪明和执着,我们不能获得脉冲星的喜悦。"

2006 年,贝尔访问北京期间,有记者与她谈起脉冲星的发现经历和对诺贝尔奖的看法时,她说脉冲星发现后不久就离开了剑桥。在沉默一段时间后,她神色有些黯然地说,20 世纪 60 年代,剑桥大学存在导师忽视学生科学贡献的倾向,特别是忽视女学生的贡献。1993 年,两位美国天文学家因发现脉冲星双星而荣获诺贝尔奖时,诺贝尔奖委员会邀请贝尔参加颁奖仪式,算是一种补偿。离开剑桥后,她和休伊什再没有合作,直到 20 世纪 80 年代,他们才在一次国际会议上相见并握手言和。自脉冲星发现以来,除了诺贝尔奖,她荣获了十几项世界级科学奖,并成为科学大使。2006 年,贝尔在布拉格召开的国际天文学联合会大会上荣幸主持了"取消"冥王星作为太阳系第九大行星资格的投票。

参考文献

[1] 刘恒亮,刘树勇.脉冲星发现权之争——兼论科研中"师徒关系"的"物质化"倾向[J].首都师范大学学报(自然科学版),1997(4):33—38.
[2] 威廉·布罗德,尼古拉斯·韦德著.朱进宁,方玉珍译.背叛真理的人们:科学殿堂中的弄虚作假[M].上海:上海科技教育出版社,2004.

思考题

1. 为什么在发现脉冲星的荣誉上会出现激烈的归属争议?
2. 在科学合作研究中,如何对待合作者才符合科研道德的准则?

3. 在大科学时代,在科学界应该建立怎样的"师徒关系"？应该如何处理好与导师的关系？

（陈敬铨）

33. 值得怀疑的"独领风骚"式的工作
——古泊塔不择手段炮制"喜马拉雅化石"

古泊塔（V. J. Gupta）是印度昌迪加尔旁遮普大学地质发展研究中心的高级教授。20 世纪 50 年代至 80 年代,他先后发表了约 430 篇论文,合计超过 4 000 页。古泊塔几乎对印度、尼泊尔和克什米尔地区喜马拉雅各地自寒武纪至侏罗纪的地层时代都作了修正,浩繁的著述及惊人观点为他在印度地质学界赢得了相当高的声誉。古泊塔被接纳为一系列国际学术组织的成员,先后到 20 多个国家出席了 60 多次国际学术会议,俨然成为印度科学界一颗令人瞩目的新星。

然而,古泊塔总是"独领风骚"式的工作,逐渐引起国外一些地质学家的怀疑。澳大利亚悉尼市麦克夸里大学应用地质学院的泰伦特博士挺身而出,同古泊塔的弄虚作假进行了坚决的斗争。

泰伦特曾多次到过喜马拉雅和中亚各地考察,并在印度、孟加拉、巴基斯坦等国任教和讲学,他对南亚和中亚古生物地理和板块构造发展、牙形类化石和地质史进行了长期、深入的研究。泰伦特在研究过程中不断发现古泊塔等报道的古生物资料充满不确切的和可疑的东西。概括起来主要有:地层描述过于简单,层次不清;关于化石产地的资料太笼统;生物群的古生物地理特征混乱;难以确定属及属以上归类的变形或残破化石被鉴定到种级分类单元;特别令人不能容忍的是,将其他地区的化石冒充喜马拉雅的产物加以研究和报道。1976年，泰伦特先后在两个国际喜马拉雅地质讨论会上指出："重要化石的产地必须详加报道，以便验证。"1987年，在加拿大举行的第二届国际泥盆系会议上，他和两位印度同行做了题为"印度、尼泊尔和不丹的泥盆系和假想的泥盆系述评"的报告，报告中分析了一系列古泊塔报道的古生物材料，认为这些化石在地层和古生物地理上是可疑的。古泊塔所说的发现这些地理分布和地层位置异常的古生物化石群，如同是"在克什米尔找到袋鼠"一样令人难以置信。更何况20多年来，实际上只有古泊塔一人报道如此蹊跷的化石群，这非常令人奇怪。第二年，泰伦特将报告充实修改并以专著形式发表，轰动了国际科学界。新闻媒介也以震撼人心的标题报道此案，如"喜马拉雅骗局"、"化石错乱真相"、"古生物研究史上最大的骗局"，等等。

强烈的舆论冲击迫使古泊塔不得不作出答复，但他避实就虚、闪烁其辞地答复泰伦特等人提出的指控："泰伦特和他的同伴想要一些化石产地的资料，但考虑到国家安全，我们不能提供。""泰伦特访问印度20次，每次都是从巴基斯坦来，却从未发表过关于印度的论著，令人诧异的是哪个机构资助一个旅行那么多次而没有成果的科学家？"言外之意，泰伦特似乎是巴基斯坦间谍。古泊塔反咬一口："泰伦特攻击的动机不过是显露自己和掩饰在喜马拉雅地质方面无所作为罢了。"

当泰伦特揭发古泊塔的消息被披露后，许多外国古生物学家，包括古泊塔的国外合作者都为之愕然，因为古生物学家一般都相互信赖，从不怀疑他的同行有可能蒙骗他。外国古生物学家之所以乐意与古泊塔合作，是因为他们感到喜马拉雅的任何材料都来之不易，并富有新鲜感和吸引力，而亲自到那里去采集的机会又很少或没有。

继泰伦特之后，关于古泊塔采用"冒名顶替"、"移花接木"等手法伪造喜马拉雅化石、炮制古生物学论著的材料不断被学者揭发。基于一系列无可辩驳的事实，印度地质学会发出通告，督促反应迟缓的旁遮普大学校方迅速采取措施，追究古泊塔的责任。国际古生物学方面的潘德尔学会也发表声明，开除古泊塔的会籍，并呼吁同行们对他进行批判。

古泊塔事件的后果是严重的，因为求实和严谨的学风是一切科学发现的基石。如果科学家或科研集体不能创造和保持一个以学风严谨为荣的环境，不能始终如一地以高尚的学风指导科研活动，一旦失去信誉，他们的一切科研成果都会失去应有的光彩。现在看来，不仅古泊塔本人的全部论著的真实性令人怀疑，而且一系列关于喜马拉雅地质的著作，包括如《印度地质》等权威著作也因援引有大量古泊塔伪造的"资料"而需要作严肃修正。

为什么古泊塔制造了充塞大量伪劣内容的论著长期得不到揭发呢？我们不妨稍作分析。

现代科学已经不是几个世纪前那种象牙塔中的活动。科学的迅猛发展，要求科学家必须参与竞争，为争取科学基金、发现权和专利权以及学术地位而努力。诚实的科学劳动变得越来越困难，持续的课题资助、提高知名度和得到晋升，在很大程度上要依靠出版物的数量，对质量却相对忽视。在这种导向下，出版尽量多的论著成为科学家的一种职业压力。另一方面，由于科学研究领域高度专业化，科学出版物中的伪劣成分只有少数专家能够识别，因此，打假的范围也变得很有限。探索自然，追求真理，本是科学研究者的职业责任。但如果研究者屈从于社会性压力，或为个人名利所驱使，就会回避他应当履行的职责，影响研究成果的质量。倘若研究者放弃科研的目的，完全追求私利，就会冒有出卖灵魂的危险。

参考文献

[1] 金玉玗.“蠹众而木折,隙大墙坏”——古泊塔事件剖析[J].古生物学报,1991(1):129—138.

[2] 徐飞主编.科学家的失误.合肥:安徽教育出版社,1997.

思考题

1. 古泊塔采取哪些手段弄虚作假? 为什么他的造假行为能长期蒙骗许多学者?

2. 古泊塔的行为是如何被揭穿的? 泰伦特是怎样与古泊塔的弄虚作假进行坚决斗争的?

3. 为什么古泊塔充塞着大量伪劣内容的论著长期得不到揭发?

4. 古泊塔造假事件造成的严重后果是什么? 我们从中可以得到哪些教训?

（陈敬铨）

34. 诺贝尔奖光环下炮制的科学赝品

——震惊科学界的巴尔的摩事件

巴尔的摩(D. Baltimore)是美国杰出的分子生物学家,他因发现逆转录酶能将核糖核酸逆向转录为脱氧核糖核酸而获得1975年度诺贝尔医学或生理学奖。当时他是麻省理工学院的教授,任怀特海德研究所所长。怀特海德研究所是研究分子生物学的著名机构。

巴尔的摩[①]

1981年,科学家们发现,外源的大鼠生长激素导入小鼠的生殖细胞后,能使发育而成的转基因小鼠比对比组的老鼠大了2倍,被称为"超级鼠"。"超级鼠"的出现为基因表达研究开拓了一个新的空间。正在从事抗体基因研究的巴尔的摩立即抓住这一时机,他敏锐地想到:如果将含恒定元件 a 的外源基因导入小鼠的生殖细胞,小鼠内源基因的重排是否会效仿外源基因,也产生含有元件 a 的基因?要证实这一设想,必须做血清学的测试鉴别,即对转基因小鼠用放射方法进行鉴别。巴尔的摩把这一鉴别任务交给了麻省理工学院癌症研究中心的助理教授嘉莉,还给她配上强大的研究阵容。1985年5月,嘉莉不负众望,取得了预期成果:小鼠的内源基因确实会效仿外来的重

---

① 图片来源:http://115.com。

链基因。1986 年 4 月,巴尔的摩和嘉莉在《细胞》杂志发表了题为"在含重排 MU 重链基因的转基因小鼠中内源免疫球蛋白基因表达模式的改变"的实验论文,这个发现具有重大学术价值。在论文提供大量的数据、完整的程序和事实的记录面前,人们无法怀疑这一实验结果。

论文发表后 1 个月,巴尔的摩的一位女助手欧图丽仔细研读长达 17 页的实验记录,发现论文中提到的一些关键性实验,在实验记录中根本找不到,于是她向学校提出对嘉莉的指控。在欧图丽的请求下,学校成立了一个临时调查委员会开始调查。不久,麻省理工学院的埃森教授会见了 3 位当事人——欧图丽、嘉莉和巴尔的摩,埃森的看法是"记录有小小的错误,但没造假"。

欧图丽不服,她在老同事的帮助下,又请国家卫生研究院的研究人员斯图尔特和费特尔对实验记录本进行审查。1986 年 10 月,他们向国家卫生研究院的官员递交了一份详细的报告,明确《细胞》上的那篇论文确有作假之嫌。经过将近 1 年的调查,到 1987 年 9 月国家卫生研究院才准予公开发表。当文章被送到《细胞》、《自然》和《科学》等权威期刊的编辑部时,却被拒之门外,这些编辑认为,凡在《细胞》上发表的论文都经过严格的审阅,是不会出问题的。

那时,塔夫茨大学正要聘任嘉莉,由该校提供的报告也否定了欧图丽的指控,认为论文没有蓄意作假。

欧图丽身受压制和冷遇,但她和她的支持者并未停止斗争,这场官司终于从学术圈子闹到社会上,惊动了美国国会。

1988 年 5 月,由众议院议员丁格尔领导的国会调查分组委员会召集了第一次听证会,集中听取塔夫茨大学和麻省理工学院对欧图丽指控的答复。这时巴尔的摩发布了一封"致同事"的公开信,声称国会的调查是完全没有必要的。丁格尔对此不予理会,用传票调来嘉莉的全部实验记录,并请联邦经济情报局从法学的角度进行剖析,调查进入了实质性阶段。

在舆论压力下,嘉莉、巴尔的摩及其合作者于 1988 年 11 月和 1989 年 5 月先后两次对发表的论文进行更正,但又同时声明,修正没有改变原结论的可靠性和正确性。

1989 年 1 月,国家卫生研究院的首次调查告终,结论是论文确实有严重的描述错误和疏漏,但无伪造数据的实证。

1989 年 4 月,国家卫生研究院又在新设的机构——科学求实办公室重新调查。这次巴尔的摩在《科学与技术问题》杂志发表文章,指名斯图尔特、费特尔和丁格尔等工作人员毫无根据地干涉科学:"如果这次悲剧性的调查毫无结果,那就证明外行是不可能评价科学成果的。"

巴尔的摩毕竟是一位有巨大贡献的科学家,他有卓越的社会活动能力,又热心公益,只要骗局没有最后揭开,他仍然受到人们的尊敬。眼前的纠纷也没有妨碍纽约洛克菲勒大学对他的聘任。从 1990 年起,巴尔的摩荣任洛克菲勒大学校长,形成对照的却是欧图丽失去了工作。

1990 年 5 月,丁格尔召集第四次听证会,联邦经济情报局的调查人员提供了法学证据,揭露了一个令人震惊的事实:在嘉莉笔记本上记载的数据与实验日期不符,这些数据是伪造的,甚至在对论文进行第 2 次更正中提供的数据也有问题。

1990 年 10 月,《自然》杂志发表一篇题为"科学与法学的交战"的文章,详细披露了嘉莉造假的法学物证。嘉莉在对转基因小鼠的抗体进行血清等分析时,应用了放射免疫学的方法,测定时要用 α 射线计数器,该文所附的照片显示了由这台计数器记录的、按时间顺序排在一起的纸带。从照片中可以看出,纸带中段上的数字印迹清晰醒目,显然出自一个新的印带;而前后纸带上的数字却印迹模糊,仅依稀可辨,显然是由旧的打印带打出。纸带中段是在嘉莉的记录本上找到的,而前后段是调查人员从使用同一台计数器的其他研究人员那里征集来的。这只是对嘉莉伪造数据进行法学剖析的一个实例,嘉莉因此无话可辩,她在学术界名声扫地。

1991年3月,国家卫生研究院的科学求实办公室公布了第二次调查报告草稿,推翻了第一次调查的结论,最后确定嘉莉弄虚作假的严重错误,指出她在调查过程中还继续谎报资料、捏造数据。

巴尔的摩得知这一调查后,立即宣布撤回1986年4月发表在《细胞》杂志的那篇论文,并在1991年5月的《自然》杂志刊登了一篇检讨,文中表示支持科学求实办公室的调查报告,承认自己为嘉莉辩护的错误,并向欧图丽公开道歉,还含蓄地就两年前对丁格尔领导的委员会的粗暴无礼表示歉意,并承认政府有权对公款支持的研究项目进行调查。至此,历时5年之久的"巴尔的摩事件"基本结束,但还有两个不解之谜。第一,嘉莉究竟有没有进行过那些实验?第二,巴尔的摩真的是到最后阶段(即在物证公布时),才认识到嘉莉的伪造吗? 当然,回答这两个问题已显得无关紧要了。

作为巴尔的摩的好朋友,同为1975年度诺贝尔医学或生理学奖获得者、威斯康星大学教授特闵一直关注事件的进展。他在一次谈话中说:"巴尔的摩应该知道,当有人挑战了你的实验,不管挑战者是谁,你都有责任做核查,这是科学铁定的规矩,你发表了论文,你就要对此负责。美国科研有一个强项:即使是最资深的教授受到最低级的技术员或研究生的挑战,也必须严肃对待他们,考虑他们的批评。"

参考文献

[1] 秦惠基. 巴尔的摩事件的启示[J]. 医学与哲学,1992(6):1—4.

[2] 朱立煌,陈受宜. 诺贝尔桂冠下的科学赝品——记轰动世界科学界的

巴尔的摩事件[J]. 中国科学基金, 1991(4)：11—14.

思考题

1. 为什么揭露巴尔的摩造假事件会历经艰难曲折的过程？

2. 巴尔的摩本人对这次事件是否负有责任？为什么？

3. 特闵教授所说的"科学铁定的规矩"是什么？你认为这条规矩对科学事业的健康发展有什么意义？

（陈敬铨）

35. 在科学研究事业上来不得半点虚假

——不能重现的"冷核聚变"

庞斯和弗莱希曼①

1989 年 3 月 23 日,在美国的盐湖城,美国犹他大学的史坦利·庞斯(Stanley Pons)教授和英国南安普顿大学的马丁·弗莱希曼(Martin Fleischmann)教授召开了一次不同寻常的记者招待会,他们向宣称,用电解重水的方法在室温下完成了原来要在几亿摄氏度的高温下才能发生的核聚变。

在冷核聚变实验中,他们制作了一个简单的用钯电极作为阳极、钯金属作为阴极的电解槽,在这个玻璃制的常规电解池中充满含有氘原子的重水,然后通上电流,电流从阳极流向阴极,使得氘原

① 图片来源:http://blog.sina.com.cn。

子核由重水流入钯晶格中,从而在那里发生聚变,同时释放多余的能量。由此可以表明核聚变发生的种种迹象是热和核的副产品,如中子以及微量的超重原子——氚。在犹他州的实验中,庞斯和弗莱希曼有两种证据支持其主张:超热及核产品。

他们的实验在科学界引起了巨大的轰动,若常温核聚变(或冷核聚变)真的存在,这无疑是一个重大的事件。因为近半个多世纪以来,科学家们一直在探索用氘、氚(重水、超重水)聚变来得到一种新的能源,但实现这一聚变反应有两大难点:首先,实现这一反应必须在超高温、超高压的环境下进行,这就决定了必须向聚变物提供足够的外来能量,才能触发聚变反应,既然是在高温、高压条件下,这就大大增加了反应装置的整体体积和复杂性,使提取能源的成本大大增加。其次,普通的热核聚变的反应速度和能量释放的可控性是迄今没有得到解决的难题。若冷核聚变的确存在,其巨大意义是难以想象的,这可大大简化反应装置、降低成本,其能量释放的可控性较之于热核聚变的可控性要容易得多。

不少人对庞斯和弗莱希曼实现冷核聚变持怀疑态度,他们很难相信足够的氘原子核挤在一起可以发生聚变,钯虽然具有令人惊奇的吸收大量氘的能力,电流的流动会使钯的晶格"充满"氢,晶格内的压力突然增加能够克服阻止核聚变发生的正电荷的"障阻",但是这样做成功的可能性很小。麻省理工学院的学生最先尝试重复这项实验,但是没有成功。

全世界的科学家纷纷开始重复性的实验,数以百计的实验室先后行动起来,甚至还举办了好几次关于冷核聚变的国际学术会议。然而,世界各地众多的实验室都没能成功重复该实验的结果。人们开始失望,对庞斯和弗莱希曼学术诚信的质疑与日俱增。许多人认为,他们没有做过必要的而且十分容易的对照实验;对热量、中子数和证明发生了冷聚变的其他迹象的测量都十分草率;误解了有关核聚变的公认理论的实质。

1989年7月13日,美国能源部的能源研究咨询委员会在对庞斯和弗莱希曼调查后,对得出的结论作了报告:低温核聚变产生的能源发展前景相当遥远,已经没有任何理由由政府和私人组织再去建立的新的实验室去研究这一有争论的现象。咨询委员会并指出,实验报告的数据不能作为有新的能源来源的证据,被称为新的核过程的冷聚变是没有说服力的。因此,"目前还没有理由建立冷聚变研究中心以支持发现冷聚变的努力"。联邦政府撤销了给犹他大学建立冷核聚变研究中心的资金。

不久,美国能源部又组织了专门的小组来审查冷核聚变的理论和研究。1989年11月,这一小组发布了报告,认为庞斯和弗莱希曼没有提出任何令人信服的证据表明有用的能源资源会导致这种现象——冷聚变。该小组指出,重复产生多余热量的实验失败,以及关于核反应产物的报告与已建立的猜想不一致,核聚变的推测类型与目前的理解不一致,如果想证实冷聚变的存在,就需要建立猜想、甚至理论本身,以一种意想不到的方式来延伸已有的理论。小组反对冷核聚变研究的专项资助。

自此以后,美国官方对于冷核聚变的研究特别慎重。美国能源部自1989年以来,没有资助过任何有关冷核聚变的试验,专利和商标局也拒绝所有的有关专利申请。

冷核聚变的研究趋于冷落。自1991年起,庞斯和弗莱希曼悄然离开美国。1992年他们继续与丰田公司在法国的一家实验室做研究。1995年弗莱希曼去了英国。1998年,法国的那家实验室在花费了1.2亿用于冷核聚变工作后仍没有取得显著的效果,与庞斯中止了合同,并宣布关闭实验室。庞斯没有公开发表声明,只有弗莱希曼还不时地举办讲座和发表论文。

参考文献

[1] 庆承瑞. 病态科学：冷聚变及其他[J]. 自然辩证法研究, 1991(1)：47—53.

[2] 胡允林. 核聚变的诱惑[J]. 世界知识, 1991(8)：8.

[3] 徐飞, 梁帅. 科学不能承受之重——科学造假的社会文化动因释例[J]. 山西大学学报(哲学社会科学版), 2014(1)：109—114.

思考题

1. 为什么说庞斯和弗莱希的冷核聚变是"没有说服力"的？

2. 为什么轰动一时的冷核聚变的研究会从火热趋于冷落？

3. 以冷核聚变事例说明"在科学研究的事业上，来不得半点虚假"。

（陈敬铨）

36. 昙花一现的"奇迹般的实验"

——生命科学界的"冷融合"神话的破灭

1989年初,意大利罗马大学教授斯巴达夫拉(Spadafora)在著名的《细胞》杂志发表了一篇论文,介绍他们在转殖老鼠技术上的一项实验取得了革命性的突破。《细胞》还特别为这篇文章配写短评,称其为生命科学界的"冷融合"(coldfusion),是一个奇迹般的实验!

所谓转殖老鼠技术,就是把一段外来的基因送进老鼠的受精卵中,让这个基因插入老鼠的染色体,随着胚胎的发育,老鼠全身每个细胞都将携带这个基因。如果这个基因是指挥制造生长激素,那么,这只老鼠体内就会得到比较多的生长激素,也就长得特别健壮。因此,人类不仅可以把生长激素的基因转殖到老鼠身上让老鼠变大,同样也可以把这个基因转殖到猪身上,让猪肉变得比较多,也比较瘦,或者是把它转殖到乳牛身上,让牛乳的产量增加。由此可见,转殖动物的技术不论对基础科学的研究,还是在实际应用方面,都有很大的发展潜力,自然会引起科学家们广泛的兴趣。

事实上,在转殖动物的研究中还有许多技术难题需要攻克。要培育一个转殖动物,必须先使成熟的卵子和精子在体外受精,然后趁精子和卵子的细胞核尚未融合之前,将转殖的DNA用细针在显微镜下注射到精子的细胞核中,等到受精卵继续发育成微小的胚胎后,再植入假怀孕母体的子宫内,让它发育成完整的个体。这一连串的工作不仅需要极为高超的技术,而且每一步都极可能失败。因此,科学家都希望能够找到一种简单而又可靠的转殖技术。

如果斯巴达夫拉的构想成为事实,这确实是一项重大的科学突破。因为据说是他将精子预先和待转殖的 DNA 混合在一起,然后发现这些精子可能会携带一些 DNA 物质,在受精的过程中这些DNA 就会被带入卵子,从而成功地产生所需要的转殖动物。斯巴达夫拉报告的这个方法不但简单,而且据他介绍成功率也很高:利用这一新方法,大约有三分之一的老鼠可以成功地变成转殖老鼠。也就是说,这些老鼠稳定地带有转殖基因,可以延续地传给后代。

斯巴达夫拉的发明一宣布,立刻引起了两种极端不同的反应。一些人感到振奋,也有人感到怀疑。振奋是可以理解的,斯巴达夫拉发展的技术太容易操作了,简直就是化腐朽为神奇,遗憾的是,这么简单的方法为什么以前没有人想过。但也有一些科学家对斯巴达夫拉的成果持谨慎的态度:如果精子真的能把外界环境中的DNA 带进卵子,并表现在其后代子孙中,这种情况不是太可怕了吗?难道这真的是演化过程中造成物种变异的机制吗?

为了验证斯巴达夫拉的工作是否属实,许多实验室开始对斯巴达夫拉的实验进行验证,遗憾的是,人们得到的结论是否定的。1989 年 10 月 20 日,美国 4 个从事转殖动物研究的中心在《细胞》杂志报告,他们先后 8 次重复了斯巴达夫拉的实验,但是无法得到相似的结果。他们还报告从东欧的布达佩斯到加州的帕沙迪那的7 个实验室也得不到相似的结果。因此,美国科学家们断定,这个持续了几个月、被誉为生命科学界"冷融合"的实验不是一个科学上的过失,而更像是一场于有意和无意之间编造的科学神话。

对于斯巴达夫拉的实验来说,问题要复杂一些,因为斯巴达夫拉真的有几只转殖老鼠在那里,但人们开始对这些老鼠身上的转殖基因的来历发生怀疑。虽然人们对斯巴达夫拉没有做更多的追究,但是科学实验要求具有可重复性的规范,使得"冷融合"的实验奇迹昙花一现,"冷融合"的科学神话已经破灭。

参考文献

[1] 赵志强,郑小林等.细胞融合技术[J].生物学通报,2005(10):40—41.
[2] 徐飞主编.科学家的失误[M].合肥:安徽教育出版社,1997.

思考题

1. 《细胞》杂志发表斯巴达夫拉的论文是否有过失,为什么?

2. 生命科学界的"冷融合"科学神话是怎么破灭的?

3. 据你所知,在科学研究上还有哪些类似于"冷融合"实验的事件发生? 如何才能避免或减少该类事件的发生?

(陈敬铨)

37. 在科学研究上没有什么比诚实更重要

——发现 118 号元素的谎言

  1999 年 5 月,世界一流的实验室——美国劳伦斯伯克利国家实验室的维克多·尼诺夫(Victor Ninov)在《物理评论快报》上发表文章,声称用高能氪离子轰击铅靶引发一系列原子核衰变,在这个衰变过程中探测到 3 个 118 号元素的原子及其衰变。这一成果自然被视为 1999 年最重要的科技突破之一。尼诺夫的发现引起了极大的关注,许多专家认为,这意味着在寻找"稳定岛"过程中前进了巨大的一步,必将极大促进对门捷列夫元素周期表范围的研究,稳定岛是推测中的原子序数在 $Z = 120$ 附近的相对长寿命的核区。那时,已知最高 Z 的核是几个月前在杜布纳的俄罗斯联合核研究所发现的 114 号元素。美国著名的核化学家、作为合成多种超铀元素的参与者乔索兴奋地说:"真神,奇迹果真发生了,的确令人兴奋。"美国俄勒冈州立大学著名的核化学家洛夫兰也十分赞赏,因为此前许多科学家都认为要得到 118 号元素并非容易的事情。

  但也有科学家对此表示怀疑:人工合成 118 号元素并非轻而易举之事,根据俄罗斯联合核研究所所观测到的 110～114 号元素的产生率进行外推,预示 118 号元素在任何现存的核物理设施上都不可能以有效的速率产生。德国的重离子研究中心、法国重离子研究实验室和日本的物理化学研究所分别重复了尼诺夫的实验,但他

美国劳伦斯伯克利国家实验室①

们的努力都归于失败,未能观察到所谓的"118号新元素"。乔索起初对于外国同行的质疑不屑置辩、泰然处之,认为他们无法得到118号元素,是因为仪器设备灵敏度低劣所致。而洛夫兰则开玩笑说,118号元素的合成,犹如"大海捞针,谈何容易"。

在科学界舆论的压力下,劳伦斯伯克利国家实验室开始认真对待,重复他们原来的实验。尼诺夫参与了实验。他向研究小组宣称,他发现了另一个118号元素的原子,十分令人激动。然而,当研究小组的其他成员将他们的分析结果与尼诺夫的结果进行比较时,发现并不相符。出于对尼诺夫的敬重,谁也不会去怀疑他会出错。不少人认为,与尼诺夫的结果不符,或许表明自己无能。谁也不愿意让118号元素的发现与自己失之交臂,他们反复思考、重复核算,为找到118号元素的踪迹甚至不惜牺牲周末休息时间,但是,大家的辛劳毫无收获。这时乔索意识到无法用更高灵敏度来重复原来的实验结果,那么必定有错,错在何处?美国科学界包括劳伦斯伯克利国家实验室开始怀疑118号元素"发现"的真实性。

---

① 图片来源:http://www.diyitui.com。

由 4 位来自合成 118 号元素研究小组之外的科学家组成的调查小组,经过为期 1 年多时间的深入调查研究后指出,一位声称发现了两种"新元素"的核研究人员有欺诈行为。劳伦斯伯克利国家实验室主任尚克在员工会议上宣布调查结果时,并没有指名道姓,但始作俑者是谁大家心知肚明:尼诺夫首先是怀疑的对象,因为他是 15 名合成 118 号元素科研人员中唯一有权接触原始数据的,在最初的研究中他主要负责数据的分析。调查小组重新分析原始数据后,发现实验中的一项重要指标,即与超重元素衰变相伴产生的大量 α 粒子,根本就是子虚乌有,"有明确的证据可以判定,尼诺夫博士在科学研究中采取了伪造事实的不正当行为"。

2001 年 7 月,劳伦斯伯克利国家实验室向《物理评论快报》递交了一份收回 1999 年关于发现两种新超重元素论文的声明。2002 年 7 月 15 日,《物理评论快报》正式收回"发现"118 超重元素的论文。

尼诺夫是倍受敬重的物理学家,他待人热情、工作肯干、多才多艺。他会演奏小提琴调节大家的情绪,将注意力转移到实验上来;他与两个助手一起驾驶 45 英尺帆船横渡太平洋;他在爬山中遇上雪崩曾严重受伤,攀登其他险峰虽然也遇不测,但总能逢凶化吉、转危为安;他从保加利亚移民到德国,在德国的重离子研究中心工作多年,20 世纪 90 年代中期参加了发现 111 号元素和 112 号元素的科学实验工作,之后转到美国劳伦斯伯克利国家实验室工作。尼诺夫一直被认为是核研究领域的知名科学家。乔索也认为尼诺夫是他遇到的核物理学界最有才华者之一。但是,令乔索不解的是"他为什么这样干?我们无法想象"。由于涉嫌造假,2001 年秋,劳伦斯伯克利国家实验室暂停了尼诺夫的研究工作,2002 年 5 月尼诺夫被开除。

参考文献

[1] 周书华.劳伦斯伯克利国家实验室做出结论：118 号元素的证据是伪造的[J].物理,2003(2)：136—138.

[2] 诺平.118 号元素的"发现"、隐退与再发现[J].信阳师范学院学报(自然科学版),2003(4)：481—484.

思考题

1. 尼诺夫"发现 118 号元素"的谎言是如何被揭穿的？

2. 为什么尼诺夫的造假行为未能被及时发现和纠正？

3. 劳伦斯伯克利国家实验室是如何对待尼诺夫的造假行为的？有什么可取之处？

4. 如何在科学研究中严格遵循科学诚实的道德准则？

（陈敬铨）

38.“科学数据神圣性原则”不容违背

——贝尔实验室的舍恩系列“科学”论文造假事件

2002年5月,美国贝尔实验室成立一个独立调查组,调查该实验室的一个研究小组在1999—2001年间发表的科学论文的数据是否真实可靠。同年9月,调查组写出报告,证实一位科学家有伪造数据进行欺编的科学不端行为。贝尔实验室的上级公司朗讯科技公司终止了与这位科学家的合同。

美国贝尔实验室①

这位科学家名叫让·舍恩(Jan Hendrik Schon),德国人。他在1998年进入美国贝尔实验室,并在实验室通过对包括物理学、材料科学、纳米技术等微尺度物质的前沿科学领域的研究,“制得”了包括不同于以往的高性能的硅基晶体管,它可用作计算机内部交流的开关;并“制得”了世界上第一个有机电子激光器、发光晶体管和世

---

① 图片来源：http://baike.soqou.com。

德国科学家舍恩①

界上最小的晶体管,这些突破性的成就使舍恩迅速跃升为物理学界一颗耀眼的新星。舍恩在短短的几年里发表了数以百计的科学论文,他被看作一位非常有才能的青年科学家,据说已有人提名他为诺贝尔物理学奖候选人。

首先对舍恩提出怀疑的是普林斯顿大学的索恩教授,她于2002年4月发现舍恩的造假行为:舍恩于2001年在《科学》上发表的论文与同年在《自然》上发表的论文中出现了完全相同的数据,这一数据在2000年《科学》的另一篇论文中也使用过,而这样的问题一共存在于舍恩的6篇文章之中。还有人注意到舍恩的实验结果出奇地漂亮,特别是他声称制造出单分子晶体管。别人的实验条件不比舍恩的差,甚至更好,却无法重复得到舍恩的实验结果。人们还发现,舍恩对不同材料测试得出的数据非常相近,一些实验曲线中有些部分几乎完全相同。因此,人们对舍恩的研究提出质疑。

贝尔实验室非常重视这个问题,聘请了以斯坦福大学教授贝斯莱为首、由5位专家组成的独立调查委员会,调查"存在的科学上的不端行为的可能性、舍恩等人的论文中数据的有效性以及所用的方法是否恰当"等问题。在调查过程中,委员会要求舍恩的所有合作者回答他们的问题,还和舍恩的3位主要合作者进行了谈话。委员会研究了有问题的论文的草稿、数据处理文件、绘图所用的数据以及各种数据的细节。但是当委员会要求舍恩提供原始数据时,舍恩声称由于他的计算机的存储量太小,原始数据都已被抹去;要他拿出原来的实验材料和被测试的器件,但他说都已损坏或丢失。事实上,别人根本无法重复他原先做过的实验。

---

① 图片来源:http://www.ufo-1.cn。

委员会分别认真研究了每一项质疑,发现舍恩最突出的问题是捏造数据。舍恩将相同的数据用于不同的器件,对于不同的材料的曲线或曲线中的一部分都是用相同的数据代入画出的,这些都是科学上不能接受的弄虚作假行为。一个明显的例子是多塞酚的超导性曲线,同样的曲线其部分或全部在不同的文章中出现多次。舍恩自己也不得不承认,在许多情况中数据不正确,他自己也说不清这些数据是从哪里来的。委员会断定这些数据都是不真实的,他的行为破坏了"科学数据神圣性原则"。

委员会分别调查了对他们的论文所提出的 24 项质疑,确认其中的 16 项确实是科学上的不端行为,其中有 2 项与所发表的论文没有关系。其余的 6 项质疑虽然存在问题,但没有找到确凿的证据可以证明其作假。委员会查明,除原材料的提供以外,实验设备都是舍恩自己设计制造,计算机程序也是他自己编写,器件的制备、数据的测量和处理都是舍恩一人独自完成的,其主要结果并没有其他合作者见证。据此,委员会认为责任在舍恩一人,其他合作者都是清白的。

在委员会的调查报告后面也附上了舍恩本人的书面辩解。舍恩不同意委员会的书面结论,坚持说他是诚实的、发表的数据都基于实验观察,"肯定它们都是真实的"。但他也不得不承认这些数据不正确,但又无法说明不正确的原因。无论他如何辩解,他伪造数据、弄虚作假的不端行为是明明白白的,所以贝尔实验室还是解聘了他。2002 年 6 月,舍恩的母校——德国康斯坦斯大学为此撤销了他的博士学位。

参考文献

[1] 威廉·布罗德,尼古拉斯·韦德著. 朱进宁,方玉珍译. 背叛真理的人

们：科学殿堂中的弄虚作假[M].上海：上海科技教育出版社,2004.

[2] 奇云.震撼国际科技界的"舍恩造假事件"[J].世界发明,2003(4)：
　　4—7.

[3] 王阳,张保光.贝尔实验室舍恩事件调查——科研机构查处科学不端
　　行为案例研究[J].科学学研究,2014(4)：501—507.

思考题

1. 为什么说舍恩的行为破坏了"科学数据神圣性原则"？

2. 贝尔实验室对舍恩事件采取了哪些措施？这对于维护实验室的声誉起
   到什么作用？

3. 我们从贝尔实验室舍恩事件中应吸取什么教训？科研机构在保证科研
   人员具有诚实的觉悟方面应采取哪些措施？

（陈敬铨）

39. 在科学史上被传诵的一段佳话
——达尔文和华莱士结成学术挚友

达尔文(C. R. Darwin)在 1837 年结束环球航行之后,带着收集的大量材料回到英国,开始研究物种起源的问题。在 20 多年的研究过程中,达尔文一直在为自己的物种起源理论做细致的材料准备工作,而没有正式动笔著述。尽管他的好友、地质学家赖尔曾经提醒过达尔文,为避免别人抢先发表这一理论,达尔文应该尽快写出著作率先发表。可是达尔文却认为在物种和变种这一问题上,涉及的研究范围实在太广,他需要经过充分的考证才能撰写作品。

就在达尔文对物种起源的理论进行探讨时,一个 21 岁的年轻人华莱士(A. R. Wallace)也在思索物种的问题。他"对大自然之美、和谐与多样性的强烈喜爱,对人与人之间的正义也有同样强烈的热情"。1856 年,华莱士在《博物学记录》发表了《论支配新种引进的法则》,初步表达了自己对物种问题的见解。赖尔在阅读过这篇文章后,立即介绍给达尔文。达尔文并没有对华莱士的这篇论文予以较多关注,他只是在自己的《博物学记录》上潦草地写道,它"没有什么新东西"。尽管如此,两人还是很快就取得了联系。当时远在马来群岛的华莱士正在为达尔文收集一些物种的材料,这对达尔文在国内的研究事业提供了很大帮助。在后来两人的通信往来中,达尔文对华莱士的鼓励和帮助一再表达谢意。在相关问题上,华莱士和达尔文也进行了探讨。达尔文称赞华莱士的标本采集工作,鼓

169

励华莱士提出自己的理论。达尔文的一些指导和见解无疑支持了华莱士的研究工作，给这位年轻学者巨大的信心。与此同时，达尔文也逐渐认识到他与华莱士在很多想法上都是相似的，而且"在一定程度上得出了类似的结论"。

达尔文①　　　　　　华莱士②　　　　　达尔文著《物种起源》③

　　达尔文并没有因此加快写作《物种起源》的步伐。他依然认为这一主题将包含大量的事实，要想将自己的观点细致地展开并最终出版著作，至少还得两年的时间。1858年6月，达尔文收到华莱士从马来群岛寄来的信件。在这封信的附件里，华莱士比较系统地阐述了自己对物种起源的观点，并请求达尔文将附件论文转交赖尔过目。华莱士提出的基于自然选择的进化机制，与达尔文的观点十分相似，甚至连华莱士使用的一些术语都是达尔文正在撰写的书目中的部分章节标题。达尔文在阅读了这封"残酷的"书信后，按照华莱士的要求把论文寄给赖尔，并附上了一封悲怆的信件。在信里他对赖尔说："我从未看到过比这件事更为显著巧合的了，即使华莱士手中有过我在1842年的手稿，他也不会写出一个比这更好的摘要

① 图片来源：http://takungpao.com。

② 图片来源：http://www.zxxk.com。

③ 图片来源：http://news.163.com。

来!"(其实两人的观点存在许多重要差别,只是达尔文当时并没有发现。)虽然达尔文认为自己在物种起源理论上的优先权会丧失,但他还是建议华莱士发表自己的观点。

赖尔在读完达尔文的信件后,知晓达尔文所处的窘境。于是他提出了一个解决办法,就是达尔文和华莱士联合宣布他们的发现。对于这个方法,达尔文小心翼翼地接受了,因为他担心别人会认为这是剽窃之举。在后来的一段日子里,达尔文不断地写信给赖尔、胡克和华莱士,向他们诉说自己的苦恼。他急切地想证明自己在1844年就写了初稿,而且没有抄袭华莱士的东西。他在信里说:"现在我很想把我的一般观点的概要用十几页的篇幅予以发表,但我以为这样做是不光荣的。……我宁愿把我的那本书全都烧去,也不愿使他或别人说我的行为是卑鄙的。"最终,在1858年7月1日的林奈学会上,达尔文和华莱士的论文一起发表,赖尔和胡克对此做了相当清楚的情况说明。华莱士在随后的书信中对达尔文的这种做法表示赞赏。华莱士认为,能够与达尔文这位著名的博物学家一起发表论文是他的荣幸。尽管如此,达尔文还是感到不安和愧疚,他在回信中向华莱士保证,"绝对没有做任何事情使赖尔和胡克采取了他们认为是公正的行动",并对华莱士宽容大度的品质表示感谢。此后,达尔文加快了写作的进度,最终在1859年11月出版了《物种起源》一书。

《物种起源》出版后,达尔文将自己的书寄给华莱士,并写了一封信。在信里,达尔文十分谦虚地表示自己这本书没有太多的新东西,但仍希望能得到华莱士的评价。在信的末尾,达尔文还建议准备回国的华莱士申请皇家学会的基金。在1869年,两人在人类大脑进化的问题上产生分歧。华莱士认为人类大脑的进化是受一种更高的精神力量的指引,与自然选择的关系不大。此时的华莱士在自然选择的理论世界里已经排除了人类意识的作用,走向了一种唯灵论。达尔文在他们往来的信件中说,"我希望你不会太彻底地谋杀你和我的孩子",明确表示不赞同华莱士的观点,但这并没有影响两人结下的友谊。华莱士依然坚定地认为自己是一个达尔文主义者,为此他专门写了一本著作,这本书的名字就叫《达尔文主义》。同样,达尔文不仅仅在学术上和华莱士经常进行交流,还在生活上对华莱士伸出援手。华莱士出身贫寒,生活拮据。达尔文说服英国政府支付华莱士一笔不菲的年金,最终帮助华莱士脱离生活困境。

达尔文坦诚地承认进化论是他和华莱士共同的"孩子"。华莱士在 1887 年也回忆:"当我回国之后,我完全没有预料到达尔文已经抢先在我的前面那么远了。现在我可以诚恳地说,正如多年以前我说过的那样,我高兴如此;因为我并不热爱著作、试验和详细叙述,而达尔文在这些方面是杰出的,缺少这些,我写的任何东西都无法取信于世。"

达尔文和华莱士作为 19 世纪英国杰出科学家的代表,他们的成功不仅仅在于他们取得了物种起源理论的重大学术成果,更重要的是他们两人所体现出的高尚学术品格。假如达尔文当时利用自己的学术地位打压华莱士,独占进化论成果;或者华莱士强行要求先发表自己的手稿,尽管会取得暂时的成功,可是他们在科学发展史上的地位就大打折扣。相反,正是因为达尔文和华莱士两人在学术研究上的绅士风度和高尚品格,才给进化论这一伟大学说增添了更多光彩,成为一段科学佳话。

参考文献

[1] 郑笑. 华莱士和达尔文不同的"自然选择"之路[J]. 科学文化评论,2013
(2):5—7.

[2] 刘利. 华莱士:达尔文的骑士[J]. 自然辩证法通讯,2012(6):106—

114.

[3] 方舟子. 达尔文—华莱士之让[J]. 科技导报, 2009(8): 106.

思考题

1. 当达尔文得知华莱士在物种起源问题上提出与自己十分相似的观点后, 为什么感觉陷入了"窘境"?

2. 赖尔和胡克是怎样解决达尔文遇到的难题的? 他们这样做公正吗?

3. 我们从达尔文和华莱士身上可以学到哪些高尚的科学品质?

4. 科学工作者怎样做到在优先权上互相尊重, 在名利面前遵守诚信?

(陈敬铨)

40. 由小数点后第三位数字的误差导致的诺贝尔奖

——瑞利和拉姆塞发现惰性气体

夜幕降临,当您漫步在大街上,一定会为五彩缤纷、闪烁变幻的霓虹灯所吸引。可能您也知道,在霓虹灯管里充满的是惰性气体——氦、氖、氩、氪、氙等。说起惰性气体的发现,还有一个有趣的小故事,这是由小数点后第三位数字的误差所导致的重大发现。

英国物理学家瑞利原名约翰·威廉·斯特拉特(John William Strutt),尊称瑞利男爵三世(Third Baron Rayleigh),是英国著名的卡文迪许实验室的第二任主任。他以善于用较简单的实验设备获得十分精确的数据而著称,把卡文迪许实验室发展为高级实验中

瑞利①

拉姆塞②

---

① 图片来源:http://baike.baidu.com。
② 图片来源:http://baike.baidu.com。

心。他精心制订了研究计划,其中包括重新精密地测定"欧姆"、"安培"和"伏特"3个物理量的工作。

瑞利从1882年开始研究大气中各种气体的密度。在当时大多数人都深信,大气的主要成分是氧和氮,还有少量的碳酸汽和水蒸汽。瑞利用不同的方法来制取纯净的氧,测得它们的密度完全相同,并确定氢和氧的密度之比为1∶15.882。在测定氮的密度时,他发现从大气中除去氧、碳酸汽和水蒸汽所得的氮气的密度为1.2572克/升,而由亚硝酸氨制得的氮的密度却是1.2508克/升,两者相差为0.0064克/升。尽管这个误差是在实验容许的误差范围之内,但瑞利没有放过这小数点后第三位数字上的误差,他以万分之一克的精密天平反复测量,结果发现这个差别仍然存在。瑞利对此百思而不得其解。

瑞利在《自然》上公开征答。一位学者向瑞利提供了卡文迪许在1个世纪前遇到的一个重要实验事实:在玻璃容器里用电火花使氮和氧化合,不论化合过程延续多久,总有一个小气泡不能被氧化,卡文迪许猜想空气中的浊气不是单一的,还有一种不与氧化合的成分,其总量不超过全部空气的1/120。另一位有心人、年轻的化学家威廉·拉姆塞(William Ramsay)表示要与瑞利合作。

瑞利重复了卡文迪许的实验,发现在电火花使氮和氧化合的过程中,果然有小气泡不能被氧化,他认为卡文迪许的猜想是有道理的。他和拉姆塞进行了多次测定,来判断"从化合物中制得的氮"和"从空气中制得的氮"是不是一回事儿。他们先把"从化合物中制得的氮"与镁一起加热,或与氧混合通以电火花,并且用"从空气中制得的氮"进行同样的试验,对两者进行对照。结果证明前者制得的氮是纯氮,而后者不是纯氮,含有较重的新元素,并测得这种新气体1升的质量是1.7815克,密度为19.94克/升(当氧的密度为16克/升时)。在100体积的氮里含有1.186体积,也就是1/84。

而测得 1 升纯氮的质量为 1.250 2 克。在不纯的氮中,由于含有 1.186%的这种气体,因此 1 升质量应该为 1.257 2 克。这个计算值与瑞利"从空气中制得的氮"中所测得的实验值完全一致,"这些数据的精密一致几乎使人高兴得流泪",瑞利和拉姆塞这样说。

他们用分光镜对新气体进行光谱分析,发现有橙色和绿色的各组明线。这有别于已知气体元素的光谱。他们同时又委托光谱分析权威克鲁克斯协助验证,很快克鲁克斯确证了未知气体——一种新元素的存在。

1894 年 8 月 3 日,在牛津召开的英国科学振兴会上,拉姆塞和瑞利公布了这一发现。新元素被命名为氩(Argon,意为"懒惰者")。他们以辛勤的劳动请出了躲藏在深处的"懒惰者"。

然而,在当时有相当多的化学家不认可这一发现,他们坚持认为像空气这种几百年来被人们分析和讨论到家的气体中,存在着近 1%的新元素是不可能的,还有人声称,由于空气中含少量叠氮(N_3),才导致空气中氮(N_2)的密度略大。

从这一年的 9 月起,瑞利和拉姆塞再次开展了对氩气的实验研究,寻找更有说服力的事实。他们制得了更多的氩,经过反复测量,得到氩的密度为 19.94 克/升。瑞利又采集了溶于水的空气,在去除氧气之后,收集氮气并精密测定其密度,测得大于空气中氮气的密度,瑞利的测试结果如下表所列,这就证明氩气原来就包含在空气中,而不是经过除去氧和氮等化学操作所生成的。

瑞利的测试结果

由水 A 采集的氧	2.322 1 克	由空气采集的氧	2.310 2 克
由水 B 采集的氧	2.322 7 克	以化学方法采集的氧	2.298 5 克

他们通过多种实验证明氩的化学特性极不活泼,把氩与其他气

体、固体或液体混合在一起加热或者通电,都未发生任何化合和分解现象,它确实是化学性质不同于 N_3 的惰性元素;用物理法测得氩的定压比热容 C_p 与定容比热容 C_v 之比为 1.653,从而推知氩为单原子分子,进而求得其原子量为 40,无可辩驳地确证了新元素氩的客观存在。

拉姆塞在发现氩以后,经过不懈的努力,又相继发现了氦、氖、氪、氙和氡等惰性气体。

瑞利因“对一些重要的气体密度的研究,以及这些研究的成果之一——氩的发现”而荣获 1904 年度的诺贝尔物理学奖。拉姆塞“因其发现新族元素——惰性元素”而获得 1904 年度的诺贝尔化学奖。

参考文献

[1] 陈敬铨. 启示之光——科学发现的契机[M]. 合肥:安徽教育出版社,
    2003:139—147.
[2] 刘会敏,胡志刚. 机智的实验者和大胆的预言家[J]. 化学教育,2012
    (7):73—75.

思考题

1. 瑞利和拉姆塞是如何发现第一个惰性元素氩的? 在他们的发现过程中体现出怎样的科学精神?

2. 瑞利和拉姆塞怎样对待科学界对他们的发现的质疑? 从中我们能够在遵循科学道德准则方面得到哪些启示?

3. 查阅资料,了解拉姆塞在发现氩以后又连续发现 4 个惰性元素所做的艰苦努力。

(陈敬铨)

41. 诚实地把实验结果公之于世
——迈克耳逊的"零结果"实验与他高尚的科学品质

19世纪初,光的波动说取得很大的成功。根据经典力学的观点,认为波的传播必须要有介质存在。既然光是一种波,那么它必须要通过某种介质才能传播。所以,人们想借助"以太"来传播光并想利用各种方法来检验"以太"的存在,同时确定它的属性。

到了19世纪80年代,根据天文学和物理学的知识,人们认为"以太"充满整个太阳系,地球就在这个"以太"的海洋中运动,但是又认为地球在这个"以太"海洋中运动,不会扰乱"以太"原有的分布。根据这一图景,人们就希望利用实验来测定地球相对于"以太"的运动速度,这就是平时所说的"以太"的漂移速度。

迈克耳逊①

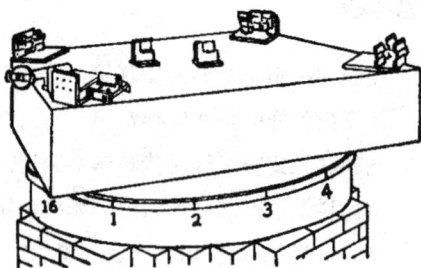

迈克耳逊和毛雷测量"以太"的实验②

① 图片来源:http://baike.baidu.com。
② 图片来源:http://www.tuxi.com.cn。

美国物理学家迈克耳逊(A. Michelson)从 1880 年开始,就设计和利用干涉仪测量"以太"的漂移,以检验"以太"的存在。1881 年,他在波茨坦天文观测站的地下室,用自己发明的干涉仪完成了第 1 次实验,结果令人失望,他并没有测量到"以太"的漂移。

科学家都不愿轻易接受这个结果,当时科学界的一些大人物也都不相信这个结论。有人指出迈克尔逊计算中的一些错误和实验中若干微小的误差,结果,人们都倾向于认为迈克尔逊的实验不够成熟,而不是"以太"并不存在。迈克尔逊本人没有接着再做这一实验,而是将兴趣转移到精密测定光速方面。

1884 年秋天,英国著名物理学家开尔文和瑞利访问美国,迈克尔逊利用这个机会就 1881 年的那次奇怪的实验向他们请教,开尔文和瑞利意识到这个实验的重要价值,都竭力鼓励迈克尔逊继续做"以太"漂移实验以证实它的存在。

迈克尔逊受到鼓励,重整旗鼓,继续做观测"以太"的实验。1887 年 7 月,迈克尔逊和西利瑟夫大学的莫雷合作。莫雷教授是一位擅长做实验的科学家,而且他有一个设备很好的实验室。这次,他们充满信心,认为极有把握获得成功。他们将光走过的路程增加了 10 倍,为了减少转动的摩擦,他们还把安装光学仪器的大石板浮在水银面上。

经过数天精心的实验,结果仍然与迈克尔逊在 1881 年做的实验结果相同,测不到任何"以太"漂移的速度。1887 年 12 月,他们发表论文《地球运动和传光的"以太"》宣布得到否定结论的实验结果,由此说明地球和"以太"之间不存在相对运动。这就是物理学史上有名的"零结果"。

迈克尔逊和莫雷并没有更深入地追究"以太"是否不存在的问题。迈克尔逊根据他们的干涉仪是一种精度极高的测量仪器——其灵敏度可达四亿分之一,将其用于高精密度的物理测量。1892—

1893 年,迈克尔逊用实验发现,保存在巴黎国际度量局的标准米是镉光谱光线波长的 1 553 163.5 倍,他为长度基准找到一个非实物的标准。这一成果具有历史性的意义,迈克尔逊荣获了 1907 年度诺贝尔物理学奖,正是由于他在"精密光学仪器和用这些仪器进行光谱学的基本长度"方面的研究。

迈克耳逊本人并不了解"'以太'零漂移"实验结果具有划时代的重要意义,众所周知,这一实验结果导致爱因斯坦在 1905 年创立了狭义相对论。迈克耳逊始终认为"以太"是存在的,他不乐意看到自己的实验导致相对论这一"怪物"。但他具有的高尚的科学品质却是值得称道的,他并没有因为实验结果出乎自己的意料而放弃和隐瞒结果,而是把实验结果坦诚地公之于世。

参考文献

[1] 张瑞琨主编. 近代自然科学史概论[M]. 上海:华东师范大学出版社,1989.

[2] 董书平,颜期增. 迈克耳逊-莫雷实验的解释及意义[J]. 安徽教育学院学报,1998(1):20—22.

[3] 徐飞主编. 科学家的失误[M]. 合肥:安徽教育出版社,1997.

思考题

1. 迈克耳逊利用干涉仪进行精密测量的目的是什么?

2. 迈克耳逊是怎样对待令自己失望的实验结果的?

3. 我们在进行科学实验时,如果遇到实验结果不符合自己的设想时,应该怎么处理才符合科学的道德规范,为什么?

(陈敬铨)

42. 科学研究要追求卓越和精益求精
——在科学实验中务求尽善尽美的玻尔

尼尔斯·玻尔(Niles Bohr)是丹麦著名的物理学家。1903年进入丹麦哥本哈根大学学习物理,1909年获科学硕士学位,1911年获博士学位。1920年在哥本哈根大学创立了理论物理研究所。这个研究所以其培养出一批批出色的科学家为人所知,而且以其无与伦比的哥本哈根精神著名。1922年,玻尔因对研究原子的结构和原子的辐射做出贡献而获得诺贝尔物理学奖

大学时代的玻尔①

玻尔在大学学习期间,就显示出具有严谨的治学态度和独立的科学研究能力。1905年,丹麦科学文学院悬赏征求有关液体表面张力的论文。英国物理学家瑞利从理论上证明:对于在具有已知速度和横截面积的一股液流表面上形成的波,只要测出其波长,就可以确定其表面张力。

应征论文规定在1906年10月30日前交出。以前应征并得奖的人大多数是卓有成就的学者,而玻尔此时只有19岁,就读大学二年级,他却有足够的信心和勇气,想通过这次机会考验自己的能力。

---

① 图片来源:http://www.sohu.com。

他想出一种产生液流的方法，可以测出液流的波长，他到父亲的实验室做实验验证。

玻尔利用自制的玻璃管，并使喷口形成特殊的形状，使得水从管内喷出，形成足够长而稳定的水柱。有了这样足够长而稳定的水柱，水的表面会在表面张力作用下产生面波——这种波就是瑞利研究中所说的"振动"。

玻尔为自己独立开展研究感到振奋，他全身心投入实验中。由于白天实验室有其他人在工作，而他想获得水流的扭曲程度要保持几个小时的稳定，这几乎是不可能的。他只有等到其他人的工作结束后才能做实验，因此，他的绝大部分工作只能在夜间进行。这个实验很费时间，每次总得花几个小时，观测时又必须谨慎仔细。玻尔是一个务求完善的人，他在每次做完实验后，总会发现还有需要改进的地方，实验也就一次次重复进行。征文截止日期眼看快到了，玻尔还在没完没了地改进实验，他的合作者都感到厌倦，但却无可奈何。他的父亲不得不出面干预，强迫他停止实验，带上实验数据到庄园里去完成论文，并一再嘱咐他不要无休止地修改论文，以免错过了递交论文的期限。玻尔经过艰苦的努力，终于在规定的时间把应征论文交了上去。

玻尔的论文看来不太符合征文的要求，因为他只测定了水的表面张力，而征文的要求是"研究应扩大到多种液体"。但是玻尔的论文不仅实验方法奇妙、精密，而且突破了征文要求的局限，他不仅应用了瑞利的理论，而且推广了瑞利的理论，表现出他的独创性。应征论文评比者们经反复考虑之后，认定玻尔的论文应该获得金质奖章。在 1907 年 1 月 25 日给科学文学院的报告中他们写道："这项工作尽管只研究了水一种液体，没有像另一位作者那样全面地解决问题，不过，作者却使这个问题在其他方面得到了发展，取得了很大的成就，我们因此建议这篇论文获得金质奖章。"

1 个月后,玻尔收到了丹麦科学文学院寄来的获奖通知。获得金质奖章后,波尔并不满足,他继续进行更多的实验,对水的表面张力做进一步测定。1908 年的下半年,玻尔向伦敦皇家学会寄去题为"用水柱振动法测定水的表面张力"的论文。这篇论文并非是获奖论文的简单英译文,而是做了许多的改进和更深入的研究。后来这篇论文正式发表在伦敦皇家学会的会刊《哲学报告》上。玻尔在流体力学和液体表面张力方面的研究,以及他采用的实验方法和取得的成果,获得了这一领域的专门研究者的高度赞赏。

参考文献

[1] 李臻. 诺贝尔奖得主的大学时代[M]. 上海:文汇出版社,2006.
[2] 派斯著. 戈革译. 尼尔斯·玻尔传[M]. 北京:商务印书馆,2001.

思考题

1. 为什么说玻尔在液体表面张力的实验中表现出敬业精神和严谨的作风?
2. 应征论文评比者为什么认定玻尔的论文获得金质奖章?
3. 阅读派斯著、戈革译的《尼尔斯·玻尔传》,更深入地了解一代物理学大师玻尔的治学态度和取得的科学成就。

(陈敬铨)

43. 难以置信的"八千分之一"
——卢瑟福从小概率事件中发现原子核

自 1898 年 α 射线被发现后，英国物理学家卢瑟福（E. Rutherford）对 α 射线的本性进行深入研究，初步探明 α 射线是由原子类型的粒子组成，与 β 射线有着本质的不同。自 1908 年起，他开始进行 α 粒子散射现象的定量研究，想试试能否发现粒子大角度散射现象，希望了解意想不到的各种情况。德国物理学家盖革等人在 1908 年 5 月发现"轰击金属箔的 α 粒子有一小部分改变了方向，甚至再度出现在入射面的同侧"，"入射的粒子中每 8 000 个粒子有一个要反射回来"。

卢瑟福①

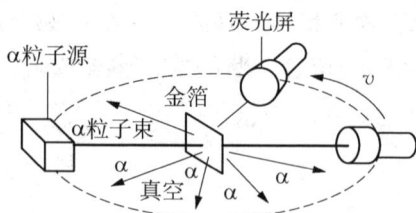

α 粒子散射实验②

---

① 图片来源：http://www.kexuehome.com。
② 图片来源：http://www.1010jiajiao.com。

八千分之一！当卢瑟福听到这一消息时,觉得实在难以置信。诚如他以后回忆时所说:"这是我一生中最不能想象的事件。这就像你对着卷烟纸射出一颗 38.1 厘米的炮弹,却被反射回来的炮弹击中一样地不可思议。"其实在这以前就已经有人发现 β 粒子从散射物质径直返回的事件。如果说这可以用 β 粒子迎面撞上原子中的电子解释,那么作为质量比电子大得多的 α 粒子又是被什么东西挡回来了呢? 卢瑟福感到十分惊奇。

卢瑟福的惊奇不无道理。因为当时他头脑里的原子就是自己的老师 J·J·汤姆逊所描述的那样,是一个均匀充斥正电的流体状球体,负电子散布于其中,整个原子犹如"葡萄干面包"。从直观上看,在这样的原子模型中,没有任何阻力的正电球体以及散布于其中的负电子是根本不可能把 α 粒子从原路挡回去的。

1910 年,J·J·汤姆逊提出了关于 β 粒子多次碰撞的理论:假定高速的 β 粒子每与原子碰撞一次,受到平均为 θ 角的散射,经 n 次碰撞后产生平均 $\varphi = \sqrt{n\theta}$ 的偏转。有人声称用实验证实了这一假定,并认为这再次证实汤姆逊原子模型中"原子内的正电荷是均匀地分布在原子中的,而并非呈电子状态"。卢瑟福一开始也依据汤姆逊原子模型和多次碰撞理论来计算粒子发生大角度散射的几率,结果发现计算值与大角度事件实际发生的几率相去甚远。卢瑟福对汤姆逊理论不能解释 α 粒子散射感到不满,他认为一个带电粒子散射理论应该不仅适用于 β 射线,也要适用于 α 射线,问题在于怎样考虑粒子与原子的相互作用力。如何解释 α 粒子散射成为悬而未决的难题。

1911 年初,卢瑟福终于作出判断。据盖革回忆,1911 年元旦前后,卢瑟福激动地声称自己已经知道原子是什么样的了。他认为"只有假设正电球的直径小于原子作用球的直径,粒子穿越单个原子时,才有可能产生大角度散射"。卢瑟福想到原子可能有一个核(注:"核"这个词是在以后,而不是在1911年就提出来的)。卢瑟福根据核型原子检验单次碰撞理论,得到了金原子的核半径不超过3×10^{-12}厘米的结论。

1911年5月,卢瑟福在英国《哲学杂志》发表题为"α粒子和β粒子由物质引起的散射与原子的结构"的论文。在论文的开头他写道:"众所周知,α,β粒子与物质原子碰撞之后将改变其直线运动而发生偏折。对于β粒子,要比α粒子散射得更厉害,因为β粒子的动量和能量小得多。这些快速运动粒子的轨道会穿越原子,并且观测到的偏折是由于原子系统中存在着强电场,这两点似已无疑问。一般都假设α,β射线在穿过物质薄片时遭到的散射是由于物质原子多次微弱散射的结果。但是盖革和马斯登的α射线散射观测却表明,α射线有一部分经单次碰撞必定会遭到大于直角的偏折。例如,他们发现入射射线的一小部分,大约几千分之一,在穿过约0.000 04厘米厚的金箔时发生了平均为90°的偏折。盖革随后证明,α射线束穿过这样厚的金箔,其偏折角的最可几值约为0.87。根据概率计算,粒子偏折到90°的机会是极小的。另外,可以看到,如果把大角度偏折看成是多次小角度偏折造成的,则α粒子的大角度偏折应按期待的概率规律有一定分布,但实际上并不服从这个概率规律。"

卢瑟福推测了原子的有核结构:"似乎有理由假设,大角度偏折是由于单个原子碰撞,因为第二次碰撞能产生大角度偏折的机会在大多数情况下是极微小的。简单的计算表明,原子一定是处于强大电场的位置中,以至于一次碰撞竟能产生这样大的偏折。由于α和β粒子穿越原子,应有可能从周密研究偏折的性质中,形成原子结构的某些概念,正是这种结构产生出上述效应。"

卢瑟福在其论文中提到了"土星系原子模型",该模型是日本物理学家长冈半太郎在 1903 年提出的：正电球缩成一个较小的实体位于中心，犹如土星，而土星环相当于电子环，电子环的线度即为原子的线度。卢瑟福认为长冈是探索原子结构的先驱，自己从他的工作中得到启发。

卢瑟福提出的有核原子模型一开始并没引起重视，他本人也未必认识到它的真正含义。核型原子的稳定性问题使许多人深感困惑：根据经典电动力学，正负电荷之间的电场力无法维持电子稳定地待在核外。然而在不久以后，他的弟子玻尔为解决原子的稳定性问题，大胆提出核外电子定态和跃迁的革命性假说，圆满解释了氢光谱现象，原子的有核结构模型为大多数物理学家所接受。玻尔的假说又为以后量子力学的蓬勃发展提供了基础。

20 世纪初物理学发展的一个重要趋势是步入微观领域，卢瑟福以其杰出的贡献成为当之无愧的领路人。他能做出伟大的发现有其必然性，因为他率先掌握精湛的实验技术，具备利用微观粒子（α 粒子）作为观察个别微观事件的探测器（盖革计数器）。他十分留意实验中出现的种种现象，对于"不可思议"的事实决不放过，他从几率仅为八千分之一的事件中得到启示，进行深入细致、严谨缜密的思考。他善于吸取他人的研究成果，适时地借用"土星系原子模型"，并进行合理的改造。最为关键的是，在 α 粒子发生大角度散射这一事实与已有的原子模型理论发生尖锐矛盾时，他不是故意回避矛盾、极力维护旧理论，而是依据新的事实，充分发挥理论思维的作用。卢瑟福一方面继承已有理论的某些适用部分，另一方面则大胆地对基本观念实行变革，进而提出非常有创见的假说。在新旧物理理论交替的时候，往往需要一些具有远见卓识、敏锐过人的大师勇敢地站出来，起到继往开来的先导作用。卢瑟福就是这样的一位科学大师！

参考文献

[1] 陈敬铨.启示之光——科学发现的契机[M].合肥：安徽教育出版社，2003.

[2] 张瑞琨主编.近代自然科学史概论[M].上海：华东师范大学出版社，1989.

思考题

1. 卢瑟福是怎样对待实验中出现概率只有八千分之一的事件的？
2. 为什么说卢瑟福做出伟大的发现有其必然性？
3. 以卢瑟福发现原子核为例，说明严谨准则在科学研究中的作用。

（陈敬铨）

44. 具有强烈社会责任感的核物理学家

——西拉德为人类和平极力遏制使用核武器

美国核物理学家利奥·西拉德(Leo Szilard)在20世纪30年代认识到"中子链式反应"的研究会导致具有毁灭性能力"原子弹"的发明,他担心核物理学家的有关研究成果被法西斯希特勒所掌握。出于强烈的社会责任感,他来到英国、美国和法国,游说这些国家的政府和核物理学家注意成果的保密,以防流入德国之手。在这种努力失败之后,西拉德于1940年前后建议爱因斯坦给美国总统罗斯福写了两封信,建议美国政府进行原子弹研制,这就导致美国著名的"曼哈顿计划"的产生,并于1945年3月先于德国研制成原子弹。

西拉德①   西拉德和爱因斯坦②

① 图片来源:http://m. hexun. com。
② 图片来源:http://www. lssdit. com。

1945年3月,原子弹的研制即将完成。届时,反法西斯战争已近尾声。美、英、苏的部队已在德国本土对希特勒进行战略反攻,看来原子弹来不及用于欧洲战争,这时美国陆军部准备将原子弹用于对日本的战争。事实上,当时日本的战败已成定局,鉴于这种形势,西拉德认为是否在战场上使用原子弹,美国政府应采取慎重态度,不然的话会在世界上引起核军备竞赛。于是他起草了一份备忘录,托爱因斯坦推荐给总统罗斯福。在这份备忘录中,西拉德指出:"我们面临的最现实的危险是我们的原子弹'显示'之后,可能会使美苏陷入生产这种武器的竞争之中。我们必须预料到,有些国家只要付出大约5亿美元的代价就能在6年之内积累相当于1 000万吨TNT的原子弹。6年之后我们的大多数主要城市就可能在一次突然的核袭击之下完全毁灭,其居民也将全部死去。"抱着这种社会责任感,西拉德想面见罗斯福,亲自向他陈述自己的见解。遗憾的是,信件送达白宫之后不久罗斯福总统就去世了。

1945年6月6日,美国陆军部正式认定:"应尽可能快地把原子弹用于对付日本,应在无预先警告武器性质的情况下使用原子弹。"部分参加研制原子弹的科学家在获悉此意见后大为震惊。6月11日由弗朗克、西拉德等7人起草了一份致陆军部长的报告,开宗明义地指出:"对待核能与对待物理学领域的所有其他进展不同,其唯一原因是,核能在和平期间可能被当作政治压力,在战争中可能造成突发性毁灭。介入此计划的科学家并不冒昧地以谈论国内和国际政策问题的权威来讲话,然而过去5年来发生的事件却把我们推向一种地位:我们这一小部分公民了解到这个国家的安全以及其他所有国家未来所面临的严峻危险,而人类的其余部分却对这一切一无所知。因此,我们感到有责任紧迫地指出,对因掌握了核能而出现的政治问题的全部严重性加以认识,采取适当的步骤来研究这些问题并为必要的决定做准备。""我们确信,过早地不预先宣布就用原子弹来打击日本的想法是不明智的。如果美国真的首先使用了这种新的、不加区别地毁灭人类的武器,他就要失掉全世界公众的支持。加速军备竞赛,破坏了达成将来控制这种武器的国际协议的可能性。"

报告送到陆军部之后,军部仍然维持原来的决定。西拉德出于高度的社会责任感,于1945年7月3日起草了一份"致美国总统的请愿书",递交给总统杜鲁门,有63位著名科学家在上面签名。"战争马上就要胜利地结束了,用原子弹来毁灭日本的城市可以作为一个很有效的战争手段。然而我们认为,在现在的情况下这样来打击日本是没有道理的。我们相信,在战争的现阶段,美国不应当依赖于使用原子弹,至少在公开宣布要强迫日本接受的战后条件并给日本一个投降机会之前不应该这样做。"

"原子弹主要是一种无情地毁灭城市的方法。一旦它们作为战争工具被使用了,那么要想长期阻止使用原子弹的引诱就很困难了。"

"鉴于上面所谈的,我们下面签名的人,恭敬地向您请愿:希望您行使您作为最高司令的权力,命令美国不要在现在的战争中使用原子弹。"

西拉德请愿书中的主要建议并没有被美国政府所采纳。同年7月16日原子弹在美国新墨西哥州试验成功。接着,美国于8月6日用原子弹轰炸了日本广岛,于9月9日又轰炸了长崎。

"二战"后,西拉德积极参与反对核战争、反对核扩军的运动。1957年7月西拉德参加了第一次"帕格沃什会议"。这是一次著名的反对核战争、反对核扩军的国际科学家会议。自20世纪60年代以来,国际上反对核战争、反对核军备竞赛运动风起云涌,表明西拉德等人反对使用核武器的努力是深得人心的,是正确的和有意义的。

参考文献

[1] 王顺义.具有社会责任的核物理学家西拉德[J].国防科技,2002(7):
90—92.

[2] 尹传红,骆玫.西拉德:原子时代的先知先觉者[J].知识就是力量,
2015(8):54—57.

思考题

1. 1945 年 7 月前后西拉德为什么对于原子弹的研发持截然不同的态度?

2. 作为核物理学家,西拉德强烈的社会责任感体现在哪里?

3. 为什么在大科学时代,我们更强调科学工作者必须遵循责任准则?

(陈敬铨)

45. 诚实地报告观测数据
导致的重大发现
——彭齐亚斯和威尔逊发现 3K 微波背景辐射

  1964 年,美国贝尔电话公司实验室在新泽西州的克劳福特山上建立了一架巨大的天线,用于接受"回声"卫星的信号,其主管工程师是阿诺·彭齐亚斯(Arno Penzias)和罗伯特·威尔逊(Robert Wilson)。当他们在调试这架天线、用它来测量银晕气体射电强度时,出现了背景噪声,它类似于雷雨天从收音机里听到的天线干扰声。

彭齐亚斯和威尔逊①

  最初,他们猜测这可能是天线系统内部产生的电噪声所致,并受命按这一思路去检测噪声的性能并消除该噪声。为了检测这台

---

① 图片来源:http://www.cdstm.cn。

天线的噪音性能,他们将天线对准天空方向进行测量。他们发现,在微波段为 7.35 厘米的地方一直有一个稳定的、各向同性(即不随方向变化)的噪声讯号存在,并且不因昼夜而变化,也不因季节而变化,因而可以判定与地球的公转和自转无关。难道这是天线自身产生的电噪声? 1965 年初,他们将天线拆卸,进行彻底检查,并完善天线内部结构的一些部件,同时还驱赶天线附近的鸽子,清除天线上的鸽子窝和鸟粪,排除这些内外因素对天线产生噪声干扰的可能性,然而噪声仍然存在。

彭齐亚斯敏锐地感觉到反常现象——幽灵般的电噪声的背后肯定有异常的原因。经过连续数个月的观测,彭齐亚斯和他的合作者发现这个额外的噪声温度是各向同性的,而且和季节变化无关。他们深信这种噪声不是因接收机故障造成的,而是来自深远的宇宙空间。

感觉仅仅是对现象的反应,理论才能解决本质问题。对天文观察现象做出合乎科学逻辑的解释,一向是彭齐亚斯追求的目标。他是探索星际分子的最早的一批科学家之一。他发表的第一篇论文是关于在射电波段上发现星际空间羟基(-OH)的存在。如何从理论上解释 3K 微波背景辐射现象呢? 彭齐亚斯苦苦思索,夜不能寐。

富于戏剧性的是,正当贝尔实验室的射电专家们为背景辐射的存在而百思不得其解时,普林斯顿大学一个研究小组的专家们却给出问题的答案。该研究小组正热衷于宇宙大爆炸理论的研究。早在 1946 年,美籍俄国物理学家伽莫夫提出大爆炸宇宙模型,该模型认为,幼年的宇宙几乎全是由高温热辐射组成的原始火球,从最大压缩时刻开始,距离与时间的平方根成正比增加,温度则与之成反比减小,这就是所谓的原始火球大爆炸。一个最初几乎充满热辐射的宇宙,开始时辐射远远超过物质,但随着宇宙的膨胀,物质渐渐超过辐射,伽莫夫预言作为大爆炸遗迹的电磁辐射背景存在的可能性。1953 年,他进而认为宇宙如此古老以致变得异常寒冷,当年爆炸后残存的辐射温度可能只有 5 开。

普林斯顿大学研究小组在天体物理学家迪克教授的领导下,努力寻找宇宙大爆炸理论的依据。为了探测原子火球爆炸后的宇宙余热,他们设计了一种辐射计,一只小型喇叭指向上方以接受天空的辐射,下方装有放大器和其他电子设备。但是凭借这种简陋的装置想要探测到宇宙残余辐射,其可能性是微乎其微的。

迪克①

"踏破铁鞋无觅处,得来全不费功夫。"正当迪克他们走投无路之时,接到彭齐亚斯的电话,通报了他的新发现。迪克眼前一亮,异常兴奋,急忙带领一班人马倾巢出动,风尘仆仆地爬上克劳福特山,经过认真的讨论,令人震惊的是:彭齐亚斯意外发现的微波辐射正是苦苦寻找的宇宙背景辐射!

1965 年,在美国《天体物理学报》第 142 卷上,同时刊登了彭齐亚斯和威尔逊的短文《4 080 兆赫的过剩天线温度测量》以及迪克小组所写的《宇宙黑体辐射》。前者仅用约 600 个字简要地报道了自己的观测发现及测算方法;后者则着重于宇宙模型的理论探讨和对前者的发现做理论诠释,在对前者工作做了充分的肯定后,明确指出,3K 微波辐射背景的发现,是对宇宙大爆炸理论的最有力的支持。

对现代宇宙学界来说,这是自 1929 年哈伯发现河外星系红移即宇宙膨胀现象以来又一次具有划时代意义的重大发现。始料未

---

① 图片来源:http://baike.so.com。

及的是,彭齐亚斯和威尔逊追究令人讨厌的噪声,竟带来现代宇宙学发展的第二次高潮,他们获得了 1978 年度的诺贝尔物理学奖。瑞典皇家科学院在诺贝尔奖授奖仪式上对这项发现做了高度评价:"彭齐亚斯和威尔逊的贡献是一项根本性的发现,使人们有可能得到很久以前——在宇宙形成时——所发生的宇宙变化过程的信息。"

参考文献

[1] 苏汝铿,高学贤. 宇宙背景辐射的发现——介绍彭齐亚斯和威尔逊[J]. 自然杂志,1979(9):591—592.

[2] 刘树勇. 从央斯基到彭齐亚斯和威尔逊——纪念宇宙背景微波辐射发现 26 周年[J]. 大学物理,1991(10):38—40.

[3] 陈敬铨. 启示之光——科学发现的契机[M]. 合肥:安徽教育出版社,2003.

思考题

1. 彭齐亚斯和威尔逊是如何对待意料之外的背景噪声的?

2. 彭齐亚斯和威尔逊客观地报告当初以为不被人看好的观测结果,导致了哪项根本性的发现?

3. 为什么说彭齐亚斯和威尔逊做出重大科学发现、获得诺贝尔物理学奖,既有偶然性,又有必然性?

(陈敬铨)

46. 他吞下了自己酿造的苦果

——学术造假者被解除院长和教授职务

　　2003 年,上海某知名高校首次面向全球招聘 8 个院系一级负责人。日本东北大学生化博士、美国科罗拉多大学癌症中心助理教授杨某通过应聘成为该校生命科学与技术学院的新任院长。大学有关负责人表示,杨某当时被选中的主要原因,是由于他和他的研究团队于 1998 年发表在美国《科学》杂志的一篇有关细胞凋亡研究的论文,被评为当年全球引用最多的十大科学论文之一。这一领域研究在国内尚处于起步阶段,学校希望杨某能带领一批研究人员继续从事该领域的研究。

　　据了解,杨某在应聘时曾提出一系列计划:建立癌症研究所、神经科学研究所、生物医学工程中心……瞄准分子生物学、生化技术等生命科学热点领域提升学校的学科实力。校方一一应允,并给予启动经费 1 100 余万元。

　　不久便有人在网上发文质疑杨某的履历有造假之嫌。2005 年12 月,校方宣布罢免杨某的院长职务,引起人们的猜测。2006 年3 月21 日,校方就罢免一事正式发文并表示,杨某在应聘简历上所涉及的博士学位获得时间确实存在造假,最终被学校罢免则主要是因为他在学科建设、行政管理等方面不能胜任其院长职务。

　　校方称,杨某在日本东北大学获得生化博士学位的时间应为1998 年,而简历上写的是 1993 年。依此类推,杨某在简历上所写

研究生学术道德案例教育百例

的"1993—1996年为美国埃默里大学博士后"便也有失客观。杨某被解除院长职务后,仍在学院担任教学工作,院长职务空缺。作为普通教授,杨某仍然继续从事正常的教学、科研与研究生培养工作。

然而事情并没有结束,仅仅过了3个月,在2006年6月21日,该校在校方网页上公布消息称,根据学校与美籍华人学者杨某签订的聘用合同的有关条款,决定终止与其的聘用合同,并同时解除其教授任职职务的聘任。

这次校方做出终止聘用合同决定的理由非常明确:"杨某的行为背离了一个教育工作者和学者基本的科学精神和诚信操守,违反了学校和教育部有关规章制度。"经查实,杨某在该校工作期间存在学术造假行为,他3次将他人成果列入自己名下:

2005年3月,在有关博士点申报材料中,一篇2004年发表于《肺癌》杂志的论文被列入杨某作为第一作者的论文清单。经查证,该论文并非杨某的成果。文献检索所显示的"J. Yang",并非"Jie Yang",而是"Jun Yang"。杨某本人在《肺癌》杂志刊出的论文是在其填写申报材料之后,而且他也仅是第二作者。

同年7月,杨某在申报长江学者特聘教授候选人的申请材料中,再一次将Jun Yang在《肺癌》上发表的论文列入自己的成果清单。

2006年3月,杨某在申报国家自然科学基金重点和面上项目的材料中,将他人承担的国家"十五"攻关项目子课题(课题编号2004BA719A0402)列入其承担的科研项目栏目。

就此次发布与杨某终止合同一事,校方指出,学校之前就收到反映杨某在有关申报材料中涉嫌学术造假的举报。考虑到问题的严肃性和复杂性,学校本着实事求是、客观公正和对人负责的原则,开始着手调查,最后做出了此项决定。

校方表示,该校素有严谨求实的学术传统,反对任何形式的学

198

术造假。学校今后将进一步加强广大师生学术规范、学术道德和优良学风的建设，并在规章制度上从严管理，慎重对待学术争鸣与学术造假，对认定的学术造假事件决不姑息，同时欢迎社会和媒体进行监督。

参考文献

[1] 王有佳. 造假院长自食苦果[N]. 人民日报, 2006 - 06 - 22.
[2] 刘丹. 学术造假查实, 同济大学教授杨杰被解聘[N]. 新华每日电讯, 2006 - 06 - 22.

思考题

1. 导致杨某身败名裂的学术造假行为有哪些？
2. 为什么说杨某的行为背离了基本的科学精神和诚信操守？
3. 你认为高校加强广大师生学术规范、学术道德建设应采取哪些措施？

（陈敬铨）

47. 她的行为毁了集体的良好声誉

——一个女博士的化学实验数据造假事件

2007年7月,中国科学院研究生院学位评定委员会发布的一则消息引来广泛关注。中科院上海某研究所一名已经取得博士学位的黄姓女博士,发表在化学学术界公认的权威学术期刊——《美国化学会志》的论文中存在数据造假行为。中科院研究生院学位评定委员会认为这种行为严重违反了学术道德,因此决定撤销这名女博士的博士学位。

在此之前,这位女博士的导师——著名有机化学家林院士在2007年3月就此事件写给同事的一封情况通报信,就曾引起学术圈的巨大关注。

林院士在信中称,这位黄姓女生在博士论文阶段的工作之一是进行苯酞研究,经过近两年的努力,她"实现"了原希望的研究设想,并将其中催化部分的研究结果发表在《美国化学会志》上。

2006年,这位黄博士毕业后去了德国做博士后研究,她的苯酞研究课题就交由小组另一位姓冯的研究生继续。然而,不可思议的事情发生了,从2006年9月开始,冯某在做实验时始终无法做出黄某那样的数据。

林院士说,黄某的论文数据显示产率最高可达99%,但冯某以黄某原来的工作为标准的模板反应进行多次重复试验,产率都仅在30%~50%之间。

冯某在无奈之下只好与身在德国的黄某多次用 E-mail 联系，讨教如何操作实验。黄某回信表示实验操作应该没有问题，她相信问题可能出在一瓶试剂上，"但遗憾的是，那瓶试剂已经被完全用光了，连瓶子都已不知去向了"。

林院士此时已经预感到问题没有这么简单，他认为事关重大，无论是何原因都应该弄明白，于是，林院士联系黄某，请她趁圣诞节放假之际，回研究所重做实验，并表示会为其报销国际旅费。经过反复交涉，黄某同意回国。她重复了自己的工作，但其实验结果却与冯某的结果相差不多。此后，黄某对出现的问题采取推托、回避的态度，并且表示"不要再找我了，要怎样处理，你们看着办吧，我是不会再回头了"。

林院士说，为了慎重起见，他们又召开了两次研究小组组内会议。结果，在第二次组会上，组内讨论的结果均认为黄某论文中有关实验数据是造假无疑。

有鉴于此，林院士两次给《美国化学会志》主编去信，先是报告情况，然后请求撤销论文。与此同时，研究所学位委员会也成立调查小组展开调查，并将相关情况汇报给国务院学位办等部门，并最终由中科院研究生院学位评定委员会做出撤销黄某的博士学位的处理。

"她的造假，不仅是毁了她自己，也毁了我和小组的良好声誉"，林院士在公开信中说："这是个沉痛的教训，但愿警钟长鸣！"

参考文献

[1] 马军.中科院女博士论文造假真相：数据造假难以发现[N].青年周末，2007-07-19.

[2] 孙闻，韩冰.学术道德的底线在哪里？——代表委员深度剖析学术腐

败[N].新华网,2009-03-06.

思考题

1. 结合本案例说明实验数据造假的危害。
2. 导师如何教育和引导研究生守住学术道德的底线?
3. 我们从黄姓女博士造假的事件中可以吸取什么教训?

（陈敬铨）

48. 迟到的胜利
——6位老教授坚持3年实名举报长江学者学术造假

2007年12月西安某高校能动学院教授李连生申报的"教育部科技进步一等奖"正在进行公示,项目是"往复式压缩机理论及其系统的理论研究、关键技术及系列产品开发"。

该校退休教授陈永江感觉"其中有鬼",因为"李连生根本没学过这个"。他把自己的疑问告知郁永章、杨绍侃、冯全科、屈宗长等5人,他们都是做压缩机研究的资深教授,对李连生也表示怀疑。6位老教授从学校科研处获得该奖项的申报材料后,发现问题不少:"如把上海压缩机厂1965年的大型机身整体铸造技术,说成是他开发的;沈阳气体压缩机厂研究者申报的'4M50型压缩机研制'项目在1998年就已获得'国家科技进步三等奖',却被说成是他的研究成果。"

2008年1月2日,6位教授向校方递交了书面举报材料,却如石沉大海。2月26日,校方总算露面,分管科研的副校长、校学术委员会副主任和科研处副处长前来与他们交换意见,最终不欢而散。陈永江回忆,校方领导表达了几个意思:一是当前高校弄虚作假成风,这件事要是被捅出去,不仅西安交大丢脸,整个中国学术界都会丢脸;二是西安交大地处西部,科技排名在全国能排到16名,很不容易,不要因为内讧坏了招牌;三是这属于学术之争,校方希望能从中调停。

陈永江等人不能接受校方的意见。2008年3月17日,6位教授联名递交第一封公开举报信。几天后,他们接到通知,由校学术委员会委员投票决定是否取消李连生的奖项。3月27日,会议在学校行政楼举行。陈永江说:"我后来了解到,20个委员中9票弃权、6票支持举报者、5票支持李连生。"随后,校方致函教育部申请撤销授奖,但理由并非是该项目造假,而是"因部分教师对申报人提出异议"。

对此,陈永江等人很不满:"校方与其说是撤奖,不如说是在保奖。将剽窃别人学术成果的学术不端行为,轻描淡写地说成有人提出异议。"

这个造假奖项让6位教授不免猜疑李连生之前的奖项。他们顺藤摸瓜,经过调查发现,早在2003年和2005年,李连生所获的"陕西省科技进步一等奖"和"国家科技进步二等奖"也存在造假嫌疑。2008年7月13日,6位教授向学校呈递第二封举报信,将矛头指向李连生所获的这两个重量级奖项。

2003年,李连生和束鹏程(时任校流体机械及压缩机国家工程研究中心正副主任)凭借"涡旋压缩机设计、制造关键技术研究及系列产品开发"项目,获"陕西省科技进步一等奖"。在推荐书中,"应用证明"一栏注明:"2001年度新增产值(产量)599万元,2002年度新增产值(产量)1 250万元,2003年度新增产值(产量)4 092万元。"李连生获得该奖的经济效益证明来自泰德公司。泰德公司是1998年由陕西省计委立项成立的企业,2001年正式投产。经核实,李连生的涡轮压缩机技术在投入使用后并未取得明显的经济效益,相反却给企业带来巨额亏损。2001年,泰德公司亏损148万元;2002年亏损307.28万元;2003年亏损384万元;2004年由于经营不善,被迫停产。是年,相关部门又注资1 700万元,泰德公司累计投入的资金达到 4 500 万元。然而追注资金并不能改变颓势,陷入困境的泰德公司于 2005 年被转让给一家私营企业。但就是在这一年,李连生却因此获得"国家科技进步二等奖",这真是个天大的笑话。

2009 年 3 月 9 日,陈永江在科学网开博客,陆续将举报材料在网上发布。短短 1 个月内,点击率便超过 7 万次。5 月,李连生和束鹏程将陈永江、郁永章和杨绍侃诉至西安碑林区法院,称他们污蔑原告"剽窃"和侵犯原告名誉权。7 月 21 日开庭,3 位白发苍苍的老人站在被告席上。耐人寻味的是他们之间的关系——李连生是西安交大的教授、博导,也是 3 位被告的后辈。用陈永江的话说,李连生是他的"孙子辈"——他是李连生的老师郁永章的老师。3 个多月后,李连生、束鹏程二人主动撤诉。陈永江说,这是因为他们掌握了李连生谎报泰德公司经济效益的证据。

2010 年 3 月 20 日,中央电视台《焦点访谈》栏目报道了 6 位教授实名举报李连生造假一事,引发强烈反响。次日,校方认定李连生存在严重学术不端行为,并决定取消其教授职务,解除教师聘用合同,教育部亦作出撤销李连生"长江学者"称号、追回奖金的决定。

2011 年 2 月 10 日,有媒体披露科技部发文撤销李连生、束鹏程等人的"国家科技进步二等奖",这是中国首次因学术造假而撤销国家科学技术进步奖奖项目。至此,6 人长达 3 年的漫漫举报路终于画上句号。郁永章认为,这显示了国家对打击学术造假的决心。

对于这样的处理结果,老教授们并不是很满意。陈永江说:"李连生利用奖项获得很多利益,一大串头衔都与此有关。只是收回证书和奖金就完了吗?这相当于小偷偷了别人的东西,光让他把东西还回来就行了吗?"他们表示,相对于这些年所遭受的威胁和压力,处理明显偏轻。郁永章和杨绍侃均表示,李连生和束鹏程曾多次威胁他们,而他们最大的压力则来自校方,有领导曾多次警告他们:

"不要在外面乱说,把学校搞臭了对你们谁都不好。"郁永章说:"其实举报他能得到什么好处?什么也没有,还搭上律师费1万元。所以有人可能觉得我们很傻。"陈永江说:"李连生是否涉嫌诈骗?对他不仅要撤销行政职务,而且要没收违法所得,追究其刑事责任。"

参考文献

[1] 肖欢欢. 古稀六人举报组　三年漫漫打假路. 广州日报[N],2011 - 02 - 25.

[2] 陈文广. 封堵"李连生们"重在扎紧制度篱笆. 新华每日电讯[N],2011 - 02 - 12.

思考题

1. "长江学者"造假为什么会屡屡得手?相关部门应该负有什么责任?

2. 6位老教授举报"长江学者"造假,为什么会遇到层层阻力?

3. 为什么老教授们对最后的处理结果并不满意?

4. 我们如何扎紧篱笆以封堵"李连生们"再现?

(陈敬铨)

49. "国家的需要就是我的研究方向！"
——吴自良研制成浓缩铀-235甲种分离膜

20世纪50年代中期，我国开始对原子弹技术进行研究。铀是原子能工业的主要原料，铀-235是最重要的核燃料，在热中子的照射下会发生核裂变，并通过连锁反应放出大量核能。但是在天然铀中，铀-235只占0.7%，其他都是它的同位素铀-238。而铀-238不但本身不发生核裂变，还要吸收热中子，妨碍铀-235连锁反应的实现。要研制原子弹，首先是要得到浓缩的铀-235，所以，把铀-235从天然铀中分离出来，是原子能工业和制造原子弹的关键技术之一。二者的原子量差别很小（只差1.3%），在用气体扩散法以工业规模生产铀-235的技术中，关键是要把铀-235和铀-238这对"双胞胎"分开，这就要使用一个关键部件——甲种分离膜。它的制备涉及粉末冶金、物理冶金、机械加工、金属腐蚀等多项技术，当时国际上掌握这项技术的只有美国、苏联和英国，这些国家均把分离膜技术列为国家绝密。

1960年，中苏关系恶化，苏联撤走了专家，拒绝为中国提供分离膜等关键器材。当时有人扬言：没有外援，中国的浓缩铀工厂将成为一堆废铜烂铁，更不用说造原子弹了。国家有关部门布置了铀同位素分离用甲种分离膜的研制任务，决定不惜一切代价在五六年内攻克这一核心技术（"心脏"），并将任务交给了上海市和中科院。中科院将该研制任务集中下达到上海冶金所，由60多名专家在上

吴自良①

中国第一颗原子弹爆
炸成功②

海冶金所组成第十研究室,下设 3 个组,各个组分工合作、联合攻关,由上海冶金所吴自良研究员任该研究室主任、技术总负责人。

吴自良 1917 年 12 月 25 日出生于浙江省浦江县,1939 年毕业于天津北洋大学工学院,1943 年底赴美国匹兹堡卡内基理工学院冶金系留学,攻读物理冶金专业,1948 年获得理学博士学位。毕业后他在该校金属研究所做博士后,1949 年任美国锡腊丘斯大学材料系主任研究工程师,主持科研项目"软钢中阻尼和疲劳"的研究。

在美国有一件事情带给吴自良很大的震动。当时美国上层社会人们都穿质地较好的衣服,他到当地一个高档的服装店去买衣服时,店员却问他:"你是不是洗衣店的员工,是来店里收衣服的?"祖国贫穷,海外游子即便事业再成功也被人看不起! 联想到许多在美的中国留学生因为怕被歧视而谎称自己是日本人,吴自良坚定了以所学知识报效祖国、希望祖国富强的决心。1950 年冬,他毅然放弃在美国拥有汽车洋房的优越生活条件和专业对口有发展前途的工

---

① 图片来源:http://baike.baidu.com。

② 图片来源:http://www.gndaily.com.cn。

作,突破种种阻挠,以华侨的身份取道日本和香港,于1951年初回到阔别7年的祖国。1951年夏,他被聘为中国科学院上海冶金研究所(现上海微系统与信息技术研究所)研究员,主持物理冶金方面的研究工作。1961年任副所长、所学术委员会主任。

吴自良紧紧把握世界科技发展的脉搏和国家的重大需求,不断深入拓展其研究领域的科技前沿,取得了一系列重大的自主创新成就。1953年7月,抗美援朝前线急需一种特种合金电阻丝,中央军委通过上海市委下达命令,限期半个月内完成。上海冶金研究所承担了这项任务。吴自良二话没说,带领科技人员刻苦攻关,如期完成了任务,获得了表彰。

20世纪50年代,我国机械制造业需要大量低合金钢材料。当时所用的合金钢均来自美、英、苏,这些国家的合金钢中含有一些我国稀缺的金属元素,国产化较困难。吴自良接受了中科院下达的研究苏联40X低合金钢的代用品任务。他经过调研确定以我国富产的锰、钼代替40X钢中的铬,终于制出了锰钼钢。与40X钢相比,其生产成本低,低温冲击韧性、回火脆化敏感程度等性能优越,疲劳和氰化性能相似。这项成果创建了我国自己的合金钢系统,被誉为该系统的典范,并在抚顺钢厂、长春第一汽车厂和上海柴油机厂进行了推广应用,获得了1956年我国首次颁发的"国家自然科学三等奖"。

这一次铀同位素用甲种分离膜的研制,能够为制造自己国家的核燃料和原子弹出力,吴自良感到无尚光荣。他说:"国家的需要就是我的研究方向!"他放下筹备已久的研究项目,全身心投入会战之中。在3年多的时间里,他基本没有离开过实验室,每天检查各组的进展,随时解决各种问题。那段时间他每天工作10多个小时,过年过节也不休息。当时正值国家困难时期,他和同志们一道住集体宿舍,吃大食堂,几天难见"荤腥"。1963年年底,上海冶金研究所正式报告:"'心脏'被攻克,能在中等规模的工厂批量生产;元件性能良好,超过了苏联的元件;造价仅为原来估算的黄金价格的1%!"就这样,中国科学家仅用3年多的时间就攻下这一世界性技术难题,中国成为世界上除了美、英、苏以外第四个独立掌握浓度铀生产技术的国家。吴自良和他的团队为独立自主、自力更生发展的中国核武器和核工业做出重要贡献。

1964年10月16日,中国西北罗布泊上空升起第一朵"蘑菇云",我国第一颗原子弹爆炸成功。这一天,吴自良终身难忘。之后的20多年实际应用表明,甲种分离膜的使用效果比预期还要好。1984年,吴自良获"国家发明奖一等奖"和"国家科技进步特等奖"。1999年9月,他被中共中央、国务院、中央军委授予"两弹一星"功勋奖章。

吴自良具有强烈的责任感,为满足国家国防建设和经济建设的需求不懈努力。吴自良生肖属蛇,他的生日离马年只差20几天,他说:"我更愿意自己属马,老骥伏枥,志在千里。"20世纪60年代他在所内组建了精密合金研究室,提出研究相变问题的方向;他研究钢中过渡族元素,澄清了过去文献中的许多争论和谬误。70年代,他针对半导体器件和大规模集成电路成品率低和可靠性差的问题,提出并指导开展单项工艺和硅材料品质因素的研究,获得了中科院和上海市的科技进步奖。吴自良在这一领域的研究,为上海冶金所研制成功中国第1块集成电路打下坚实的基础。1988年他转向研究高温超导体YBCO中的氧扩散机制,求得精确的氧扩散率和扩散激活能,在磁控溅射c取向薄膜中,发现膜的增氧速度端赖于垂直c-轴单晶的位错管道所提供的快速氧输运过程。

吴自良晚年在回忆文章《"链条人"日记》中写道:"80岁以前,我是根'链条',被'挂'上了多项任务。每项任务我都超额完成了,堪称是优质'链条人'。"他在讲到研制甲种分离膜那段经历时,说:

“毛主席当年找来了科学元帅聂荣臻，亲自布置了要制成原子弹的任务，当时这个任务叫‘两弹一箭’。中科院党组书记张劲夫口袋里装满了完成这个大工程的各个‘链条’。”“原子弹爆炸成功，举国欢腾，我终于松了一口气，总算完成了‘链条人’的光荣使命。……此举在国外也引起了很大的轰动。尼克松也打着白旗来投降，毛主席脸上充满了胜利者的喜悦！人生一世，有此足矣！”

参考文献

[1] 金大康. 浓缩铀-235甲种分离膜的研制. 中科院上海微系统研究所网站.

[2] 李丹，王聪彬. 为了那惊世的“礼炮”——记我校著名校友“两弹一星”功勋吴自良. 天津大学网站.

[3] 送别“两弹一星”元勋吴自良院士. 中科院上海微系统研究所网站.

思考题

1. 激励吴自良和他的研究团队研制浓缩铀-235甲种分离膜的动力是什么？

2. 以吴自良的事迹为例，说明“爱国”是每一位科学工作者必须具有的价值取向。

3. 吴自良院士甘当“链条人”，在他身上体现了哪些优秀的科学品质？

（陈敬铨）

211

50. 尊重"第一",崇尚"首创"

——屠呦呦获得诺贝尔奖实至名归

2015年,中国科学家屠呦呦获得这一年度的诺贝尔医学或生理学奖。

这一国际上的科学最高奖励在国内引发的除了自豪、兴奋,还有争议。其实早在2012年,美国拉斯克基金会把2011年度临床医学研究奖授予中国中医科学院研究员屠呦呦,以表彰其在治疗疟疾的青蒿素研究中的贡献,争议之声就不绝于耳,诸如"不能把团队的成果归于一个人","把奖颁给她一个人,对项目的其他参与者不公平",等等。

屠呦呦[①]

屠呦呦荣获 2015 年度诺贝尔
医学或生理学奖[②]

---

① 图片来源:http://baike.baidu.com。

② 图片来源:http://news.sina.com.cn。

　　1967 年 5 月 23 日，中国政府启动"523 项目"，旨在找到克服抗药性的新型抗疟疾药物。科研人员筛选了 4 万多种抗疟疾的化合物和中草药，但没有找到令人满意的结果。1969 年 1 月，年轻的实习研究员屠呦呦加入该项目，成为项目研究小组的组长。经过对 200 多种中药的 380 多个提取物的筛选，该小组最后把焦点锁定在青蒿上。受东晋葛洪《肘后备急方　治寒热诸疟方》中"青蒿一握，以水二升渍，绞取汁，尽服之"的启发，屠呦呦改用沸点较低的乙醚提取青蒿素。1971 年 10 月，她成功得到了青蒿中性提取物 191 号样品，该样品对鼠疟、猴疟等疟原虫的抑制率为 100％。

　　1972 年 3 月，屠呦呦在南京召开的抗疟药内部会议上首次公开报告的全部内容，引起参会人员的极大兴奋。在这一研究成果的鼓舞下，云南药物所的罗泽渊与山东中医药研究所的魏振兴也分别提取到含量更高的青蒿素。在此后的临床应用、结构测定和新药研发中，广州中医药大学的李国桥、中科院上海有机化学研究所的周维善、中科院上海药物研究所的李英等也做出了重要贡献。

　　不难看出，多年的青蒿素研究的确是协作攻关的集体结晶。屠呦呦在获奖感言中一再表示："我想这个荣誉不仅仅属于我个人，也属于我们中国科学家群体。""荣誉也不是我个人的，还有我的团队，还有全国的同志们。"

　　拉斯克的评奖委员会之所以把奖杯颁给屠呦呦，客观依据有四：一是屠呦呦最先把青蒿素带到"523 项目"组，作为提取治疗疟疾病药物的研究对象；二是她率先采用乙醚提取法这一关键技术，提取出对疟疾病有 100％抑制力的青蒿素；三是她做了第一个临床实验；四是她领导的小组率先分离出纯化的青蒿素晶体，对确定分子式、晶体结构起到重要作用。这些事实依据都客观地表明屠呦呦研究工作的首创性，认定她是发现青蒿素研究工作的代表。

　　以"第一"论英雄也是其他国际科学奖项所遵循的共同原则。

在历届诺贝尔奖颁奖中并不乏这样的事例:2002年诺贝尔化学奖颁给提出"测定生物大分子质量原始思想"的日本科学家田中耕一,比他晚一两个月发明更有效测定方法的德国化学家米夏埃尔、卡拉斯和弗伦茨只好望而生叹;2008年诺贝尔生理学或医学奖颁给首次发现"人类免疫缺陷病毒"的两位法国科学家西诺西和蒙塔尼,另一位为"发现人类免疫缺陷病毒"做出重大贡献的美国科学家盖洛则名落孙山;2009年诺贝尔物理学奖颁给光纤通信的发明者高锟,而不是后来突破光纤工艺、实现产业化的美国康宁公司与日本仙台大学的学者。

以"第一"论英雄,并不是推崇"个人主义"、否定其他参与者的功劳,而是旨在强调"第一发现者"在科学研究中独一无二的贡献。在探索未知世界的茫茫黑夜中,是第一个发现者或发明人开启了希望的大门,为后来者找到了通往成功的路径,其地位和作用无可替代。试想,在青蒿素研究中如果不是屠呦呦发现了青蒿素的提取方法,之后的结构测定和药物改良就无从谈起,"东方神药"也不知何时才能诞生。

科学研究不是"记工分式"的简单劳动,而是不折不扣的"智力冒险"。如果在科技奖励中采取"人人有份"的平均主义,不仅不公,而且有害:这样做不仅消解了"第一发现者或发明人"的价值,也会打击他们的创新积极性,阻碍重大原创成果的产生。只有尊重"第一"、崇尚"首创",才能体现科学研究公正和公平的准则,才能激发更多的勇者不畏艰难,向着光辉的顶点执着攀登。

屠呦呦获得诺贝尔奖实至名归。

参考文献

[1] 王顺义.科学发现的优先权:从屠呦呦获奖说起[J].科学,2012(3):

29—34.

[2] 陈广仁,任定成. 屠呦呦获奖争议令人深思[J]. 科技导报,2016(4)：
14—19.

思考题

1. 为什么屠呦呦获得诺贝尔奖是当之无愧的？

2. 为什么在科学研究成果的评定上以"第一"论英雄,并不是推崇"个人主义"？

3. 为什么只有尊重"第一"、崇尚"首创",才能体现科学研究公正和公平的准则？

（陈敬铨）

工科案例篇

对于一个学生来说，要顺利渡过他的研究生生活，最为重要的是了解研究生的本质以及与之密切相关的学术概念。研究生是一种身份，它不同于本科生。对于本科生来说，最重要的是知识的获取以及素质的培养。而对于研究生来说，专业学习的喜欢和热爱成为根本的东西，更准确地说，与学术研究开始产生了关系。何谓学术研究？我们从各种媒体以及自身的生活经验了解到，学术研究就是围绕某一领域、某一问题从多角度、多方法进行长期探讨。这种观点是一种熟知，但并没有触及学术研究的根本。学术研究的根本是对真理的追求，这成为人类思想发展的根本任务。这一任务在不同时期都有所表现。

希腊哲学家巴门尼德指出，我们往往会面临两条道路：一条道路平坦，没有挑战；另一条道路坎坷，充满挑战。但是只有后者才能让我们走向真理；柏拉图通过洞穴比喻的分析让我们感受到反思当下的知识状况以及人类生存状况的不易，以及追求真理所要付出的代价；还有黑格尔，他通过精神的演化向我们展示了真理如何在人类对自身的反思中逐步发展起来。德国学者本雅明在谈及学生的学术生命时指出："实际上，使得学生生命区别出来的东西是情愿服从原理(principle)，被理念(idea)所吸引。"是的，为理念、为真理所吸引是学者最为看重的东西。随着社会自身发展，学术表现出更多的社会属性,与职业、谋生、金钱、权力、地位、影响和声誉交织在一起。学术也表现出多重属性。

相比学者而言,学生是初学者。他们对于知识有着无比的好奇,对于真理也有着追求的热情。这是尤为重要的德性。但也正因为他们是初学者,他们需要更严格的专业训练和遵循必要的道德训练。专业训练是一种技能训练,包括方方面面,如学习如何选题、如何搜集文献、如何阅读文献、如何分析文献等;也包括如何聆听专业领域的学术报告,以及如何在学术会议上独立地做报告;还包括对每一个学生而言几乎是噩梦般的经历,即如何撰写学术论文和学位论文。道德规范是一种德性培养,包括为人和为学的道德规范。为人,即如何对待老师和同学,如何在与他人的交流中增长自己的见识;为学,如何以追求真理为根本,做到诚实有信。

科学家是一种理想人生,它代表着人类高级的境界。这是一种与知识和沉思有关的生活。在古代,哲学家的生活被当作最为尊贵的生活;在今天,科学家依然享有很高的社会地位。如果说科学家是一种理想人生,但是科学的发展却不是理想的。这个过程有世俗的一面,也有欺骗和偏见产生的悲剧。前者表现为有的地位很高的科学家能够获得很高的社会声誉以及经济利益,而后者表现为科学争论。在古代,牛顿和莱布尼兹对微积分的发明权毫不顾忌彼此的情面,甚至不惜撕破脸皮也要取胜;在今天,光遗传技术的发明权是中国人还是美国人,也成为科学史上的一个悬案。

当明白了这些时,我们就会知晓对于一些人来说,读取研究生获得学位不完全是出于纯粹的学术兴趣和追求,而是将之作为必要的工具去追求更多的东西。他们在追求与学术有关的东西,并且试图利用学术这块跳板,实现自身的目的——或者追名或者逐利。如果通过合法、合理的方式,借助自身的努力去获得并没有问题。但是,如果过于急功近利,过于渴望成功而不择手段,以至于触犯原则甚至刑律,就会犯下错误。例如,小保方晴子这位30岁的日本生化学者,为了出名不惜伪造数据,最后不得不辞职;韩国学者黄禹锡,为了韩国科技的崛起,为了其民族英雄的称号,违背伦理原则而得到研究胚胎,最后身败名裂;美国的韩东杓,骗取美国国立卫生研究院科研经费被揭发,被判入狱57个月、罚款720万美元。上述案例中的每一个人都受到严厉惩罚,这没有什么可同情的。德国哲学家康德曾经说过,人之所以成为人,就在于人有道德上的自由能力,能超越因果,有能力为自己的行为负责。作为一个成人,他们有能力而且必须为自身的行为负责。正确面对自身所出现的行为并且及时矫正才是根本的。

工科案例部分将向大家介绍国内外高校计算机、纳米、基因工程、数据科学、环境科学、机电与机械工程等学科领域中的知名教授及其团队成员在学术诚信方面所出现的各种问题,涉及不同国家,如美国、德国、法国、荷兰、加拿大、日本、韩等国家;涉及不同人群,有诺贝尔奖获得者、知名教授、年轻学子。他们所犯的错误以及受到的惩罚,会对每一位学生有所帮助。通过阅读他们的案例,会让每一位同学一针见血地找到问题的根源。

案例教育的最终目的是呵护每一位研究生的学术生命,为其学术生涯护航。通过这些国内外真实的案例及其思考题,让每一位研究生思考案例中主人公的问题出在哪里,应该吸取怎样的教训。需要说明的是,书中的案例均为国内外的经典案例,"警示"的作用是希望能够引起大家的重视。今天的学术界对于学术不端采取的是零容忍态度。任何人出现不端行为必然会受到惩罚,希望他们的教训能够让大家意识到这一点。看完这些案例,希望能够对研究生生活有所帮助,帮助大家顺利渡过未来3年的研究生生活,并让整个学生生活变得如雨后花朵一样绚丽!

（杨庆峰）

51. 总统的关注
——拉吉普剽窃案

2002 年，印度库曼大学的前校长拉吉普（Balwant Singh Rajput）与他的学生约什（S. C. Joshi）发表了一篇关于黑洞方面的文章。这篇文章题目是"Axion-dilaton black holes with SL(2, Z) symmetry through APT-FGP model"，发表在《欧洲物理学通信》第57 卷第 5 期。但是很快有物理学家发现，这篇文章完全剽窃了1996 年的一篇文章，原作者是斯坦福大学的教授卡拉什，卡拉什的文章发表在 1996 年《物理学评论》第 54 卷第 8 期。这个结果被公布到当时印度的一个专门反对科学剽窃的网站"Geocities site"上。

当时，被剽窃文章的原作者卡拉什收到一封邮件，说明了她的文章被剽窃的事情。最初她没想对此采取行动，但她后来听说库曼大学物理系主任被突然解雇时决定插手，因为她认为这位系主任是由于调查这桩剽窃案而丢掉工作的。她还发现一起发表文章的学生约什还因此获奖，她感到非常生气。2002 年 10 月卡拉什起草了一封给印度总统的信件。在这封信中，她写道："一代极有天赋的印度物理学家已经得到国际物理学界的广泛认可，并且为印度物理学带来了极大的荣誉。如果印度科学的这个崇高的声誉被少数几个剽窃者所败坏，那真是太可惜了。"

虽然这封信没有能够直接到达印度总统的手中，但通过互联网络和权威学术刊物的报道，印度总统得知了这件事情，于是他组织了一个调查委员会展开调查。经过两个月的调查，2003 年 2 月，这个委员会认定拉吉普剽窃案成立，很快，拉吉普的另外 3 篇文章也被证明都涉嫌剽窃。

拉吉普感到很生气，他威胁说要采取法律手段控告该网站。拉吉普还致信《欧洲物理学通信》的主编缪勒·库姆巴哈说明情况。在邮件里他说："过去 8 年以来我作为该校校长工作，而且在印度许多大学，在我的指导下，一些高能物理学研究团队在他们发表的作品中署有我的名字。"他还辩称文章完全是由他的学生约什写成的，并没有得到他的同意就署名。在同一封邮件里他说道："我不知道约什先生向贵刊提交的这篇文章，因为身兼繁重的校长行政工作，我不可能关注到在许多大学在我的指导下所有研究学者的活动。"

对于这件事情，约什也做出说明："这是我博士论文的一小部分，以信件的形式以及这篇文章完整的形式是在另外一篇国际杂志上发表。"另外，他还补充："我为我上述引用的文章负责，B·S·拉吉普教授的名字仅仅表明这篇文章是在他指导下而正式完成的作品，并且没有得到他的正式许可。"但是令人感到困惑的是，约什也试图在这封信中捍卫自己，他说最近遇到过卡拉什教授。无论是卡拉什教授，还是《物理学评论》和《欧洲物理通信》的编辑人员都没有对他的文章提出任何怀疑或反对。当然，他无法解释一些重合。他同意大部分文章看上去是卡拉什教授作品的拷贝的说法，而且感到应该道歉。但是这些都是粗心大意的结果，而不是故意为之。

拉吉普最终被印度政府撤了库曼大学校长的职务，但继续在该大学任教。2013 年因其卓越研究而获得印度科学委员会颁发的"生命成就奖"，而约什则在奥格国际学校任教。

参考文献

[1] 胡冬雪.印度科研管理如何重建[J].世界科学,2015(6)：13—17.

[2] 赵建军.印度科技政策与科技发展——兼对中印国家创新能力比较[J].世界科技研究与发展,2004(10),89—92.

[3] 董建龙,任洪波.国外加强科研诚信建设的经验与启示[J].中国科学基金,2007(7)：223—228.

[4] http：//www. nature. com/nature/journal/v420/n6917/full/420726a. html.

[5] Complaints prompt inquiry into Indian Plagiarism Allegations[OL]，https：//repository. library. georgetown. edu. /handle/10822/005605.

思考题

1. 拉普吉的说法是否具有说服力？
2. 印度在处理学术不端案例上具有怎样的特点？

（杨庆峰）

52. 被 AI 论文欺骗

——拉贝利用计算机生成虚假作者案

2005 年，麻省理工学院一帮闲得无聊的研究人员发明了一个叫"SCIgen"的计算机程序，这一程序可以在网上自由传播，任何人能用它快速生成一篇格式规范、图文并茂的"论文"，但是内容是词汇和句子的无意义组合。很快，这一事件过去了。

法国约瑟夫傅立叶大学有一位叫克里尔·拉贝(Cyril Labb)的计算机科学家，他喜欢在网上检测一些已经发表的科研论文，并且也喜欢用这种方式开玩笑。2010 年，拉贝创造出一个名叫"Ike Antkare"的作者，并且制造了 101 篇虚假的论文，这些文章竟然通过了测试，并且被"谷歌学术"(Google Scholar)收录。拉贝的花招成功了，他还让 Ike Antkare 成为了世界上第 21 位被引用次数最高的"科学家"。拉贝在一篇文章中介绍了这个想法，在那篇文章的导论部分中指出，Ike Antkare 可以实现排名到 21 位的目标，并且告诉读者如何做也可以像 Ike 一样棒。下页的那张图解释了上述 101 篇文章如何产生出来的。

但是接下来的事情就严重了。2013 年前后，拉贝在德国斯普林格(Springer)和电气与电子工程师学会(IEEE)的数据库中发现，有一些使用 SCIgen 程序随机生成的假论文。Springer 引用了 16 篇，IEEE 则有 100 多篇。他发现除了 4 篇之外，其他 100 多篇都来自中国大陆，而且大部分为会议论文。最后这些论文均被撤销。

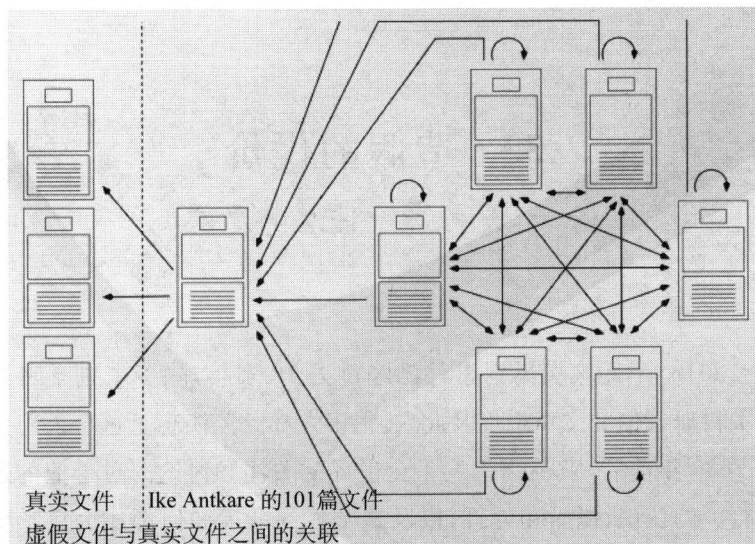

真实文件　　Ike Antkare 的101篇文件
虚假文件与真实文件之间的关联

101 篇文章虚假论文的产生①

参考文献

［1］林睿. 谷歌学术搜索的缺陷——基于检索式、专利及引用功能的抽样分析［J］. 现代情报，2014(2)：103—106.

［2］赵春雷. 学术不端者的下场［J］. 世界科学，2009(9)：36—39.

思考题

1. 人工智能是否可以写论文？

2. IEEE 的撤稿说明了什么？

（杨庆峰）

---

① 图片来源：https://hal. archives-ouvertes. fr/hal-007135641/document。

53. 造假的代价
——黄禹锡事件及其反思

2016年，距离黄禹锡事件已经过去10多年，除了个别学者在有关科研诚信的文章中提及此人，很多人都已经淡忘了这个人。但是2005年前后，黄禹锡引发了全世界的关注和讨论。对于他的造假行为的认识、揭露和处理，以及这个人的命运如何都成为科学史上一个无法绕行的话题。所以，非常有必要回到这件事情本身。

先看黄禹锡其人。黄禹锡，韩国著名生物科学家，1952年出生于忠清南道扶余郡，是个农民家庭的孩子，5岁丧父。他刻苦好学，后来任职于首尔大学兽医学院首席教授。他主要从事干细胞的研究。在事发之前，他的科研生涯可谓发展得顺风顺水，并成为"克隆先锋"。他的主要科研成果包括：1995年研制出超级乳牛，1999年培育出全球首只克隆牛，2004年培育出首只克隆狗"斯纳皮"。

再看抄袭事件的经过。2004年和2005年，黄禹锡所在的研究团队先后在《科学》发表论文，宣布成功利用11名不同疾病患者身上的体细胞克隆出早期胚胎，并从中提取了11个干细胞。但是在2005年12月6日，围绕黄禹锡在《科学》上发表的论文的照片产生争议，争论的核心是照片中的胚胎干细胞有相同或相似之处。12月10日，美国匹兹堡大学医学院的一名韩国籍教授披露，研究员夏腾按照黄禹锡教授的指示，将2张干细胞照片复制成11张。面对这种指控，12月11日，黄禹锡主动提出对其论文的真伪进行验证的要求。12 月 13 日,美国匹兹堡大学称,夏腾要求在论文的共同作者中删除他的名字,并劝黄禹锡等作者撤回论文。12 月 15 日,黄禹锡承认干细胞研究成果系伪造,2005 年在《科学》发表的论文中的干细胞其实并不存在。12 月 16 日,黄禹锡请求《科学》撤销论文,随即辞去首尔大学教授之职,并就造假事件向外界道歉。但是这件事情继续发酵。韩国文化广播公司新闻节目《PD 手册》后继报道黄禹锡在研究过程中"取用研究员的卵子"的丑闻。

面对上述指控,首尔大学成立调查委员会进行调查。调查持续了 3 年多时间,2009 年调查有了基本的结论。负责调查黄禹锡造假事件的首尔国立大学调查委员会卢贞惠处长在记者会上宣布了调查结果:这不是一起单纯的失误,而是蓄意造假的重大事件。经调查核实,在黄禹锡教授论文所指的 11 个克隆胚胎干细胞系中,有 9 个是伪造。2009 年 10 月 26 日,韩国法院裁定,黄禹锡侵吞政府研究经费、非法买卖卵子罪成立,被判 2 年徒刑,缓刑 3 年。这件事情也得到首尔大学调查委员会的认可。首尔大学调查委员会称,两名黄禹锡科研组的成员曾在 2009 年 11 月访美期间交给指责黄禹锡研究中有造假行为的金善钟 3 万美元。金善钟则一度在这两人的陪同下收回了自己曾经对黄禹锡的造假指控。首尔国立大学公布报告确认研究组的两名女研究人员提供了卵子,研究组向卵子提供者支付了 150 万韩元。

后续发展。2009—2011 年,黄禹锡成为韩国的耻辱,成为世界学术界分析的反面案例。

参考文献

[1] Saunders R, Savulescu J. Research ethics and lessons from Hwanggate: what can we learn from the Korean cloning fraud? [J].

Journal of Medical Ethics, 2008(34)：214 - 221.

［2］黄小茹.社会情境中的干细胞伦理争议与处理——以"黄禹锡事件"为例［J］.中国软科学,2014(2)：70—76.

［3］李怀祖,郭菊娥,王磊.韩国黄禹锡事件处理对我国学风建设的启示［J］.西安交通大学学报(社会科学版),2012(2)：82—83.

思考题

1. 黄禹锡主要有哪些学术不端问题?
2. 你如何看待学术不端中的伦理问题?
3. 黄禹锡事件对于韩国有什么影响?

（杨庆峰）

54. 纳米世界的小瑕疵

——丹尼尔学术剽窃案

2010 年,加拿大政府加强关于科研学术不端行为的治理。对于一向宽容的加拿大政府来说,这并不常见。事情的起因源于丹尼尔·克沃克(Daniel Kwok)的学术剽窃行为。

丹尼尔当时是加拿大卡尔加里大学的工程系教授、纳米界面现象研究的带头人。该校学生对他的评价是"讲课非常清晰"。2009 年加拿大国家自然科学与工程研究委员会(NSERC)阻止了丹尼尔的研究,一开始没有人知道为什么。后来被证实是丹尼尔确有学术不端行为。根据新闻报道,他被指控造假和花费 15 万加元做私人的事情,如买电视、买汽车配件等。他曾经从 NSERC 那里获得150 万加币的项目资助。

2013 年的庭审记录了整个事情的经过。2001—2005 年,丹尼尔在阿尔伯特大学被聘为讲师,同年开始从 NSERC 获得研究基金的资助。2004 年,他所在系的系主任接到举报说丹尼尔在多篇文字中复制其他学者的作品。阿尔贝塔大学开始调查,2005 年确认他违反了学术研究的相关政策。同年,他从阿尔贝塔辞职,在卡尔加里大学获得教职,并且继续从 NESRC 那里获得资助。但是学术抄袭以及滥用经费的事情并没有因此而终止。阿尔贝塔大学继续调查丹尼尔一些研究装备和物品的资金来源。2006 年,阿尔贝塔大学确定他不恰当地使用了研究经费。

2008年,他们向 NSERC 提供了丹尼尔的学术不端及其经费不恰当使用的报告。2009年,NSERC 正式终止了丹尼尔的研究,禁止他在今后的时间里申请新的资助。2010年,加西环球的《全国邮报》发表了莫内鲁和卡玛尼克所写的文章。2013年,丹尼尔与阿尔贝塔大学及 NSERC 之间的官司在加拿大的 Queen's Bench of Albert 法庭公开审理。

参考文献

[1] 牛荷生,李建忠,刘松年,郑红波,黄琴. 加拿大大学学生学术道德规范管理的经验和启示——以萨斯卡切温大学为例[J]. 华中农业大学学报(社会科学版),2011(2):118—123.
[2] 黄明东,冯惠敏. 加拿大高校学术伦理机制分析[J]. 武汉大学学报(哲学社会科学版),2008(6):893—898.

思考题

1. 丹尼尔被处罚的主要原因是什么?
2. 你如何看待加拿大对丹尼尔的处罚?

(杨庆峰)

55. 不知羞耻　公然剽窃终败露

——加拿大华裔教授因论文抄袭遭遇人生滑铁卢

　　李冬青,加拿大滑铁卢大学机械和机电工程系华裔教授。从1992年以来,加拿大国家科学和工程研究委员会已经奖励李冬青超过200万美元的联邦科学基金。2009年他担任加南大研究主席。从加拿大创新基金会获得36万美元的研究基础计划,该项目为期7年。2012年李冬青获中国中组部批准入选浙江大学"千人计划"(短期),是浙大能源系唯一的一位"千人"。正是这段时间,他遭遇了自己人生中的"滑铁卢"。

　　2010年1月15日,李冬青和自己的研究生达希吉在《微流体和纳米流体》发表论文。2010年1月28日,美国人伯内特和斯凯瑞的在线发表题为"Induced-charge electrokinetic phenomena"的论文。2012年,李冬青发表撤稿公告,宣布撤销之前在《微流体和纳米流体》上发表的论文。公告中承认,他们从伯内特和斯凯瑞2010年的论文中采用了未加改变的文字,而且从其他发表论文中产生的一些数字缺乏足够的文献,作者为他们的忽略而道歉。伯内特很困惑加拿大人是如何得到他的报告的,猜测可能是自己曾邮寄了一份论文给麻省理工学院,之后论文在2010年1月11日被接收发表。

　　这件事情公开以后,一向支持学术诚信的滑铁卢大学对李冬青事件却不置一词。滑铁卢大学发言人仅承认李冬青和达希吉两人分别是该校的教授和毕业生,对于其他问题,则以涉及个人隐私为由拒绝透露。令人奇怪的是，联邦研究机构也对此保持沉默。

但是美国的《撤稿观察》注意到，2013年1月在撤稿研究发布的公告中，明确指出达希吉剽窃美国作者的报告加以发表。"达希吉是李冬青的研究生，很容易明白是李冬青许可他发表。"《撤稿观察》的记者亚当·马库斯指出："现在不清楚的是两个作者可能出现在不同杂志上的预发表的美国版本论文的手稿。"麻省理工学院化学工程兼数学副教授伯内特在《撤稿观察》上发表的一份报告中表示，整个撤回事件中有许多可疑之处。伯内特还表示，自己是在浏览2011年科研文献时，无意中发现两人在《微流体和纳米流体》上发表的上述报告，结果发现该报告公然抄袭了自己和同事斯凯瑞的大量数据，其中许多数据就是直接复制和粘贴，甚至连标题都一模一样。

面对这一指控，李冬青宣称自己留意到这一事件，他声称自己会正视被指控为剽窃；他没有意识到文章被提交或者发表，但是作为年长作者，他负有责任并声称他会更认真地检查文本。

另外，伯内特注意到滑铁卢大学工程系主任皮埃尔·苏利文谈论2012年的李冬青事件为"剽窃和主编权力的滥用"、"作为职业的礼节"。李冬青是《微流体和纳米流体》期刊的奠基人，这本期刊是纳米技术领域优秀期刊之一，相关研究者竞相在此期刊发表文章。

于是，李冬青很快不再是这本期刊的负责主编，仅为海外主编，新的负责主编是德国弗莱堡大学的罗纳德·泽内格勒。在泽内格勒的主持下，另有两位海外主编调查了这一事件，他们得出的结论是"从伯内特文章中采用的文本应该被看作剽窃，但是没有证据显示李教授或者达希吉伪造提交日期"。泽内格勒说大约有8％引文没有正确注明出处。

事件继续发酵。2013年初，滑铁卢大学对李冬青做出处罚：李冬青博士因为在论文中涉及剽窃他人成果，被校方予以停止教职

4个月的处分,处分期间不准使用任何校内资源,处分从 2013 年
4月1日起执行。李冬青本人已经承认了剽窃行为,并为此向全校
师生道歉,对于由此给大学带来的负面影响表示深切歉意。滑铁卢
大学副校长斐丹·汉杜拉普在一封致全校师生的电子邮件中表示,
学术诚信是滑铁卢大学的核心价值,反映了全校师生的公平、责任
和尊重。李博士的行为令学校的国际性声誉蒙上阴影。

参考文献

[1] Top Canadian scientist and award-winning student caught in 'blatant plagiarism' of text [OL], http://news. nationalpost. com/news/canada/university-of-waterloo-researchers-issue-retraction-and-apology-after-using-u-s-experts-text-and-information.

[2] 加拿大调查确认"千人"李冬青学术剽窃[OL], http://news. sciencenet. cn/htmlnews/2013/1/273872. shtm.

[3] 科研路上的寻梦者——千人计划李冬青教授职业规划辅导讲座[OL], http://www. career. zju. edu. cn/news/137579666669697064. html.

[4] Retraction Note:Induced-charge electrokinetic phenomena [OL], https://link. springer. com/article/10. 1007%2Fs10404-012-1026-3.

思考题

1. 李冬青在自己所主办的期刊发表论文,说明了怎样的问题?
2. 李冬青撤稿的根本原因是什么?

（杨庆峰）

56. 小玫瑰的"墓地"
——冯·德莱恩博士论文抄袭事件

在德国的政治史上,出现了一个令人关注的现象:政府官员因为博士学位论文抄袭而被迫辞职。2011 年 3 月,时任国防部长卡尔-特奥多尔·楚·古滕贝格因博士论文剽窃被迫放弃博士头衔并辞职。2013 年 2 月,杜塞尔多夫大学认定时任教育教研部长安妮特·沙范 32 年前的博士论文剽窃、剥夺她的博士学位,沙范随后辞职。继古滕贝格之后具有"小玫瑰"昵称的首位女性国防部长冯·德莱恩(Ursula von der Leyen)因涉嫌博士论文抄袭再次引起世界范围内的广泛关注。

冯·德莱恩,1958 年出生于布鲁塞尔的伊克塞尔区。她先后在哥廷根大学、明斯特大学、伦敦政治经济学院学习 3 年,随后进入汉诺威医学院学医。她 1987 年开始攻读博士,1991 年获得医药学博士学位。1992—1996 年她的丈夫在斯坦福大学担任教职,冯·德莱恩陪读。2005 年她进入默克尔政府担任联邦内阁部长。2013 年 12 月 17 日,冯·德莱恩宣誓就任德国国防部长职位,成为德国首位女性国防部长。她的就职引起世界范围内的关注。很多媒体甚至猜测:国防部长对于她来说,是墓地还是跳板? 德国《明镜》周刊甚至预测:"她最终将成为继承王位的公主。"英国《金融时报》宣称:"冯·德莱恩接受国防部长一职是一次冒险,这将是她政治声誉的'墓地'。"

这些媒体都没有说对。冯·德莱恩很快就碰到她从政生涯中的真正"墓地"。2015年9月，德国网站"VroniPlag Wiki"披露，冯·德莱恩于1990年发表的医学博士论文涉嫌剽窃，在总计62页的正文里，有27页发现问题。其中，有3页内容一半以上抄袭他人，抄袭内容超过75%的页数达5页。9月28日，其母校德国汉诺威医学院宣布，该校相关委员会将对剽窃一事展开正式调查。

对于剽窃指责，冯·德莱恩予以否认，她接受媒体采访时说："我否认抄袭指认……互联网上一些激进分子试图散播对政治人物论文的质疑，不是什么新鲜事。"她并称在2015年8月得知有人质疑自己的论文后，便请求汉诺威医学院派专业且中立的调查人员调查此事。

冯·德莱恩曾请求母校展开调查的说法得到汉诺威医学院的证实。该校9月28日发表声明，学校已在获知论文涉嫌剽窃后开展前期调查，结果已于9月27日提交校方管理层。管理层在28日决定对剽窃一事开展正式调查。声明还指出，这一决定并不说明任何问题，因为学校发起正式调查的"门槛"较低。

冯·德莱恩的论文是否造假还有待进一步调查。但是，10月她又陷入简历造假的风波中。德国《星期日世界报》10月11日报道，美国斯坦福大学指认冯·德莱恩在个人履历中乱用这所世界名校的名称，在没有参与学校任何官方项目或取得学历的情况下，在个人履历中写明曾在斯坦福大学学习。对此，冯·德莱恩拿出一张医院助理主任的签名信件，驳斥自己的常驻学者经历根本不是造假；至于旁听经历，冯·德莱恩则说："根据维基百科德文版的定义，我就是个斯坦福的旁听生啊！"

后来根据中国驻德国大使馆教育处的消息，2016年冯·德莱恩的事情暂告一段落。她的抄袭事实成立，因为诸多原因，个人博士学位保留。但是这一事件留给德国人对医学博士的思考则很多。

德国大学校长联席会议和科学基金会对医学论文的学术实践性表示怀疑,韦伯·伍尔夫要求取消冯·德莱恩的医科博士学位。

参考文献

[1] 张蓓.德国首任女国防部长乌尔苏拉·冯·德莱恩[J].国际研究参考,2014(2):56—59.

[2] 刘志德.冯·德莱恩:默克尔的接班人?[J].世界知识,2014(3):44—46.

[3] 冯一平.德国医科博士学位受质疑[J].世界教育信息,2016(8):73—74.

思考题

1. 冯·德莱恩学术不端的主要问题是什么?

2. 你认为冯·德莱恩的自我辩护是否具有说服力?

3. 你如何看待德国国防部长因为学术不端辞职这件事情?

（杨庆峰）

57. 自杀之谜与举报者的权益

——丹尼尔·袁的自我维权案

世界顶级期刊《自然》的一篇撤稿，反映出来的问题却非常复杂。

杰夫·鲍克(Jef Boeke)是霍普金斯大学研究所的专职研究员，专门从事酵母基因的研究工作。

林宇丽(Yu-li Lin)是与鲍克一起工作的霍普金斯大学的研究人员。2012 年 2 月，林宇丽与鲍克一起在《自然》上发表题为"Functional dissection of lysine deacetylases reveals that HDAC1 and p300 regulate AMPK"的论文。2012 年 8 月，林宇丽在其实验室自杀。

丹尼尔·袁(Daniel Yuan)于 2000 年前后开始在霍普金斯大学研究所工作，他为研究员鲍克做数据统计。2011 年他被辞退。

《华盛顿邮报》曾经报道过这样一件事情：在某一个时间节点，袁在霍普金斯为鲍克工作，同事林让袁分析一些数据，这些数据后来成为《自然》发表论文的基础数据。但是袁说他拒绝卷入，因为他认为方法论存在严重的缺陷。据袁的描述，他慢慢地被排挤出来，2011 年他被降职为初级职位，后来又遇到了麻烦的事情。他提交了一篇署有鲍克名字的论文，但是当时并没有得到鲍克的同意署名。2012 年那篇成为导火线的论文发表，半年之后林在实验室自杀。这个事件引起轩然大波，有关袁的批评达到顶峰。2013 年，发表在《自然》的论文被撤回,在发表的撤回公告中指出,"尽管多次尝试,我们无法确定地获得支持文章中主要结论的结果"。

这件事情引发诸多关注。2013 年 3 月,《华盛顿邮报》接连发表两篇文章,发表于 3 月 11 日的《科学家指出关于霍普金斯研究成果的怀疑未被回答》一文,是关于前霍普金斯研究人员丹尼尔·袁的访谈,他指出 2012 年该所发表在《自然》的文章存在诸多疑点。而 3 月 22 日发表的《在霍普金斯,研究坚持最高的诚信》,则是霍普金斯大学的反馈,坚持声称研究成果没有任何问题。这一事件出现的前因应该说就是因为一篇论文。

这件事情后来以司法程序的方式加以处理。袁害怕有人打击报复,希望法律能够保护告密者的安全免受报复。2013 年以后,袁一直在寻求最终判决,他声称有关科学不端的联邦法律能够为他提供保护、免遭打击报复。但是,马里兰最高法院驳回了袁的主张,声称那些不端条文过于模糊,无法为员工提供有关告密者保护的帮助。

参考文献

[1] Would-be Johns Hopkins whistleblower loses appeal in case involving Nature retraction [OL], http://retractionwatch.com/2017/05/25/johns-hopkins-whistleblower-loses-appeal-case-involving-nature-retraction/#more-50191.

[2] Nature yanks controversial genetics paper whose co-author was found dead in lab in 2012 [OL], http://retractionwatch.com/2013/11/06/nature-yanks-controversial-genetics-paper-whose-co-author-was-found-dead-in-lab-in-2012.

[3] Doubts about Johns Hopkins research have gone unanswered, scientist

says［OL］，https：//www. washingtonpost. com/business/economy/
doubts-about-johns-hopkins-research-have-gone-unanswered-scientist-
says/2013/03/11/52822cba-7c84-11e2-82e8-61a46c2cde3d _ story. html?
utm_term＝. 7cc0f6e65541.

［4］ At Johns Hopkins，research adheres to highest levels of integrity
［OL］，https：//www. washingtonpost. com/opinions/at-johns-hopkins-
research-adheres-to-highest-levels-of-integrity/2013/03/22/8d423f74-
8d8d-11e2-adca-74ab31da3399 _ story. html? utm _ term ＝. 4310a11
dce62.

思考题

1.《自然》期刊撤稿的主要原因是什么？
2. 丹尼尔·袁碰到什么问题？

（杨庆峰）

58. 利用便利泄密抄袭,造成伤害谁来补?
——杜克大学教授科研贪污腐败案

2013 年 3 月的某个周五,杜克大学某知名科学家的实验室人员因为被控贪污而遭逮捕。这名实验室人员是艾瑞·泡兹-康德(Erin Potts-Kant),他后来认罪,从杜克大学健康系统中侵吞了2.5 万美元,从亚马逊、沃尔玛等超市购买商品,甚至伪造合法购买的收据。州审判团最后向其征税,并且判处他缓刑和从事社区服务。

泡兹-康德随后陷入更大的麻烦。杜克大学官员发现其有15 篇论文被撤回,很多公告指出他"引用不可靠的数据"。另外几篇被修改,或者是部分撤回,或者是校正。美国区法庭受理了一份举报,举报者指控他的前任导师申请超过 2 亿美元的资助。如果这项指控成立,需要杜克大学返回政府至少 3 倍的金额,并且向举报者支付数百万元的费用。

杜克案例让美国所有的国家机构感到害怕。有律师声称,这是最大聚焦在研究不端的案例。如果一旦指控成立,将向其他举报者案例打开泄洪闸门。

杜克案例的举报者是生物学家约瑟芬·托马斯,他在 2008 年加入杜克大学生物系,2012 年转到肺科部门,当时泡兹-康德正好在肺科部门并且在威廉姆·福斯特(William Michael Foster)的指导下工作。

2013 年肺科部门根据国家法律开始调查福斯特实验室提供的数据。调查人员根据法律分析了原始数据，重新计算了结果，重新安排完成了实验。参与调查的托马斯声称，其他调查者和肺科部门同事告诉他正是泡兹-康德管理着他参与的每一个项目，有时他没有正确地从事实验，有时泡兹-康德所做的实验调整了数据，以便匹配假设或者说明这些数据的统计学意义。

托马斯离开杜克大学后指控福斯特和泡兹-康德，尤其是指控自 2006 年以来，杜克大学从美国国立卫生研究院、环境保护机构和其他机构接受了至少价值 8 000 多万美元的 49 个项目，他指控掌管的数据帮助其他机构获得了价值 1.2 个亿的 15 项额外资助。

对于上述指控，福斯特本人并没有回应。杜克大学发言人米切尔·舍恩菲尔德指出，自 2013 年以来官方已经了解到泡兹-康德数据中的矛盾，"即使泡兹-康德的行为完全不为人知，杜克也注意到几个管理机构，并开始关于科学不端调查活动"。尽管撤稿的数量之多，为托马斯的指控提供帮助，但是伪造错误的数据对于获得基金非常关键却并不成立。

这个案例是众多学术不端案例中较为罕见的，其性质是多重不端行为。首先是挪用科研经费，泡兹-康德利用采购从经费中套取经费 2.5 万美元；其次是论文存在伪造数据，在众多调查中发现他调整数据以便匹配理论；其三是骗取国家经费，其导师福斯特存在可能骗取国家经费之嫌，而被撤稿的 15 篇论文很明显是为课题研究前期基础起作用的。

另外，从涉案内容来看，在众多学术不端案例中，多数与论文、著作和课题申请书有关，涉及论文内容抄袭和剽窃，或者图片的伪造或重复使用。而这个案例则是关于科研经费，目前科研项目投入越来越大，与之有关的问题也层出不穷。但是关于这方面的研究以及预防措施却不是很清楚,而这又是广大科研人员急需注意的。从涉案主体来看,所涉及的多为研究生,而对于广大研究者来说,除了论文与著作之外,课题以及相关经费的问题更值得关注,也变得越来越紧迫。

参考文献

[1] Whistleblower sues Duke, claims doctored data helped win $200 million in grants [OL], http://www.sciencemag.org/news/2016/09/whistleblower-sues-duke-claims-doctored-data-helped-win-200-million-grants.

[2] 杜克大学正式回应数据造假丑闻[OL], https://www.sohu.com/a/155116410_778016.

思考题

1. 如何理解泡兹-康德案例中的多重学术不端性质?

2. 对于学生来说,学术不端案例主要涉及什么?

3. 与科研经费有关的学术不端案例主要涉及哪些主体?

(杨庆峰)

59. 谁害死了她的导师？
——小保方晴子学术造假案

　　2014 年 8 月，日本理化学研究所的发育生物学中心(CDB)副主任笹井芳树(Yoshiki Sasai)在位于神户市的该中心内自杀身亡。这起事件引起日本社会的广泛讨论，也同样引起中国国内科学界的关注。他的死之所以引起日本社会广为关注，其主要原因是他被誉为日本离诺贝尔奖最近的科学家。对于他的死因，存在着诸多猜测，但是不管怎样，他的死和一个人是分不开的，这就是他的学生小保方晴子(Haruko Obokata)。

　　1962 年，笹井芳树出生在日本兵库县，1987 年毕业于著名的京都大学医学部。1998 年他就任京都大学再生医学研究所的教授，成为这个研究所的中心人物。2003 年，他又受日本最大的国家级科研机构日本理化学研究所邀请，成为实际领导人副中心长。他与2012 年获得诺贝尔奖的山中伸弥教授，都是英国著名科学家乔治·卡顿的得意弟子。山中伸弥因为诱导多功能干细胞(iPS 细胞)的成果而获奖。笹井芳树也想在这个方面取得突破，力争夺奖。他的方法与山中伸弥不同，构想是用单个细胞来创造出组织，也就是从胚性干细胞(ES 细胞)成长为立体的脑或者眼睛等组织。于是，他开始成为新型万能细胞(STAP 细胞)的研究者，并招收刚满30 岁的小保方晴子作为他的弟子，想利用她所发现的成果获得世界瞩目，以便为自己没有获得诺贝尔奖挽回一点面子。

2014 年 1 月,小保方晴子在《自然》发表了两篇关于多能干细胞的论文。两篇文章是关于"刺激触发的多能获得性"(STAP)技术的,在文章中,小保方晴子声称只需运用一种简单的方法,就能够让小鼠的体细胞变成干细胞。这种方法就是给细胞施加一些"压力",比如让它们暴露在弱酸性环境中,或是给细胞膜施加物理压力。论文一发表就引起轰动。然而,文章发表数周后,事情出现转折。美国科学家指出其中的造假数据,其他科学家也表示不能重复试验结果。很快,该研究所成立调查委员会,由 75 岁的材料科学家岸辉雄担任主席。6 月 12 日,岸辉雄委员会发布了 8 条建议,包括促进科研诚信和一份更详细的对于 STAP 论文的调查报告。研究所的一个委员会经过调查之后,发现了学术不端的痕迹。随后,研究所官方人员召开了长达四五个小时的马拉松式新闻发布会,在当年 4 月 1 日正式指控小保方晴子的不端行为,并提议撤销该论文。2014 年 7 月,两篇文章随即被撤销。

岸辉雄的报告认为,CDB 的监管缺位导致此次事件,理应被撤销。报告谴责该中心绕过常规程序雇佣小保方晴子,并"猜测"了一个原因:"CDB 受到取得突破性成果欲望的强烈驱使。"希望该成果可以超越山中伸弥发现的 iPS 细胞。该报告"推测"认为,笹井芳树"在本质上也参与了 STAP 事件",因为他"预期"STAP 细胞可能给 CDB 带来的"巨大收益"。

该报告对笹井芳树的批评尤其严厉。2014 年 8 月,CDB 开始根据岸辉雄的报告进行改革。日本理化学研究所宣布一项计划,表示将引入新的学术欺骗预防措施,同时加强监管。随后,CDB 下属 40 个实验室中的 9 个被转至日本理化学研究所中心名下,另外 11 个实验室被合并或关闭。

报告对笹井芳树的压力很大。他需要时间和精力处理这个事件。但是很快他的计划就被打破,媒体死死盯上他与小保方晴子的暧昧关系。8月，不堪多重压力的笹井芳树选择了自杀。12月19日，日本理化学研究所召开记者会，就STAP细胞制备论文造假事件的结果做出最后说明。记者会上公布了小保方晴子在全程监控的状态下重复自己先前实验的结果，数据显示原论文中"成功制备"的STAP嵌合体胚胎一个都没有制备出来。根据先前规定的期限，实验就此终止。小保方晴子本人没有出现在记者会上，但她发布了公开信，并主动提出辞职。

参考文献

[1] 祝叶华."小保方晴子STAP涉嫌造假"引轰动[J].科技导报,2014,32(11):9.
[2] 蔡立英.笹井芳树遗书指责媒体暴力[J].世界科学,2014(10):62—63.

思考题

1. 小保方晴子的主要问题在哪里？
2. 小保方晴子的学术不端造成哪些恶果？

（杨庆峰）

60. 面临牢狱之灾的科学家

——韩东杓学术造假、骗取经费案

据《自然》网站 2015 年 7 月 1 日的报道称，一名旅美韩国人、爱荷华州立大学前助理生物医学教授韩东杓（Dong-Pyou Han）通过将人类免疫球蛋白注入兔血液样本中，使得他的兔子似乎获得免疫能力的假象，因伪造实验数据，学术生涯尽毁，锒铛入狱，被联邦法院判刑 57 个月、3 年监外监视、罚款 720 万美元。国内外很少有科学家因为研究不端行为被指控进入监狱。韩东杓受到如此严厉惩罚的原因值得我们进一步思考。

2008 年，韩东杓在俄亥俄州克利夫兰市凯斯西保留地大学参与教授迈克尔·赵领导的艾滋病疫苗研究项目。研究小组得出一个结论：兔子体内产生艾滋病病毒抗体。2009 年，这支团队应聘到艾奥瓦州立大学继续这项研究，而且获得美国卫生与公众服务部下属机构国家卫生研究院的资金资助。2013 年初，哈佛大学研究人员验证韩东杓所在团队实验结果时发现异样。迈克尔·赵随即报告了这一问题，艾奥瓦州立大学和美国政府开始调查。在调查过程中，韩东杓写给艾奥瓦州立大学一封悔过书，他承认自己在以前的研究中造假，但是解释说他之所以造假的原因是"不想让导师迈克尔·赵感到失望"。

针对韩东杓的行为，负责监管涉及美国国立卫生研究院基金涉嫌不端行为进行调查的美国科研诚信办公室禁止韩东杓 3 年内接受联邦拨款——这是它一般强加给初级研究者的最高惩罚。但是,这件事情并没有因此而结束。美国政府参议员、爱荷华州共和党人查尔斯·格拉斯利注意到这件事情,他长时间调查生物医学科学研究中的不端行为。2014 年 2 月,他给科研诚信办公室写信说明要继续追查下去。"对于那些故意篡改研究试验和直接造成数以百万计的纳税人美元浪费在欺诈性的研究上的医生来说,这似乎是很轻的刑罚。"

随后,这件事情引起媒体的大量关注。2014 年 6 月,在大面积的媒体轰炸之后以及格拉斯利做出反应之后,联邦审判长维持原判。韩东杓这位科学家被逮捕,在大审判之前被带走。2015 年 2 月,他开始认罪。

对于韩东杓受到的惩罚,格拉斯利看起来是非常认可的。他在 7 月 1 日告诉议会:"如果缺乏政策呼吁,我担心其他案子未被关注或者未加强调。"他坚持涉嫌过错的人必须受到严惩。

参考文献

[1] 李晓燕. 美国高校治理学术不端行为制度研究[J]. 陕西师范大学学报(哲学社会科学版),2014(4):119—127.

[2] 昌增益,王志珍. 美国学术不端行为监管体系的建设及其对中国的启示[J]. 科技导报,2015,33(15):12—13.

[3] US uaccine researcher sentenced to prison for fraud [OL], http://www. nature. com/news/us-vaccine-researcher-sentenced-to-prison-for-fraud-1. 17660.

思考题

1. 韩东杓因为什么问题而入狱?
2. 韩东杓的案例为什么能够引起重视?

（杨庆峰）

61. 缺乏伦理许可和足够数据终被撤稿
——瑞典朗恩斯特德论文撤回案

2017年5月3日,《科学》发表了一份撤稿声明。该声明指出:"经过一项调查,瑞典中央伦理审查委员会建议撤回奥纳·朗恩斯特德(Oona M. Lönnstedt)和彼得·艾克欧文(Peter Eklöv)发表的题为'环境相关的微颗粒塑料集中影响仔鱼生态'的论文。"这篇论文发表于2016年6月3日,文章作者来自瑞典乌普萨拉大学,其中艾克欧文是朗恩斯特德的指导教师。

2016年12月,《科学》主编杰瑞米·博格发表新的报告,说明了这件事情:"在6月3日的一期中,《科学》发表了题为'环境相关的微塑料颗粒集中影响仔鱼生态'的报告,作者提及存储论文原始数据的计算机被偷,这些数据没有在其他设备上备份或者在合适的外设保存。《科学》的这份主编报告是提醒我们:除那些已经在论文以及附录中提供的数据之外,没有进一步的数据被提供,也提醒读者要理解、评估和生产或者扩展论文的结论。"

《科学》在2017年4月发布委员会报告,说明了如下3个理由:①实验缺乏伦理认可;②论文报告的实验缺乏原始数据;③关于实验是如何做的缺乏清晰的描述。尽管论文作者告诉《科学》杂志他们并不同意委员会报告的指控,尽管乌普萨拉大学还没有说明对他们的调查,但是有分量的证据表明论文应该被撤回。根据委员会建议和2017年4月28日来自作者的请求,《科学》杂志撤回全文。

2017 年 5 月 21 日,《科学》刊发了题为"关于微塑料颗粒危险的奠基性研究可能被解开"的长文,重点描述了这一事件。在这篇文章中,一些细节开始被揭示,比如,文章发表之后发生了什么?举报者读到文章后有什么反应?文章被调查后作者是什么反应?

文章发表之后,朗恩斯特德立刻得到了科研支持。2016 年 11 月,瑞典一家机构资助了 33 万美元用于未来的研究。后来发生的事情更加有趣。当《科学》提出撤稿时,作者不同意刊物的指控,如他们没有做过相应的实验。12 月,朗恩斯特德后来告诉《科学》,他们当然做了这些实验,只是有些人妒忌他们。当谈到实验数据的时候,朗恩斯特德说论文发表后 10 天,存储数据的电脑就被偷走了。

举报者约瑟芬·萨丁和福利德瑞克·尤特福与朗恩斯特德都在同一所大学。萨丁是在读博士后,曾经帮助朗恩斯特德做研究。尤特福是挪威科技大学的副教授。据萨丁和尤特福介绍,做相应实验的时候,他们正好在文章中所提到的工作站一起工作。在谈论到当他们读到文章时的感受,萨丁说:"我认为我失去了意识似的。这是一个大的实验描述,我绝对没有想过。"后来萨丁和尤特福讨论了这个问题,两人都同意无论是逻辑上还是科学上都不可能。于是,他们开始给从会议上认识的其他科学家写邮件和通电话。

有 5 位专家组成的调查团队试图证明他们研究的错误,但是朗恩斯特德和艾克欧文并不承认他们有错。最后,朗恩斯特德离开学校、没有出席后来的座谈会,艾克欧文则拒绝回答任何问题。

对于瑞典这个国家来说,这件事情动摇了瑞典在科学上的信心,质疑了瑞典大学处理学术不端的能力。对涉及的 4 位学者来说,这件事情带给他们太多的烦扰,他们希望事件赶快过去,能够重新开展科研。

参考文献

［1］ Editorial Retraction ［OL］，http：//science. sciencemag. org/content/early/2017/05/03/science. aan5763.

［2］ Editorial expression of concern ［OL］，http：//science. sciencemag. org/content/354/6317/1242. 1? ijkey＝962b7776d024336ff614d2dca9 ed59f5bc1cfd9a&keytype2＝tf_ipsecsha.

［3］ Oona M. Lönnstedt，Peter Eklöv. Environmentally relevant concentrations of microplastic particles influence larval fish ecology ［J］，*Science*，2016(352)：1213－1216.

［4］ A groundbreaking study on the dangers of 'microplastics' may be unraveling ［OL］，http：//www. sciencemag. org/news/2017/03/groundbreaking-study-dangers-microplastics-may-be-unraveling.

思考题

1. 这篇文章被撤稿的理由是什么？
2. 你认为朗恩斯特德关于无法提供数据的理由是否可信？
3. 你认为在这个案例中嫉妒起到什么样的作用？

（杨庆峰）

62. 历经 12 年纳米微粒
合成论文被撤回
——纳米领域论文撤回案

　　《科学》发表了一篇纳米微粒合成的论文,但是 12 年之后,也就是 2017 年又决定撤回这篇论文。撤回主要是为了回应一份国家科学基金报告,该报告指出论文作者使用极少的研究实践和错误表达的数据。尽管报告也指出,他们可能并未参与研究不端行为。

　　2004 年《科学》发表了一篇关于纳米微粒合成的文章,论文的作者是布鲁斯·爱顿(Bruce E. Eaton)、丹尼尔·菲尔德海姆(Daniel L. Feldheim)和研究生拉纳·古格利体(Lina Gugliotti),他们都来自北卡罗琳那州立大学。后来爱顿和菲尔德海姆在卡罗拉多大学任教。在论文中他们指出,将选择好的 RNA 序列放到某个东西中会产生六边体形状的非有机物。研究者概括了 RNA 催化这个过程,他们意识到 RNA 擅长合成非有材料,这个发现在新的方向促使 RNA 导向进化领域的出现。

　　这应该是一个了不起的发现,但是北卡罗琳那州立大学的物理化学家和生物化学家斯蒂芬·佛朗则发现了问题。为了能够更好地理解 RNA 调节过程,他试图重复试验但是发现却无法重复,发现 RNA 好像在粒子形成中没有起到作用。佛朗则后来试图与菲尔德海姆、古格利体讨论他的发现,并且尝试与爱顿交流这些信息,但是爱顿却说佛朗则从来没有联系过他。事情似乎陷入罗生门。

2006 年,北卡罗琳那州立大学的一个科研管理者建议,研究的无法复制可能要被评价为科学不端行为。2008 年开始了一项针对性的调查。后来报告中的实验室采用电子显微镜实验来研究粒子的形成、形状和构成。这项报告开始指控菲尔德海姆、古格利体和爱顿,指控的名义是疏忽大意,而不是研究不端。卡罗拉多大学也调查了这件事情,调查的结论是研究方法论以及论文写作方式没有错误。这个结论不同于北卡罗琳那州立大学的调查。同时美国国家科学基金会也开始了调查。

在调查期间,佛朗则要求爱顿和菲尔德海姆在一个技术笔记问题上进行合作,但是爱顿他们否决了这个要求。在爱顿的说明中,他们否决的原因是因为笔记充满了技术错误,以及请求是以最后通牒的方式提出的。面对爱顿的这种合作态度,佛朗则和合作者向《科学》杂志求助,2008 年 9 月他们写信给《科学》,希望能够解决这个问题。在后来《科学》的回信中,菲尔德海姆、爱顿和古格利体声称电子显微镜的重做显示原始数据有效。

参考文献

[1] Science hasn't retracted paper that university, NSF investigators wanted withdrawn [OL], http://retractionwatch. com/2014/01/30/science-hasnt-retracted-paper-that-university-nsf-investigators-wanted-withdrawn.

[2] RNA-Mediated Metal-Metal Bond Formation in the Synthesis of Hexagonal Palladium Nanoparticles [OL], http://science. sciencemag. org/content/304/5672/850.

思考题

1. 在处理学术不端过程中,《科学》起到怎样的作用?
2. 在学术不端处理过程中,论文原作者应该具有怎样的义务?

（杨庆峰）

63. 发现问题　罗格斯大学教授主动撤回博客上的文章

——萨瓦特教授主动撤回论文案

　　在学术界撤稿一般都是指公开发表的学术论文,但是也有一些案例是其他情况,如撤回稿件来自个人博客。美国罗格斯大学的一位计算机教授通过他的个人博客来撤回一篇会议发言,这在学术界并不多见。

　　2017年4月7日,罗格斯大学计算机科学系教授安纳达·萨瓦特(Anand Sarwate)需要撤回一篇发表在2016年电气与电子工程师学会(IEEE)关于声学、语音和信号处理的国际会议论文,这篇论文试图提供数学证据实现通过算法来运行新的实验,但是他发现了一个错误。他在博客里解释了为什么会出现错误:"我想感谢同事卡马利卡·卡得胡瑞,他在一次谈话后将这一发现告诉我。我花了如此长时间做出这份公告是因为努力改正一个错误,试图采用算法来运行新的实验。但是不幸的是,这行不通。"

　　严格说来,萨瓦特所说的这篇论文并没有公开发表,而是发表在个人博客上的扩展摘要。2016年5月19日,萨瓦特把一篇与研究生哈弗兹·阿密特合作的、题为"指向差异——个体原则构成分析的对称矩阵摄动"的论文摘要发给了IEEE。后来他在个人博客上发表了这篇论文。

　　当萨瓦特的公告发表后,引起一些人的关注,调查者找到萨瓦特了解问题的实质。萨瓦特说,他和阿密特发展了处理私人数据的统计工具,他们认为自己能够增加任意噪音到原始数据中达到隐私的临界值。"基本的想法是增加 Wishart 噪音来估计产生关于数据集的第二时刻的矩阵。"但是后来他们发现这个论断是不正确的。因为其他研究者向他发邮件索要计算机代码,萨瓦特公开承认了错误。

谈到这个事件时,萨瓦特解释道,在电子工程领域中,会议发表的论文不被看作真实发表,这形成一种行规。在个人博客发表的论文,是学者正在从事的研究的广而告之。但也有一些人并不这么认为。

在谈到这一错误时,萨瓦特认为他的证据有很多。5 月10 日,萨瓦特说他给 IEEE 内部人员发送邮件,但是论文并没有被撤回。5 月 26 日,萨瓦特说他做出勘误表。"我从 IEEE 得到回复,他们签发了撤回,因为这侵犯了发表原则。我猜想我在这一点上所能做的是把附有勘误表的论文版本放到网站上。"

后来,IEEE 告诉《撤稿观察》,萨瓦特在 5 月 24 日联系了他们,他们正在自行移除网站内容。根据一些证据显示,在同样的网站上有上千篇论文撤稿。IEEE 没有提供撤稿的准确数字。

参考文献

[1] Rutgers prof announces retraction on his blog [OL]. http://retractionwatch. com/2017/06/07/rutgers-prof-announces-retraction-blog.

[2] 文中所提的文章参见 http://ieeexplore. ieee. org/document/7472095/? reload=true.

[3] Retraction for Symmetric Matrix Perturbation for Differentially-Private Principal Component Analysis, ICASSP 2016 [OL]. https://

ergodicity. net/2017/04/07/retraction-for-symmetric-matrix-perturbation-for-differentially-private-principal-component-analysis-icassp-2016.

思考题

1. 你认为发表在个人博客上的论文是否为正式出版物？
2. 你怎么评价萨瓦特撤回发表在个人博客上的文章？

（杨庆峰）

64. 一石双鸟,终遭撤稿
——医学教授重复使用图片案

2017 年 5 月,《神经化学》撤回一篇文章,撤稿的这篇文章涉嫌一图多用的学术不端。各图书馆网站(如"Wiley online Library")、《撤稿观察》等相继发布公告。

《神经化学》发表了这样的公告:"因为这样的事实:在两份不同的发表文章中(Shen 等人 2014 年发表在《神经免疫学》的文章和 Hu 等人 2015 年发表在《神经化学》上的文章),相同的 GFAP 免疫染色图像(immunostaining image)被用来表现不同的实验条件,两张图中亮度明显不同。"根据线索,我们找到了公告所指的图片如下:

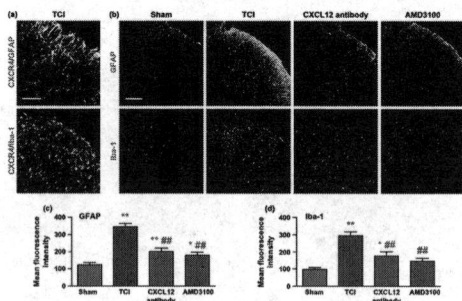

相同的 GFAP 免疫染色图像被用来表现不同的实验条件[①]

[①] 图片来源:https://retraction watch.com/2017/05/26/paper duplicated image sequentially builds neuroscience work authors argue/#more 50126。

这里所提及的被撤稿文章是徐州医科大学麻醉学院教授胡某，所撤稿的文章名为"CXCL12/CXCR4 chemokine signaling in spinal glia induces pain hypersensitivity through MAPKs-mediated neuroinflammation in bone cancer rats"，其中涉嫌重复使用的图像是(b)，这张图像在 2014 年、2015 年的不同文章中被重复使用，而且这些文章明显是基于不同的实验完成的，这两种图仅仅存在亮度的差异。2015 年的文章被引用了 19 次。

面对这一情况，胡某为自己的所为辩护，他解释发表在《神经化学》的文章是以前发表在《神经炎症》上成果的延伸。作者这样辩护自己的行为："起初，我们做实验，写了两份手稿。"在 2015 年的文章中，作者已经解释了当前研究是以前工作的拓展。但是，主编驳斥了这样的解释。

从本质上看，科学研究中与图片有关的问题需要区别对待。有的情况是由于成像技术本身的固有缺陷所造成，因而无法避免。比如，fMRI 成像技术就存在这样的问题。2009 年的一项实验证明这一方法的缺陷。科学家把死鲑鱼放入扫描仪中，结果解读扫描图像显示鲑鱼处于正在看的状态。这是极其荒唐的。根据 2010 年的一篇文章，fMRI 可以探测记忆，但是受假阳性影响。2016 年另一篇文章指出："fMRI 数据处理最常用的软件包产生的假阳性率高达 70%，这令其产生的 40 000 项研究受到质疑。……梅斯医学编辑在 pubmed 上检索发现，至少 34 928 篇文献使用了 fMRI 技术的关键词。"当然，在这里我们主要面对的是非技术因素所导致的图像问题，也就是图像的使用与滥用。事实上，在科学史上这种与图的使用有关的案例并不少见。我们主要区分为两类：第一类是图像复制。根据斯坦福大学教授伊丽莎白·贝克的研究指出，每 25 篇生物医学类论文就有 1 篇含有不恰当的图像重复。这项研究涉及 20 261 篇论文，其研究结果表明：图像重复比例较高，总体比例达到 3.8%,肿瘤类期刊为 12%,细胞类期刊为 0.3%。第二类就是图像篡改。日本的小保方晴子就是在论文中篡改图片而出现学术不端问题,最终辞职并导致所在实验室关闭、导师自杀的后果。这两者的出发点存在明显区别:前者更多是偷懒所致,后者则是为了谋求利益而为之。从结果来看,两者情节有轻重,但是在本质上都触及学术不端的高压线。

参考文献

[1] Hu XM1, Liu YN, Zhang HL, Cao SB, Zhang T, Chen LP, Shen W. J. CXCL12/CXCR4 chemokine signaling in spinal glia induces pain hypersensitivity through MAPKs-mediated neuroinflammation in bone cancer rats [J]. *Neurochem*, 2015(132): 452-63.

[2] Bik EM, Casadevall A, Fang FC. The prevalence of inappropriate image duplication in biomedical research publications [J]. *mBio*, 2016 (7): e00809-16.

思考题

1. 在科学研究中,有哪几类与图像使用有关的学术不端行为?
2. 一图多用存在什么样的问题?
3. 篡改图片会导致怎样的不良后果?

(杨庆峰)

65. 利用特权泄密抄袭，
造成伤害谁来补？
——四川教授著作抄袭案

万某，四川某大学教授，长期从事生物医学工程专业生物材料及人工器官的科研和教学约 25 年。1999 年以来他先后承担国家自然科学基金委员会项目 4 项。2012 年他在四川大学出版社出版著作《材料仿生与思维创新》。

2013 年，国家自然科学基金委员会监督委员会办公室收到举报，反映万某等出版的专著《材料仿生与思维创新》的 189—191 页抄袭他人 2011 年度国家自然科学基金项目申请书《生物启迪的双重仿生表面的构筑及其抗生物粘附作用的研究》中"项目的立项依据"部分。

经调查，万某抄袭他人 2011 年度国家自然科学基金项目申请书；披露未公开的与评审有关的信息，违反科学基金保密规定。经 2013 年 5 月 29 日国家自然科学基金委员会监督委员会四届一次全体委员会议审议，根据《国家自然科学基金条例》第 37 条第 3 款《国家自然科学基金委员会监督委员会对科学基金资助工作中不端行为的处理办法（试行）》第 18 条第 1 款、第 2 款规定，决定：取消万某项目评议、评审专家资格；给予万某通报批评。

万某案例应该引发关注。这个事件牵涉到有待立项的申请书，并且项目评阅专家利用特权获取有待立项的标书。尽管相关部门已经明确了当事人的责任以及受到的惩处,但是余留的问题却值得人们深入思考,如原来申请人的标书如何被泄露、原申请人的权益如何得到保护等。

事实上,有意无意泄露产生的伤害和后果更加严重。对于标书申请人来说,标书没有发表,并不是公开出版物,所以不受知识产权法的保护。如果项目在有关部门(如国家自然科学基金委、国家哲学社会科学办公室等)的评审、公示等环节被"有意或者无意"泄露,那么很难谈到保护。此外,对于被伤害者来说,标书被抄写是难以主张权利的。在与万案相关的众多新闻报道中,《生物启迪的双重仿生表面的构筑及其抗生物粘附作用的研究》的作者仅仅以"他人"的方式被表示;"他人"是不在场的,其权益被保护与否、受到多大伤害都是被忽略的。所以,在伤害产生的现象中,我们会发现尽管泄露人受到了惩罚,但是受害人却无法得到保护。

2015年新浪网的一篇文章指出了这一点:"但是,面对确凿的申请书'流出',以及赤裸裸的交易,有关部门还应该彻查,比如那些抄袭者为何能够得到他人的申请书? 另外,对申请书的版权,是否该予以某种形式的保护?"这个问题提得好,但是却很难回答。毕竟申请书是未公开出版的成果,不具备受保护的主体资格。在通常情况下,受害人仅能得到道德上的问候和关切。

参考文献

[1] 抄袭他人项目申请书 四川某大学万昌秀被通报[OL],http://edu.ifeng.com/gundong/detail_2013_08/02/28181836_0.shtml.

[2] 谁泄露了被抄袭的项目申请书[OL],http://news.sina.com.cn/o/2015-01-06/065931364393.shtml.

思考题

1. 你觉得在万某案例中，与一般抄袭不同的地方是什么？
2. 如何保护未出版的申请书原著者的权益？

（杨庆峰）

66. 伪造不实信息，最终事发被惩处

——湖北高校教师伪造信息案

2013年7月3日，国家自然科学基金委员会网站、中国教育和科研计算机网等多家媒体公布了关于学术不端的一些案例。在众多的学术不端案例中，大多集中在化学、医学等学科，而工程学科较为少见。下面的案例则刚好是关于环境工程的。

郝某，男，湖北英山人，湖北某高校教师。获生态学专业硕士学位、环境工程专业博士学位。主要研究方向为污染生态修复及生态系统中危险物质(主要是重金属)生态风险评价。

2008年以来，郝某想尽办法伪造信息、申报国家自然科学基金课题。2011年，他成功获取面上项目"外源激素对超富集植物蜈蚣草砷富集调控的研究"(批准号41171256)。2012年，他继续申报相关课题。在申请书中，他伪造了多处信息：①伪造虚假SCI论文。他伪造虚假署名的6篇SCI论文作为研究基础，同时捏造了1篇从未发表的论文，在此基础上项目获得批准，然后继续申报下一年度课题。②伪造虚假访问学者身份。郝某从未出境，却在申请书中说自己是澳大利亚访问学者。③伪造虚假导师身份。郝某没有硕导资格，却将自己说成硕士生导师。这些伪造都已经被国家自然科学基金委员会监督委员会办公室查实。

经2013年5月29日国家自然科学基金委员会监督委员会四届一次全体委员会议审议，根据《国家自然科学基金条例》第34条

及《国家自然科学基金委员会监督委员会对科学基金资助工作中不端行为的处理办法（试行）》第 16 条第 2 款、第 3 款规定，做出了如下处罚决定：撤销郝某 2011 年度课题，追回已拨经费；取消郝某国家自然科学基金项目申请资格 4 年（2013 年 5 月 29 日至 2017 年 5 月 28 日）；给予郝某通报批评。

遗憾的是，根据后续报道，郝某所在高校并未有跟进行动，没有对其进行相应的惩处。究其原因是机制衔接问题，国家自然科学基金委员会的处罚决定对于地方高校而言，其有效性受到质疑。因为这些高校的管理机构是各省市教育厅，而这些管理机构由教育部分管。在某种意义上，国家自然科学基金委员会是无权监督、建议这些机构的管理工作。当然，2016 年，在教育部颁布的《高等学校预防与处理学术不端行为办法》中，也只有第 18 条涉及项目资助方在处理学术不端现象的作用，"被调查行为涉及资助项目的，可以邀请项目资助方委派相关专业人员参与调查组"。这说明项目资助方所做出的惩处措施对于高校而言并无太多影响力。

参考资料

[1] 熊丙奇：通报学术不端不应回避学者所在机构［OL］，http://learning. sohu. com/20130805/n383378479. shtml.

[2] 基金委公布典型学术不端案例［OL］，http://tech. hexun. com/2015 - 01 - 26/172755264. html.

[3] 高等学校预防与处理学术不端行为办法［OL］，http://www. moe. edu. cn/srcsite/A02/s5911/moe_621/201607/t20160718_272156. htm.

思考题

1. 在郝某案中，伪造信息的情况有几种？

2. 你认为对郝某的处理,有哪些可以改进的地方?

3. 你认为项目资助方在学术不端中能够起到什么作用?

(杨庆峰)

67. 实事求是　主动撤回存在瑕疵的论文

——李长明教授主动撤回问题论文案例

李长明教授,博士生导师。美国医学与生物工程院院士,英国皇家化学学会会士,国家"千人计划"特聘教授,西南大学洁净能源与先进材料研究院院长,重庆市洁净能源与先进材料实验室主任。1986 年获武汉大学博士学位,曾就职于美国摩托罗拉公司,期间共获 50 多项发明专利,是美国摩托罗拉公司最高科学技术奖"美国摩托罗拉杰出发明人铂金徽章奖"获得者。2003 年起任职于新加坡南洋理工大学,曾任南洋理工大学终身正教授、生物工程系系主任、先进生物纳米系统中心主任。由于在研究和创新领域为新加坡南洋理工大学做出杰出贡献,曾获得"南洋研究和创新奖"。基于其在学术上的不懈追求和对生物医学、纳米科学的卓越贡献,于 2010 年被美国医学生物工程院遴选为院士。李长明同时也是英国皇家化学学会杂志 *RSC Advances* 的编辑委员会成员和 *Nanoscale* 的顾问委员会成员、《功能材料》编辑委员会特聘编委(终身)。

2015 年,李长明主动撤回了一篇发表在 *Physical Chemistry, Chemical Physics*(PCCP)题为 "Light-controlled resistive switching memory of multiferroic $BiMnO_3$ nanowire arrays" 的论文。在撤回公告中,李长明指出:"我作为通讯作者完全撤回该文,它不是经过我的允许被提交和发表的。……在分析中,这些高峰不

正确地被解释为 Ti 基质的模式,因此被看作背景的部分并且被移除。通讯作者并不知道这些变化。……这让我开始怀疑自己的解释和发现,我的研究团队根据我们自己的方法和重复 XRD 分析来重新合成物质。……由于用来形成所报告的纳米线列阵材料特性的不确定性,它将严重损害所报告结论的有效性,我撤回该文。"

在解释撤稿情况的时候,李长明指出了非常重要的两点:

该文章发表他毫不知情,而且也没有同意。根据通告,第一作者孙柏将他的工作放在 2007 年的论文中,那篇文章使用不同方法考虑了同样的纳米线阵列。当孙柏在 2007 年的文章内从原始数据中识别 3 个高峰,他把它们归结为纳米线阵列已经生成的物质。因此,孙柏相信高峰成为背景并把它们从对象中移除。公告指出,李长明并没有意识到这些改变。

这篇文章的相关数据无法支持结论,鉴于科学精神,他主动撤回该文。他在通告中指出,由于没有充足证据识别文章中所提到的纳米线列阵构成,会严重削弱结论的有效性。为了获得正确的结果,李长明和他的工作团队决定使用原文补充信息中描述的方法合成物质,以及重新分析纳米线阵列的构成。这次他们概括了孙柏从原始评价中抹除的 3 个高峰。在新的分析中,李长明概括了纳米线事实上不是由 BiOCl 构成的,甚至也不可能是 $BiMnO_3$。考虑到这种不确定性,李长明决定撤回论文。当然,这篇文章后来被引用 40 次。

当然,公告并没有显示孙柏是如何没有经过李长明的同意而提交投稿,李长明没有做出说明,也无法联系到孙柏本人。

参考文献

[1] 西南大学洁净能源与先进材料研究院院长李长明院士来重庆大学作报

266

告[OL]，http：//edu. ifeng. com/gaoxiao/detail＿2012＿11/27/19576525＿ 0. shtml.

思考题

1. 面对文章中的错误，李长明院士团队是如何处理这件事情的？
2. 李长明院士发现论文中的错误之后第一时间撤稿，你从中学习到什么？
3. 在文章署名的时候，为什么需要得到合作者的同意？

（杨庆峰）

医科案例篇

　　长期以来,在人们的心目中,科学是诚实的事业,科学家是诚实的人。然而,20世纪八九十年代以来,在世界各国科学界接二连三揭露出来的剽窃、篡改和捏造等种种科研不端行为的事实,大大动摇了人们的这种信念。

　　美国研究诚信办公室顾问、密歇根大学科学史家斯坦尼克曾做过一项时间跨度达20年的有关科研不端行为的研究。2000年,他在发布的总结报告中指出,在科学研究中存在着比例相当的"严重不端行为","其程度达10％或更高"。至于像篡改数据、论文署名不实等问题几乎普遍存在。尤其在医学领域,这种情况的"发生率高得惊人"。

　　2010年,《医学伦理学期刊》上的一篇文章显示,在过去10年中,生物医学领域至少有788篇论文被撤销。有的是因为科研不端,如伪造和篡改实验数据;有的是因为数据分析草率而造成结论错误。据报道,蓄意造假者往往是屡犯,他们把目标锁定在高影响因子刊物,并掺杂很多合作者的名字以图在"东窗事发"时减轻自己的责任。无独有偶,同年,《科学家》网站也公布了年度十大论文撤销事件,一些发表在《自然》、《科学》、《柳叶刀》等顶级刊物上的论文被曝光,连诺贝尔奖得主、哈佛大学教授等有头有脸的人物都被揪了出来。讽刺的是,有些论文曾得到诺贝尔奖得主的力挺和同行的大量引用,甚至被《科学》杂志的主编吹捧。

2012年10月1日,在美国《国家科学院学报》网络版上有一篇研究报告指出,过去30年来,生物医学领域的论文撤稿事件急剧增加,其中2/3以上是由科研不端行为造成的。与1975年相比,在所有已发表论文中,学术造假或涉嫌造假而被撤的论文所占比例已增加了10倍。研究人员分析了截至2012年5月的2 047篇被撤稿的生物医学领域论文,结果显示,可归因于科研不端行为的撤稿高达67.4%。生物医学领域的科研不端行为真是触目惊心。

种种科研不端行为产生的大量"学术泡沫"和"学术垃圾",严重玷污了医学原本的神圣光洁,严重影响了医学研究的健康发展。在高影响因子期刊发表论文固然能给科学家带来很多好处,但是一旦这些论文存在科研不端行为,后果往往极其严重。比如2004年诺贝尔生理学或医学奖获得者琳达·巴克教授2001年发表在《自然》上的一篇论文,9年后被一些同行反映实验结果不能被重复,在多方压力之下,她不得不撤稿。这篇论文发表后,在学术界产生了重要影响,它已被世界各地的研究人员引用达138次之多,这次撤稿带来的恶劣影响是难以估计的。科研不端行为不仅影响研究人员个人的学术声誉,也会殃及相关的实验室和研究领域,影响到整个国家的科技发展水平,并且有损科学形象,败坏社会风气。

医学是为人类生命和健康服务的科学,医学基础研究能够为疾病的临床治疗提供扎实的理论基础,医学科研成果终将应用于人类,一旦医学科研诚信出了问题,就会歪曲人们对疾病和健康的认知,置患者于错误甚至有害的临床治疗中,这将直接或间接地严重危害公众的生命和健康,乃至威胁到整个社会的发展。

科研不端行为的发生不是偶然的,除了与科研人员自身的因素有关外,制度措施不健全、法律法规不完善,以及急功近利、浮躁的不良科研环境也是重要原因。医学领域科研不端行为的频繁发生,也与医学研究的本身特点有关。医学研究的对象是人,而人是自然界最高级的生命形式,人的生命活动是一个极其复杂、充满奥秘的过程。此外,影响人类健康的因素也是多种多样的。现代医学研究的重要方法是实验,通过各种实验来解释生命现象、阐明生命机制。而医学对象本身的复杂性,使许多现象在现有的理论框架和技术条件下难以得到令人满意的解释。实验本身可能存在很多不可控的未知因素,许多实验重复同样的操作往往也难以得出相同的结果。例如在遗传学研究中,由于遗传异质性和外显率等因素的影响,表现相同的患者用同样的实验条件却可能得出完全不同的结果。为了得到理想的实验结果,研究人员可以方便地删除个别偏差大的数据,拼凑、篡改、捏造数据,或是对图像结果进行技术上的处理。当屡次实验仍未成功时,这种实验结果的易造假性会诱使有的研究人员做出违背科研诚信的行为。而造假以后,由于医学研究的复杂性,其实验复制率差可能会被归结于实验条件不同、未知因素影响等原因。论文的审稿人及杂志编辑在辨别论文的真实性方面面临极大的困难。如果同行不深究实验设计,则很难发现实验数据存在造假。这就给医学科研不端行为带来了相当的隐蔽性和可乘之机。

正如"上医治未病"一样,在医学科研诚信问题上,积极的做法是不要等到事情发生了再去调查处理,而是要通过宣传教育来预防科研不端行为的发生。作为科研工作者,必须加强科研道德自律,坚守科研道德诚信,以严谨求实的科学态度和科学精神对待科学研究。特别是医学研究生,作为今天的习医者、未来的从医者,要在功利浮躁的社会环境中淡泊名利,拥有"十年磨一剑"的雄心抱负和"板凳须坐十年冷"的沉稳心态。在医学研究中善于剥茧抽丝,勇于克服困难,努力寻求科学真谛。在项目申请、项目实施、成果形成、成果评价和成果发表的各个阶段,杜绝剽窃、篡改和捏造等种种科研不端行为,以医学史上的优秀科学家为榜样,弘扬科学精神,养成严谨治学、潜心钻研的学术习惯,迈好学术生涯第一步。

(刘学礼)

68. 神奇的"婚姻瘤"
——卡玛尔和他的产婆蛙

1926年9月23日,在奥地利维也纳附近霍赫尼伯格一条僻静的小道上,一位穿着讲究的中年绅士用手枪对准自己的脑袋。这个绅士就是奥地利动物学家卡玛尔(Paul Kammerer)。

卡玛尔1880年8月17日出生于奥地利维也纳,早年在维也纳大学学习音乐,后转攻生物学,毕业后留校,在生物实验研究所从事两栖类和爬行类动物的研究。他在养殖这类动物方面具有高超的技术,其他人望尘莫及。除了科研之外,他的社会活动也很活跃。

在20世纪20年代,生物学界流行的是英国博物学家达尔文、德国遗传学家魏斯曼的学说,认为生物个体适应环境发生变异(比如,铁匠由于经常干力气活,胳膊就会变粗),但这种后天获得性的变异并不会遗传,只有遗传因子变化发生的变异才会遗传。与这种学说对立的少数派——拉马克学派却竭力支持获得性遗传理论。卡玛尔就是其中的代表之一,他一生中的大部分实验都在努力证明该理论。但是,旱地产婆蛙"婚姻瘤"的学术造假事件最终使他成为"被一只蟾蜍毁了整个学术事业的男人"。

从1903年起的5年时间里,卡玛尔以两种欧洲产的两栖类动物鲵鱼为实验材料,将它们饲养在不同的自然环境中,希望使它们的生殖方式发生变化,并能遗传给后代。接着,他将杂色的鲵鱼继续饲养在黑土上,发现这些鲵鱼体色的黄斑渐渐消失,全身变成了黑色。相反,将它们饲养在黄土上,这些鲵鱼体色的黄斑慢慢变大,全身变成了黄色。

卡玛尔一生最为有名的实验是关于产婆蛙的实验。众所周知,大多数蛙类都是在水中交媾而完成传宗接代的使命。所以,到了交配期,雄蛙的足趾尖上会长出一种黑色角状的疙瘩,俗称"婚姻瘤",雄蛙正是靠它紧紧地抱住雌蛙光滑的背部。卡玛尔做了一个别出心裁的"实验":强迫旱地产婆蛙在水中或湿地里进行交媾。表面看来,虽然产婆雄蛙没长"婚姻瘤",也可实现交媾,但卡玛尔发现,长期在水中或湿地环境中繁衍后代的雄蛙,竟然长出了"婚姻瘤"! 更惊喜的是,它们还能将这一后天获得的特性遗传给后代。

1919 年,这一发现一经公布,立即作为支持拉马克学说的有力证据,引起了生物学界的轰动,尤其在当时信奉获得性遗传理论的苏联更是得到了高度称赞,当然也遭到了许多人的质疑和反对。1923 年,卡玛尔将最后一只改良的产婆蛙带到了英国,犹如掀起了一股巨浪。卡玛尔的拥护者与反对者无法就他们面前的这只蛙达成共识。在这场争辩中,双方势均力敌,难分输赢。

一晃 3 年过去了,有关当局授权美国自然历史博物馆馆长诺布尔成立一个生物学者委员会,对卡玛尔保存的产婆蛙标本进行调查。诺布尔小心翼翼地拿起这只出了名的蛙,反反复复地左看右看,可就是看不到"婚姻瘤"的痕迹。当诺布尔将蛙的左前腿解剖开来之后,一下子惊呆了:蛙腿里面竟然注入了黑色墨水。诺布尔很快意识到,这大概是人为制造的"婚姻瘤"。1926 年 8 月 7 日,诺布尔将其发现以通讯报道的形式发表在著名的《自然》杂志上,指出卡玛尔所谓的"婚姻瘤"因为没有特有的针状突起物,其实不是"婚姻瘤",蛙腿上发黑的东西是从外部注进的黑色印度墨水形成的,卡玛尔的产婆蛙实验结果是弄虚作假的结论。

1926年9月23日,在一片谴责声中,顶着巨大精神压力的卡玛尔终于用枪给自己的生命画上了句号。在他身后留下一封遗书,发誓造假非他所为。然而,不管是墨水捣的鬼,还是事出偶然,反正有一件事是确定无疑的:谁要想用卡玛尔实验来论证拉马克学说,那根本是没有指望的。卡玛尔一生的荣誉因这次造假事件毁于一旦。如今一般人对卡玛尔感到很陌生,而产婆蛙学术造假事件却因其影响巨大、性质恶劣,被列入历史上最无耻的科学造假事件之一。卡玛尔的自杀也为这一典型的学术造假事件做了注脚,正如美国学者克拉默早在1896年就说过的:"从长远来看,一个诚实的科学家是不吃亏的,他不仅没有谎报成果,而且充分报道了不符合自己观点的事实。道德上的疏忽在科学领域里受到的惩罚要比在商业界严厉得多。"

参考文献

[1] Paul Kammerer, https://en. wikipedia. org/wiki/Paul_Kammerer.

[2] 米歇尔·德普拉孔塔著. 袁俊生译. 孤独的真相——震惊世界的科学大骗局[M]. 重庆:重庆大学出版社,2011.

[3] 市场泰男著. 李耕新译. 科学史上的九十九个谜[M]. 太原:山西人民出版社,1980.

[4] 威廉·布罗德,尼古拉斯·韦德著. 朱进宁,方玉珍译. 背叛真理的人们:科学殿堂中的弄虚作假[M]. 上海:上海科技教育出版社,2004.

思考题

1. 为什么卡玛尔一定要使旱地产婆蛙腿上长出"婚姻瘤"呢?

2. 为什么有人会认为"道德上的疏忽在科学领域里受到的惩罚要比在商业界严厉得多"？

3. "被一只蟾蜍毁了整个学术事业的男人"这句话给我们哪些教训？

（刘学礼）

69. 谎言好似肥皂泡

——勒伯辛斯卡娅"新细胞学说"的破产

细胞是生物体的基本结构和功能单位,那么,细胞又是如何起源的呢?

1858年,就在德国植物学家施莱登和动物学家施旺创立细胞学说整整20年后,德国科学家微耳和出版了《细胞病理学》名著,书中明确提出"细胞来自细胞"这个重要论断。那么,最初的细胞又是从何而来? 微耳和最终并没有给出这个问题的答案。

1945年,正当科学家们努力解开细胞起源的谜团时,一部名为《细胞起源于生活物质以及生活物质在有机体中的作用》的专著问世,它的作者是苏联女生物学家勒伯辛斯卡娅。

勒伯辛斯卡娅早年攻读医学,"十月革命"胜利后从事行政工作,也曾在医学院组织学实验室工作过。1934年,63岁的勒伯辛斯卡娅开始从事细胞起源的研究。她以鸡蛋和鲟鱼的卵细胞、水螅等作为研究材料,声称在实验中发现了鸡的卵黄球会发展成为鸡的内胚层细胞;鲟鱼的卵细胞在发育过程中经历过无细胞核的阶段,而无核的卵细胞又会发展成为有核的卵细胞;将水螅均浆离心后非细胞的"生活物质"形成了细胞。

1945年,勒伯辛斯卡娅撰写了《细胞起源于生活物质以及生活物质在有机体中的作用》一书,对自己的研究工作做了总结,宣布发现了一种非细胞形态的"生活物质",能够演变为细胞。她将自己的

"发现"冠名为"新细胞学说",并认为这个"新学说"一举推翻了"细胞来自细胞"的论断。

勒伯辛斯卡娅关于非细胞性的"生活物质"是生物体主要结构要素的"新细胞学说"刚一提出时,就有人指出她的实验是不可信的。1948年,有13位科学家联名提出对勒伯辛斯卡娅所谓的实验进行了验证。来自细胞学、组织学、胚胎学、遗传学领域的各路科学家对"新细胞学说"进行了质疑和驳斥。

勒伯辛斯卡娅说她发现了鸡的卵黄球会发育成为鸡的内胚层细胞。这早在18世纪下半叶就有人提出过,但从未得到过证实。她的发现也未得到过任何人的证实。用标记氨基酸进行的实验显示,卵黄球根本没有进行蛋白质合成的能力,更谈不上发育成细胞了。勒伯辛斯卡娅说她发现鲟鱼的卵细胞在发育过程中经历过无细胞核的阶段。有科学家的研究报告表明,鲟鱼卵细胞在任何时候都是有核的,她之所以认为某个时期没有细胞核,只不过是因为鲟鱼卵很大、核很小,切片操作粗糙而未能获得有核切片的缘故。勒伯辛斯卡娅说她把水螅匀浆离心后发现非细胞的生活物质形成了细胞。许多科学家努力重复这一实验,但从未见到这个过程有细胞的发生。深入研究说明,勒伯辛斯卡娅所谓可以演化为细胞的"活质小球",其实不过是水螅吞食了剑水蚤体内的蛋白脂肪球而已。

本来是荒谬的、毫无根据的谎言,却被某些权威机关、政治势力捧上了天,报刊杂志为响应当权者的号召,竟也为"新细胞学说"摇旗呐喊。时任全苏农科院院长的李森科亲自为勒伯辛斯卡娅的专著作序,盛赞她的发现是对科学的伟大贡献。尽管许多科学家对勒伯辛斯卡娅的"新细胞学说"进行过质疑、反对和批判,但因为有上级领导的撑腰,勒伯辛斯卡娅的学说依然走红,并被写进大学教材,成为生物学的基础理论之一。1950年,苏联科学院主席团和苏联医学科学院主席团联合做出决议,宣布勒伯辛斯卡娅的工作是"伟大的成就"和"不朽的真理",号召生物学家和医学家在此方面进行研究。同年,勒伯辛斯卡娅也赢得了斯大林奖金一等奖。政府的行政命令果然使一些科学家按照勒伯辛斯卡娅的研究方法进行大量重复性实验,但是结果证明她的研究工作几乎都是错误的,没有一项实验能够确认或者重复。

谎言总归是谎言。1955年4月,著名科学家叶利谢夫在综合许多科学家实验的基础上,在一次大会上郑重宣布:勒伯辛斯卡娅的"新细胞学说"没有得到科学实验的证实,这一学说纯属荒谬!至此,勒伯辛斯卡娅的"新细胞学说"终于在喧嚣一时之后像肥皂泡一样破灭,而苏联当局的权势支持错误的谬论,也在现代世界科学史上留下了贻笑大方的话柄。

参考文献

[1] 谢真元,门岿编著. 科学家的遗憾[M]. 天津:天津科技翻译出版公司,1998.

[2] 樊洪业著. 科学业绩的辨伪[M],上海:上海人民出版社,1982.

思考题

1. 勒伯辛斯卡娅"新细胞学说"的事实依据是否可靠?

2. 为什么一个谎言也能在那时的苏联成为"伟大的成就"?

3. 通过该案例谈谈科学与政治的关系。

(刘学礼)

70. 美国科学界的"水门事件"

——萨默林和他的"涂色老鼠"

1974 年,美国前总统尼克松因"水门事件"被迫宣布辞职,一时举世震惊,美国公众对于政界的信任度急剧下降。让人们没有想到的是,就在同一年,一向受人尊敬的科学界也爆出特大丑闻。遐迩闻名的斯隆-凯特林癌症研究所的研究人员萨默林(W. Summerlin)给实验老鼠涂色,通过卑劣的欺骗手段为自己从事的皮肤移植研究提供"证据"。萨默林事件引起了学术界的强烈震动,许多报刊将这件丑闻称作"美国科学界的水门事件"。

萨默林 1939 年出生在美国南卡罗莱纳州的一个小城镇,早年在亚特兰大的埃默里大学就读医学专业,毕业后先在得克萨斯州的一家医院做外科实习医生,在斯坦福大学医学院做了 4 年的皮肤科住院医生。在斯坦福期间,萨默林着手从事皮肤的生物化学研究,虽然他对自己的工作充满信心,但苦于弄不到科研经费,无法按照自己的思路开展研究。1971 年夏天,他来到明尼苏达大学,加入古德(Robert Good)负责的免疫学研究团队。

古德是美国声名显赫的医学家,尤其在免疫学领域独树一帜。1973 年 3 月《时代》周刊曾经把古德作为其封面人物,详细介绍了他在免疫学方面的卓著成就。古德还是一位具有很强组织能力的实验室主任。在 5 年时间里,他与别人联名发表了将近 700 篇学术论文。当然,这项业绩凝聚了他手下一大批研究人员的辛勤汗水。

古德习惯在他手下撰写的论文中署上自己的名字,不过,作为一个部门的头头,他与合作者们的接触并不多。他常常外出旅行,而当他在学校时,手下的几十号人争着找他,希望能得到他的关注。萨默林来到古德实验室不久,古德带着他手下的 50 个研究人员离开了明尼苏达大学,应邀赴纽约接任斯隆-凯特林癌症研究所的所长职位,成为那里科研工作的最高领导。

斯隆-凯特林癌症研究所是由著名慈善家斯隆于 1945 年捐资创建的。1960 年,该研究所与纽约癌症医院合并,成为教学、科研和医疗"三位一体"的大型医学中心。这里设备先进、资金雄厚、人才济济,成为世界上癌症研究和治疗的前沿阵地,其优越的科研环境更像磁铁般地吸引着许多科学精英来此一展身手。但在那几年,研究所的科研水平和学术声誉曾一度下滑。古德受命于临危之际,背负着很大的压力。萨默林跟随古德来到斯隆-凯特林癌症研究所,从此成为一个专职的研究人员。尽管古德仍然还在萨默林撰写的论文上署名,但是萨默林也在谋求经济上的独立,富裕的科研经费激励着他继续从事器官移植研究中他自以为已有的突破性工作。

众所周知,器官移植面临的一大科学难题就是排异反应。将某个人(供体)的器官移植到另一个人(受体)身上时,通常会出现免疫排异反应:受体的免疫系统会识别出外来的器官不属于自己,而是入侵者的,从而会试图去消灭它。这是因为在人体每个细胞的表面都存在一组独特的组织相容性抗原 HLA,免疫系统能够分辨 HLA 是属于自身的还是外来的,那些带着外来的 HLA 的细胞将被免疫细胞杀死。因此,在做器官移植时,除了要尽量让供体与受体的 HLA 配型较好外,还要设法抑制免疫排异反应。

1973 年 3 月,在由美国癌症学会举办的一次研讨会上,萨默林声称,把器官从供体分离出来后,在移植之前先放在营养液中泡 1 周左右,将会使其细胞丧失一部分 HLA,因此能大大减轻移植后的排异反应。他宣布,用这种方法对两只没有基因关系的老鼠进行了实验,成功地将黑色老鼠的皮肤移植到了一只白色老鼠的身上。

第二天的《纽约时报》在第3栏的醒目标题下刊登了一条激动人心的消息:"实验室的发现可能帮助解决器官移植问题。"一夜之间,萨默林从默默无闻的小字辈一下子跃升为大名鼎鼎的科学明星。之后,萨默林申请了一份可运行5年的高达131 564美元的科研经费。

尽管新闻媒体做了宣传报道,萨默林在学术会议上也做了动人的演讲,但其他研究人员怎么也重复不了他的实验结果。斯隆-凯特林癌症研究所有位免疫学专家被专门指派过来重复萨默林的实验,同样也是毫无结果。于是,人们不得不对萨默林的工作打上一个大大的问号。扮演着这项研究的学术支持人角色的古德则凭借他本人的地位和声望,说服了一些同行,但最难办的是说服英国著名免疫学家梅达沃。

梅达沃曾因器官移植的出色研究而荣膺了1960年诺贝尔生理学或医学奖,他也是斯隆-凯特林癌症研究所董事会的成员。其实,梅达沃对萨默林的研究极感兴趣,但他和他的同事按照萨默林的方法重复实验,却无论如何都得不到萨默林所宣称的结果。梅达沃有一股咬定青山不放松的执拗劲儿,他一定要找出问题的答案。

1973年10月,萨默林在向董事会报告他关于角膜移植的工作时,向与会者展示了一只据他说双眼已经做过角膜移植的兔子。正像梅达沃后来描述的那样:"这只兔子的眼睛透明度很好,它看着董事会成员时,眼光笔直而坚定,这样的凝视只有知觉完全清醒的兔子才能做到。我不相信这只兔子接受过任何移植,这倒不是角膜的透明度完好无损,而是因为角膜周围那圈血管分布根本就没被动过。可是在当时我没有勇气指出我认为我们都上了当。"

后来,古德也开始对萨默林的研究成果将信将疑,他让萨默林实验室中的一位研究人员撰写一篇报告,宣布萨默林的某些实验无法重复。此时,萨默林很紧张,但他仍然企图蒙骗过关。他在去古德办公室的途中,用一支书写标签用的黑色毡制粗头笔,在一只白鼠的皮肤上涂上几个黑块,以此假冒新移植的黑鼠皮肤。遗憾的是,古德并没有注意到萨默林暗地里所做的这些手脚,他再次上当受骗,考虑撤销那份报告。但是,当这两只老鼠送到高级实验室助理马丁的手里时,这位细心的助理发现那只白鼠的黑色植皮有点异样,他用酒精清洗之后,白鼠身上这些所谓的黑色植皮竟然变成了白色。马丁迅即将这一情况报告了古德。

斯隆-凯特林癌症研究所成立了由6位专家组成的调查委员会来专门负责审查萨默林的工作及其造假嫌疑。通过对17位相关人员的电话质询和面谈,调查委员会获得了可靠的宣誓书和书面声明,并与萨默林进行了大约8个小时的谈话。调查结果认定萨默林在科研中的学术不端行为,萨默林立即遭到停职处理,他的学术造假行为在一场新闻发布会后大白于天下。萨默林最终被逐出医学界,不得返回。调查委员会认为,对萨默林事件,尤其是在萨默林的实验结果尚未被充分证实之前,就允许媒体大肆宣扬,在这个问题上古德应负有一定的责任。调查委员会还指出:"几位调查人员在重复萨默林的实验时遇到了很大的困难,他们指出萨默林不诚实,而古德对此却置若罔闻。"

作为萨默林的导师和上级,古德不可避免地受到牵连和指责。不过,尽管调查委员会和风细雨地指责了古德,但他们最终还是以某些理由原谅了他,比如,像他这样一个身居高位、公务繁忙的行政官员不可能去监督一个下级同事,以及"通常相信合作者是诚实和可信赖的"这一点很难使他想到"造假"这个字眼。古德并没有辞职,到了1985年,他成为佛罗里达州圣彼得斯堡市儿童医院的主任医生,并且在南佛罗里达大学做研究教授。

科学家有句行话:"要么公开成果,要么消失于无形。"话虽说得绝对,却也反映出科学家们想要赢得荣誉和博取同行尊敬的欲望是多么的强烈,他们身处的竞争体制又是多么的残酷。在这一点上,萨默林多少还是有一些值得同情的。但不管怎样,造假行为乃是对科学的玷污,对真理的背叛,是不能被原谅的丑恶行径。

　　事情总有两个方面,正是萨默林事件促进了美国科学界对科研体制、学术道德的反思和建设。就在当年,美国国会便提出要求:所有接受国家科研基金资助的研究机构均要建立科研伦理评价委员会,一整套关于科研道德规范的制度开始逐步形成,这也许是"美国科学界的水门事件"留给我们的最好遗产吧。

参考文献

[1] 贾德森著. 张铁梅,徐国强译. 大背叛:科学中的欺诈[M]. 北京:生活·读书·新知三联书店,2011.

[2] 威廉·布罗德,尼古拉斯·韦德著. 朱进宁,方玉珍译. 背叛真理的人们:科学殿堂中的弄虚作假[M]. 上海:上海科技教育出版社,2004.

[3] 中国科学院编. 科研活动道德规范读本(试用本)[M]. 北京:科学出版社,2009.

思考题

1. 篡改或伪造实验标本或数据,为什么是科学活动中极其严重的学术不端行为?

2. 古德在萨默林造假事件中应当承担什么责任?

3. 新闻媒体在报道科学家研究成果时应该注意些什么?

（刘学礼）

71. 使整个耶鲁蒙羞的事件
——索曼和费立格间接剽窃案

1978 年 11 月，美国耶鲁大学医学院医学系副主任费立格
(Philip Felig)收到世界顶尖医学刊物——《新英格兰医学杂志》的
一份邀请函，请求这位著名内分泌学家审阅一篇投递来的稿件，该
论文的作者是美国国立卫生研究院罗思实验室年方 29 岁的女研究
人员罗巴德，论文的题目是"神经性厌食症中的胰岛素受体异常：
与肥胖症相反的现象"。罗巴德的顶头上司、著名糖尿病家罗思也
在论文上署了名。费立格在阅读了罗巴德的论文稿之后，不顾杂志
社的有关规定，将其转给了他的助手索曼。

37 岁的索曼(Vijay R. Soman)是一位来自印度的研究人员，
1971 年他来到美国，5 年后终于得到耶鲁大学医学院的正式聘用，
有幸在著名的费立格实验室工作。在同事们眼中，他"能干、正直、
诚实"。来到耶鲁短短的几年内，索曼已经和他人合作发表了 14 篇
论文，并从国立卫生研究院获得了近 10 万美元的科研经费资助，颇
得费立格的赏识。巧合的是，在索曼主持的科研项目中，有一项与
罗巴德的研究课题是相同的，也是关于胰岛素对神经性厌食症患者
作用的研究。但在最初的两年内，索曼的研究工作几乎停滞不前。
此时，他手拿着罗巴德的论文如获至宝，而且论文的内容表明，罗巴
德的研究已遥遥领先，这也使索曼竞争的压力油然而生。他私下将
罗巴德的送审论文复印了一份，并对罗巴德的论文做出负面评论。

在阅读了罗巴德的稿件后,索曼开始忙于为自己的研究收集数据,他最终只是将罗巴德的论文改头换面,便变成他自己的论文。与此同时,费立格将罗巴德的稿件退回《新英格兰医学杂志》编辑部,并签署了建议不予采用的意见。于是,杂志编辑便将稿件退还罗巴德,表示此文暂不能发表。罗巴德对此深感失望,却也无可奈何。她哪里知道,导致她的论文"暂不能发表"的负面意见,是来自耶鲁大学医学院的两位同行与竞争对手的索曼和费立格。

1978年12月底,也就是费立格和索曼审阅罗巴德稿件的1个月后,由费立格任编委的《美国医学杂志》收到一篇寄自耶鲁大学医学院的稿件,题为"胰岛素与单细胞的结合及胰岛素在神经性厌食中的敏感性"。该文的第一作者正是索曼,他的导师费立格作为"合作者"也名列其中。当然,即便是署着费立格鼎鼎大名的论文也必须要送出去请专家审阅。《美国医学杂志》编辑部收到该稿件后,按规定寄请相关专家评审。鬼使神差的是,其中审稿人之一正是国立卫生研究院罗巴德的上司罗思,罗思随即又将稿件转请熟悉此项研究的他的助手罗巴德评阅。

翻阅着索曼的送审论文,罗巴德不由心头一紧,她惊讶地发现,该文中的许多内容几乎与她之前投给《新英格兰医学杂志》的论文如出一辙,其中甚至包括她所设计的计算每个细胞胰岛素受体数目的公式等研究成果。这是一例再明显不过的学术剽窃事件,而她的论文不曾发表过。据此,罗巴德准确推断,索曼的论文合作者费立格就是不公正评审了她的论文,并竭力阻止了她的论文发表的那个权威。她立即向《新英格兰医学杂志》写信,揭发费立格和索曼卑鄙的剽窃行径,同时寄去了索曼的送审论文复印件。《新英格兰医学杂志》资深编辑雷尔曼一看就明白了事件的性质。他怀着惊奇和失望的心情,拨通了费立格的电话,告诉他罗巴德的指控,以及索曼和他合作的论文中的剽窃事实。

当《新英格兰医学杂志》编辑部找费立格调查时，费立格却谎称他和索曼在收到编辑部寄来的罗巴德论文之前，就已经完成了该内容的研究工作。俗话说"做贼心虚"，费立格虽然搪塞了编辑部，但毕竟心神不安，他立即与罗巴德的上司罗思取得联系，企图将事情草草地掩饰过去。罗思和费立格是老相识了，他俩从小在同一条街长大，毕业于同一所小学，现在又是同一个领域的同行。罗思虽说是罗巴德的上级和导师，也是罗巴德论文的合作者，但其实他并不想为了一个年轻的下手，而影响自己和费立格的个人交情。1979年3月，为了大事化小，小事化了，费立格和罗思私下协商，达成了一个不加声张地化解问题的方法：推迟发表索曼和费立格的论文，让罗巴德的论文先发表，并在以后索曼和费立格的论文发表时，将罗巴德的论文列为参考文献，最后让费立格在即将召开的美国临床研究联合会上宣读论文时，提及罗巴德的工作及其价值。此后，费立格还亲自打电话给罗巴德，对已发生的事情表示歉意，并谈及他希望了结此事的方案。在费立格看来，像他这样一位有地位、有声望的名家能够做出这样的姿态，已经给足了罗巴德面子，但出乎意料的是，罗巴德对这种和稀泥的"私了方案"并不感兴趣。

罗巴德认为事情并没有这么简单，她认定索曼和费立格的论文完全是在她的论文基础上"编造"的。这下，就不单单是个剽窃问题。费立格认为事情有点麻烦，便找来索曼询问事情的来龙去脉。在剽窃事实证据确凿的情况下，索曼承认偷偷复印了罗巴德的论文，并按此文"撰写"了他的论文。至此，索曼学术造假的事实已经浮出水面。但费立格却让索曼提供一份论文的实验记录，并将索曼交出的一份经过编造的虚假资料复印后，不加核实地寄给了罗思，以证明索曼早已开展并已接近完成此项研究。罗思不经调查，竟然表示接受费立格的观点，这使罗巴德很失望，也很气愤。罗巴德与罗思发生了多次激烈的争吵，并鼓足勇气继续揭露索曼和费立格的学术不端行为。

1979 年 3 月的一个早晨，一封普普通通的信件送到了耶鲁大学医学院院长伯利纳的办公桌上。这封信正是罗巴德寄来的。罗巴德在信中指出："在索曼博士和费立格博士的论文中，有 10 多处完全照抄我投给《新英格兰医学杂志》的论文。"接着，她又对这两人的论文中数据的"真实性"提出质疑，并强烈要求伯利纳"解决这起严重的道德事件"。伯利纳读完信件，又浏览了一遍随信附来的论文稿，他皱起了眉头，习惯性地拿起了烟斗猛抽了两口。一方面，伯利纳对以学风严谨著称于世的耶鲁大学研究人员竟出现这种问题颇感不悦；另一方面，凭着多年的学术阅历，他也以为这封信中的指控有些夸大其辞。伯利纳知道费立格曾发表过 200 多篇论文，已经是医学院副系主任。他认为这样一个一流的专家不会为区区一篇论文而去干剽窃的事情。出于对名流的信任，伯利纳对罗巴德的申诉不以为然，并希望她不要再追究此事，应当对名家的品格加以信任。然而，令这位温文尔雅、德高望重的院长没有想到的是，正是这封举报信，不但使整个耶鲁蒙羞，而且震惊了整个美国学术界，成为生物医学史上影响最大的学术剽窃案件之一。

此后发生的事实表明，耶鲁大学医学院的不少官员认为罗巴德是在小题大做，根本无意对巴罗德揭露的索曼和费立格论文剽窃事件进行细致调查和追究。罗巴德对此表示愤慨，她声称，如果耶鲁方面不进行一次深入调查，她将在 5 月举行的美国临床研究联合会上将此事曝光。这时对方妥协了。1979 年 6 月，由罗思出面建议由国立卫生研究院的研究部主任拉尔到耶鲁大学进行一次调查。然而，拉尔认为这样的调查纯属徒劳，他说："我很难相信费立格还会搞欺骗。"这使调查工作一直迟迟拖着没有进展。7 月初，罗巴德怀着极度失望的心情，辞去了国立卫生研究院的研究工作，到华盛顿的一家小诊所，当了一名普通医生，从此告别了她的研究生涯。

随着罗巴德的离去，费立格心里的一块石头落了地，他以为论文剽窃事件到此结束了。作为一名科学权威，他竟然将明知具有剽窃证据的索曼论文，在几乎未做删改的情况下，于1980年1月在他担任编委的《美国医学杂志》上发表了。但是，这次他低估了罗巴德的意志。平时看起来腼腆害羞、少言寡语的罗巴德不顾压力，她虽然已经放弃了研究事业，但并没有放弃继续追究论文剽窃事件的决心。她不断地给过去的上司罗思打电话，催促调查工作赶快进行。1980年1月，罗思找到波士顿伊斯雷尔医院糖尿病代谢科主任、哈佛大学医学院助理教授弗赖尔，请求他协助调查。弗赖尔于2月5日乘火车抵达耶鲁大学并约见了索曼，要求他出示与论文有关的实验资料和数据。令弗赖尔吃惊的是，索曼论文上提到6个患者，现在只有5个患者的资料，而且更费解的是，从这些患者测得的数据与论文中图表显示的完全不符。弗赖尔直截了当地质问索曼：论文上的数据是不是伪造的？此时，索曼脸色尴尬，低下了头。

耶鲁大学医学院拖了1年多的论文造假剽窃案，弗赖尔只花了不到3小时就真相大白，这让耶鲁大学医学院感到十分难看。这时，费立格找到医学系主任塞蒂尔，两人又一同去了医学院院长伯利纳的办公室。3人共同商定，最合适的责任承担人应当是索曼。他不能再待在耶鲁医学院，他必须离开。索曼狼狈地离开耶鲁大学，回到印度，从此在科学界销声匿迹。

但事情还没有结束。由校外专家进一步调查的结果显示，索曼在耶鲁期间发表的14篇论文，可以通过的只有2篇，其余12篇不是因为数据"丢失"不可查证，就是在数据上明显作弊。在这12篇造假论文中有10篇署有费立格的大名。不久，耶鲁大学最终撤回在《美国医学杂志》上的那篇论文，此后，耶鲁大学又撤回所有索曼造假的12篇论文。事情的最终结果是：索曼不得不离开科研岗位，曾发表过200多篇有价值论文的费立格也不得不引咎辞职。

参考文献

［1］威廉·布罗德,尼古拉斯·韦德著.朱进宁,方玉珍译［M］.背叛真理的
人们：科学殿堂中的弄虚作假.上海：上海科技教育出版社,2004.

［2］任本,庞燕雯,尹传红.假象：震惊世界的 20 大科学欺骗［M］.上海：上
海文化出版社,2005.

［3］中国科学院编.科研活动道德规范读本(试用本)［M］.北京：科学出版
社,2009.

思考题

1. 什么是间接剽窃? 索曼和费立格的剽窃行为有何特点?

2. 为什么有些人会对罗巴德的申诉不以为然?

3. 费立格作为杂志审稿人,在这一案件中违反了同行评议的什么原则?

4. 费立格的好友罗思想如何了结此事? 他的想法是否违背科学道德?

(刘学礼)

72. 最大胆的剽窃者
——阿尔萨布迪直接剽窃案

剽窃或抄袭是科学研究中出现频率较高的一种不端行为,其中直接剽窃就是照搬照抄他人发表过的论文,或对他人某篇已发表的论文稍加修改,或将数篇已发表的论文稍加综合后得到的论文作为自己成果发表的行为。在当代生物医学领域中,美国的阿尔萨布迪(Elias A. K. Alsabti)可算作最大胆的直接剽窃的典型。

阿尔萨布迪1954年出生于伊拉克的港口城市——巴士拉,曾经去过约旦,然后落户美国,从事癌症病理研究。在1978—1980年的3年时间里,他先后在费城、休斯敦、波士顿等地的几家顶级医学院任职。

阿尔萨布迪不过26岁就已经在美国、英国、瑞士、日本等地数十家专业期刊上发表科学论文60篇,几乎每个月都有他的大作问世,难怪有人说他"简直就是一家生产论文的工厂"。单是日本的《肿瘤研究》,在同一卷中就发表了他署名不同单位的3篇文章。但是,谁能想到阿尔萨布迪这些文章中的绝大部分或许全部都是赤裸裸的剽窃之作。

阿尔萨布迪剽窃论文的方法很简单,也很大胆。他明目张胆地逐字逐句把别人发表过的论文用打字机重新打一遍,改换标题,把原作者的名字换成自己的名字,然后就把这稿子当成自己的成果,寄到一家不怎么出名的期刊发表。例如,他曾把一篇他人发表在日本某期刊的论文重打一遍后，署上自己的名字，一字不改地寄往瑞士《肿瘤学》发表。他的这种直接剽窃的手法瞒过了世界各地几十家科学期刊的编辑。一旦他的剽窃行为被人发觉，他就悄然离开，另谋一地，故伎重演。他的剽窃"胆量"，委实令人"佩服"。

1975年，《欧洲癌症杂志》给美国安德森医院的一位研究人员寄去一篇论文，请他审阅。不幸的是，这位研究人员已在几个月前病故。这篇稿件就一直在邮箱里静静地躺着，直到有一天被阿尔萨布迪从单位里的邮箱中偷走。他如获至宝，将论文稍作润色，改头换面，在作者栏赫然署上自己的大名，另外还虚构了两位子虚乌有的合作者，然后把论文寄给日本一家不知名的杂志社。被阿尔萨布迪剽窃的那篇论文原文还没来得及付印，阿尔萨布迪的剽窃文章竟然已经发表了。

除了直接剽窃，阿尔萨布迪还有其他的行骗"高招"。他伪造了学历，骗得约旦政府数万美元的经费资助。他谎称与王室有血缘关系，还给自己戴上一顶医学博士的桂冠。他混迹在美国几个有声望的科研机构进行所谓研究期间，一路招摇撞骗，剽窃大量论文，粉饰自己的经历和成果，从而骗得政府的大量经费资助。此外，他用谎言和花招骗过了两个中东国家的政府、11个学会的评审委员会和美国6个高等教育机构的行政官员。

事实上，阿尔萨布迪的剽窃行为留下不少蛛丝马迹。比如，他的几位所谓"合作者"，竟然从来没有单独发表过论文！此外，阿尔萨布迪的通信地址也经常变换不定，一会儿是伊拉克的某个实验室，一会儿又是约旦皇家科学学会，有时甚至用的是在美国的家庭住址。遗憾的是，没有哪一家期刊的编辑有精力去考虑这些问题。人们的怀疑和揭发迫使阿尔萨布迪从一个研究机构转战到另一个研究机构，这种情况一直延续到1980年的春夏之季，他的那些大胆的剽窃行为最终暴露无遗。阿尔萨布迪也随即被解聘。

阿尔萨布迪将剽窃来的论文大多投给那些不引人注目的专业期刊,他的文章没有一篇被其他科学家引用过,在科学界几乎默默无闻。因此,这类剽窃事件很难得到追查,而且虽然许多证据确凿的剽窃文章后来都被撤销,但在大型科学检索计算机档案中,仍然有几十篇论文至今冠以阿尔萨布迪的名字。

参考文献

[1] 威廉·布罗德,尼古拉斯·韦德著. 朱进宁,方玉珍译. 背叛真理的人们:科学殿堂中的弄虚作假[M]. 上海:上海科技教育出版社,2004.

思考题

1. 什么是直接剽窃? 阿尔萨布迪剽窃行为的主要表现是什么?
2. 阿尔萨布迪的剽窃与他的个人品行有何关系?
3. 结合本案例分析剽窃不端行为发生的主客观原因。

(刘学礼)

73. 一场争夺优先权的国际官司
——盖洛隐含剽窃案

2008 年 10 月 6 日,瑞典诺贝尔奖委员会宣布,法国巴斯德研究所病毒学家吕克·蒙塔尼和弗朗索瓦丝·巴尔-西诺西由于发现艾滋病病毒而获得 2008 年度诺贝尔生理学或医学奖,该项研究成果"是我们从生物学上理解艾滋病与利用抗逆转录病毒治疗方法对抗它的先决条件"。消息传来后,美国国立癌症研究所病毒学家罗伯特·盖洛(Robert C. Gallo)在接受美联社采访时,对自己这次未能获奖表示深感失望。围绕艾滋病病毒发现的优先权,盖洛与蒙塔尼展开了多年的激烈竞争,演绎了医学史上一场旷日持久的国际科学官司。

1981 年 6 月,美国医学家首先发现一种神秘的新疾病——艾滋病,随即世界各地许多科研机构开始了一场你追我赶的鉴定、分离其病原体的竞赛。1983 年 1 月,蒙塔尼、巴尔-西诺西及其同事首先从巴黎一名艾滋病患者的淋巴结中分离出一种病毒,并研究了它的生物学性质,随后,他们又在电子显微镜下目睹了该病毒的真面目,发现它在形态上与早年美国病毒学家盖洛发现的"人类 T 细胞白血病病毒"(简称 HTLV,包括 HTLV - 1 和 HTLV - 2)完全不同,为了与 HTLV 相区别,蒙塔尼将其命名为"淋巴腺病相关病毒"(简称 LAV),并在 1983 年 5 月 20 日出版的美国《科学》报告了这个发现。与此同时,蒙塔尼将 LAV 样品标本寄了一份给盖洛。

可是没有人会想到,1984 年 4 月,盖洛突然宣布发现艾滋病病原体是一种新型的"人类 T 细胞白血病病毒",并称之为 HTLV－3,研究论文将在 1984 年 5 月 4 日的美国《科学》发表。他同时宣布研制出艾滋病病毒的检测方法,并申请了专利。

当蒙塔尼看了盖洛的论文后,惊讶地发现 LAV 与 HTLV 是不同的,但 HTLV－3 却与 LAV 惊人地相似,这两种病毒基因序列的差异不到 2%。蒙塔尼怀疑盖洛自称发现的那种病毒(HTLV－3),只不过是将自己曾寄给他的病毒样品(LAV)改换了一个名称。可是,在病毒学界,盖洛的名气比蒙塔尼大多了,大多数同行都认为,盖洛是第一个发现艾滋病病毒的人,盖洛因此很快申请到美国专利局授予的检测专利。

蒙塔尼很气愤,对盖洛提出起诉,指控他剽窃了自己的科研成果。盖洛是否盗用 LAV 冒充为 HTLV－3? 国际病毒分类委员会为避免卷入这场优先权纷争,既放弃了蒙塔尼的 LAV 名称,也不采用盖洛的 HTLV 名称,而是把这种新病毒命名为"人免疫缺陷病毒"(简称 HIV)。

盖洛起初试图否认 HTLV－3 和 LAV 是同一个病毒株,后来在大量科学事实面前,不得不承认两者相同。但他很快倒打一耙,控告蒙塔尼盗用了他的 HTLV－3。蒙塔尼确实曾经向盖洛要过 HTLV－3,但这个反指控显得滑稽可笑,蒙塔尼在收到盖洛提供的 HTLV－3 之前,已经在 1983 年 5 月 20 日出版的美国《科学》上发表了艾滋病病毒的论文。盖洛的艾滋病病毒据称是由研究人员米库拉斯·波波维克分离出来的,对其来源,波波维克一直含糊其词,后来干脆说是从许多患者的混合血液中分离的,这种分离方法显然是很不正常的。1986 年 5 月,盖洛在《科学》刊发了更正,声明他刊登在 1984 年 5 月 4 日《科学》上的论文中,误把蒙塔尼提供的 LAV 照片当成了 HTLV－3 照片。

艾滋病病毒发现的优先权以及诊断技术的专利权问题在大西洋两岸争执不休,不断升级,并演变成一场你争我夺的国际科学官司。美国法院对此案调查了 16 个月未果。双方为争夺发现艾滋病病毒优先权的激烈争论,引起法国和美国两个国家之间的法律甚至外交纠纷。美国国立卫生研究院还专门委托罗氏制药公司的专家开展调查。这场官司持续了 1 年多,甚至惊动了美国总统里根和法国总统密特朗,在两位国家元首的主持下,双方于 1987 年 3 月底终于达成协议:两国平分专利费,共享首先发现艾滋病病毒的荣誉。至此,这场争端总算告一段落。

然而,政治家的妥协不能代替科学研究的诚实,美国的科学界和新闻界决心把真相查个水落石出。1989 年 11 月 19 日,美国《芝加哥论坛报》发表了长篇报道,揭露盖洛自称的发现其实是剽窃了蒙塔尼的艾滋病病毒研究成果。这篇报道像是投下一颗重磅炸弹,引起强烈反响,迫使美国政府重新调查此事。1991 年 10 月,美国国家科学院重新组建审查小组,将盖洛实验室中的艾滋病病毒样品和蒙塔尼实验室的样品分别进行培养分析,将它们的 DNA 序列图谱进行比较,终于证明盖洛自称发现的艾滋病病毒样品确实来自蒙塔尼寄给他的样品。

在事实面前,盖洛在英国著名的《自然》杂志发表声明,承认他分离出的艾滋病病毒来自法国巴斯德研究所。1994 年 7 月 11 日,美国公共卫生部终于承认"巴斯德研究所提供的病毒在 1984 年被美国的科学家用以发明美国艾滋病病毒检测工具",并同意让巴斯德研究所分享更多的专利费。美国官方也只好宣布放弃两国共享首先发现艾滋病病毒的荣誉,这个荣誉应该归属于法国。也就在这一年,盖洛离开了国立卫生研究院。

2008 年 10 月 6 日,瑞典诺贝尔奖委员会将 2008 年度的诺贝尔生理学或医学奖颁给了蒙塔尼和巴尔-西诺西,以表彰他们发现了艾滋病病毒。这也为医学史上一场旷日持久的由争夺优先权而引发的国际科学官司画上句号。

参考文献

[1] 闵敏,王辉.艾滋病病毒的发现者及优先权之争[J].中华医史杂志,2006,39(1):58.

[2] 米歇尔·德普拉孔塔著.袁俊生译.孤独的真相——震惊世界的科学大骗局[M].重庆:重庆大学出版社,2011.

[3] R·K·默顿.科学的规范结构[J].哲学译丛,2000(3):56—60.

思考题

1. 什么是隐含剽窃？为什么这类剽窃更难以被发现？
2. 两个科学家之间的优先权之争为什么会演变成两个国家之间的法律甚至外交纠纷？
3. 科学家应该如何正确对待科学发现优先权？

（刘学礼）

74. 金字招牌下的弄虚作假

——约翰·朗伪造实验结果

美国马萨诸塞州总医院是世界上最有名望的科研与教学医院之一,它位于热闹繁华的波士顿市,紧挨着环境幽雅的查尔斯河。年轻的研究人员约翰·朗(John Long)就是这家医院的住院医生,主要负责在试管中培养霍奇金氏病的肿瘤细胞。令人惊奇的是,别人花了九牛二虎之力,都未能取得成功,而他却不费吹灰之力,一下子搞出了 4 个永久性细胞系,成为世界上唯一成功地培养出永久性霍奇金氏细胞系的人。这是 1970 年的事情。但是在 10 年后,朗的科研造假行为终于暴露在光天化日之下。

朗的导师查莫奇尼克是一流的分子生物学家,也是美国科学院的资深院士。查莫奇尼克认为,霍奇金氏病可能是一种病毒所致,他长期以来千方百计对该病的肿瘤细胞进行培养,但一直没能成功,没想到他的学生朗在短短的时间内就实现了他多年的愿望,这使得他对朗很器重。朗和他的导师查莫奇尼克在《美国科学院会议录》、《实验医学学报》等权威杂志上发表了一系列论文,对其成果大加叙述。这些细胞系成为朗青云直上、一步登天的基础,1976 年,朗轻松地从国立卫生研究院获得为期 3 年、总数达 20.9 万美元的研究经费,紧接着在 1979 年,他又顺利地得到国立卫生研究院 55 万美元的资助。此外,还给他配备了两位助手。朗在久负盛名的哈佛、波士顿医学界结识了许多学界要人,可谓一路蹿红。随后他被提拔为马萨诸塞州总医院病理系副教授,开始有机会与查尔斯河正对岸麻省理工学院的著名癌症专家巴尔的摩开展合作研究。朗被同行视为才华横溢、出类拔萃的研究者,1980年卡普兰编著的关于霍奇金氏病的标准教科书以赞扬的口吻介绍了他的工作成绩。

好景不长。1980年初,朗的一位助手夸伊是个细心的实验人员,他发现并举报了朗曾经伪造某些实验数据的事实。调查人员在仔细审查朗的研究工作时发现,他所建立的4个永久性霍奇金氏细胞系,有3个来源于一只南美洲的猴子,第四个虽来源于人,但是这位患者所患的却不是霍奇金氏病。后经进一步调查证实,这是一项虚假的成果,样品全部都是伪造的。在事实面前,朗低下了以往高昂的头颅,他承认这是迫于巨大压力而犯的错误,并说这个压力就是要申请到科研经费。

在朗辞职时,国立卫生研究院下拨的经费中已有一大半被花掉了。对于那些追踪朗的工作进展和使用他的细胞系进行研究的人来说,朗的欺诈行为所造成的经济和时间上的损失更是无法估量,他们的职业生涯蒙受了重大损失。

其实,朗的造假成果本来有许多值得怀疑之处和明显的错误,如他送去发表的论文中附有一张染色体照片,以说明那是人的细胞系。事发后,有细胞培养专家说:"任何头脑正常的人,单凭这张染色体照片就相信这是人的细胞系,都是不可思议的。"但一看就知道那不是人的细胞系的照片,为什么却能顺利通过著名期刊的论文审查呢?其原因在于朗的导师是著名的美国科学院院士,他的工作单位又是世界上最有名望的科研与教学医院之一,这两块金字招牌使人认为朗的工作不会有什么问题。在这种情况下,弄虚作假也就容易蒙混过关了。

参考文献

[1] 威廉·布罗德,尼古拉斯·韦德著. 朱进宁,方玉珍译. 背叛真理的人们:科学殿堂中的弄虚作假[M]. 上海:上海科技教育出版社,2004.

[2] 贾德森著. 张铁梅,徐国强译. 大背叛:科学中的欺诈[M]. 北京:生活·读书·新知三联书店,2011.

思考题

1. 为什么朗有许多明显错误的论文也能顺利通过著名学术期刊的论文审查?
2. 是何原因使朗的造假论文要等到10年后才被揭露?
3. 朗的学术造假行为带来了怎样的后果?

（刘学礼）

75. 他怎么写得出那么多论文

——达尔西学术造假案

1981 年 5 月的一个傍晚,夕阳笼罩下的哈佛大学校园显得格外宁静,在医学院一个心血管实验室里,只见一位穿着白大褂、身材修长的研究人员正在明目张胆地为一篇将要发表的论文东拼西凑实验数据,这一切正巧被身旁的同事看得一清二楚,于是他们进行举报,最终使一起轰动学界的"哈佛大学舞弊案"浮出水面。

这次"舞弊案"的主角是一位年仅 34 岁的医生,名叫达尔西(John Roland Darsee),看上去充满活力、头脑活络、才华横溢。他从埃墨里大学被招聘到哈佛大学,师从美国大腕级的心脏病专家、哈佛最有名望的两家医院的主任医师布劳恩瓦尔德。布劳恩瓦尔德领导着两个实验室,聘用了近 20 名科研人员,手头支配着国立卫生研究院提供的超过 300 万美元的科研经费,而他的得意门生达尔西则以一篇又一篇的论文为导师增光添彩。

在哈佛短短的两年时间里,达尔西发表了近百篇论文,其中有不少是和导师布劳恩瓦尔德联名发表的,都是有关心脏病学临床或实验方面的文章。布劳恩瓦尔德很看重达尔西,甚至打算在哈佛专门为他建立一个研究所。在充满激烈竞争的生物医学界,达尔西这么年轻就取得这么引人瞩目的成就,展现在他面前的可谓是一条金光大道。

布劳恩瓦尔德手下的其他年轻人既羡慕又妒忌着达尔西,但他们却怎么也理解不了：就算达尔西工作再卖力，但他怎么做得了那么多工作，怎么写得出那么多论文？其实，同事们对达尔西的研究和论文早已投以怀疑的眼光。1981年5月18日晚上，当他们偷偷观察达尔西时，竟发现他公然在为一篇将要发表的论文伪造数据。于是，他们向布劳恩瓦尔德揭露了达尔西的造假行为。在对证时，达尔西承认自己编造了数据，但却对天发誓只犯过这么一次。布劳恩瓦尔德也不以为然，认为这只不过是一起偶然事件，并试图隐瞒这一事件。达尔西后来虽然被免去在哈佛的职务，但仍获许留在实验室继续开展研究和发表论文。接下去的5个月时间，一切看上去风平浪静。但是在1981年10月，国立卫生研究院一位官员告诉哈佛校方说，国立卫生研究院拨款724 154美元的一个研究项目中，达尔西提交的研究数据有严重问题。这时人们才意识到，一个造过一次假的研究人员，是很有可能受引诱而再犯的。

达尔西在他5年的科研生涯中，共发表了116篇论文。在对他的科研不端行为进行调查后发现，他的论文几乎篇篇有假。不妨举一个例子，他有一篇论文发表在《新英格兰医学杂志》上，该文描绘出一个家庭的谱图，这家子好几口人都患有一种罕见的心脏病。该文中的一幅图表明，一个年仅17岁的男孩居然已生育了4个孩子，他们分别为8岁、7岁、5岁和4岁……。调查证实，达尔西绝大部分数据是他凭空捏造的，而他的论文又都是以这些数据为依据的。埃墨里大学宣布，在达尔西抄袭别人的45篇论文中，有43篇存在着错误，在另外发表的10篇论文中，有8篇是存在错误的。与此同时，哈佛大学也撤回了达尔西发表的多篇论文。有学者曾对达尔西的18篇重要论文做过审查，发现其中一共存在221处错误或缺乏条理的地方，平均每篇论文的不准确之处竟有一打之多！有一篇论文甚至出现39处错误！

达尔西的学术造假行为终于在1981年被揭露出来，但要消除因引用他的论文带来的负面影响,却不是一件轻而易举的事。有人曾查阅了1982—1990年《科学引文索引》中达尔西的论文及其被引用的情况,发现在英文杂志中引用了的论文有298篇,其中明显涉及达尔西已被撤回的论文。这正如日本学者三崎茂明所说:"尽管达尔西的不端行为在科学界引起了强烈的非难,但当事者本人的研究却依然被多次引用。这个例子清楚地表明,本来不应当被引用的论文,却由于其不端行为没有被人们充分知晓,而仍然在科学界继续流通的状况。"

参考文献

[1] 三崎茂明著.杨舰,程远远,严凌纳译.科学家的不端行为——捏造·篡改·剽窃[M].北京:清华大学出版社,2011.

[2] 威廉·布罗德,尼古拉斯·韦德著.朱进宁,方玉珍译.背叛真理的人们:科学殿堂中的弄虚作假[M].上海:上海科技教育出版社,2004.

[3] 贾德森著.张铁梅,徐国强译.大背叛:科学中的欺诈[M].北京:生活·读书·新知三联书店,2011.

思考题

1. 达尔西的造假行为最初是如何暴露的?

2. 布劳恩瓦尔德在本事件中应该承担怎样的责任?

3. 为什么消除造假论文的不良影响不是一件容易的事?

(刘学礼)

76. 一个超级科学明星的陨落

——斯佩克特学术造假案

1980 年初，美国辛辛那提大学一个名叫斯佩克特（Mark Spector）的年轻研究生，携带着一封教授的推荐信，兴冲冲地来到康奈尔大学著名医学家拉克尔的实验室。在这里，他很快展现出"超人才华"，在不到半年的时间，竟然提取出一种叫"钠钾 ATP 酶"的蛋白质以及其他 4 种不同的蛋白激酶，而在一般情况下，完成这样的工作至少需要 4 年时间。在导师拉克尔的介绍下，斯佩克特先后获得了与麻省理工学院、国立癌症研究所、国立卫生研究院中一流专家合作的机会。

1981 年 5 月，在被誉为"分子生物学摇篮"的冷泉港实验室召开的一次学术会议上，年仅 24 岁的斯佩克特向与会者宣布了一项惊人的"科研成果"：正常细胞中存在一种没有活性的特殊自激酶，当肿瘤病毒入侵后，便激活了这种酶，结果导致细胞癌变。这个关于肿瘤病因的"新理论"——激酶级联说，听上去思路清晰，数据确凿，意义重大，被认为是一个有望赢得诺贝尔奖的重大成果。

1981 年 7 月，斯佩克特与导师拉克尔联名在《科学》发表了激酶级联说，这一最新的致癌理论立刻轰动了整个学术界。新闻媒体大肆渲染，甚至有人预言：斯佩克特将会成为有史以来最年轻的诺贝尔奖得主！从此，斯佩克特一举成为生物医学界冉冉升起的一颗"超级科学明星"。

世界各地许多科学家闻讯而至,纷纷要求与斯佩克特合作。慕名而来者,甚至还包括诺贝尔奖获得者、著名遗传学家巴尔的摩。但是,他们并没有下苦功去重复斯佩克特的实验,而是把自己的试剂交给斯佩克特去测试。不久人们发现斯佩克特的实验结果怎么也无法重复。后来,与斯佩克特合作的一名生物化学系研究生彭品斯基用同样方法反复实验,却总不能得出同样的结果。使他感到蹊跷的是,只有当斯佩克特一个人单独操作时,实验才能成功。于是,彭品斯基向自己的导师、肿瘤病毒学家沃格特做了汇报。师徒二人一边实验,一边分析,终于在一个关键性的步骤上发现斯佩克特用同位素碘代替同位素磷来追踪酶,而这种酶根本不能与碘结合。他们顺藤摸瓜,终于戳穿斯佩克特利用其他蛋白质进行实验结果的造假行为。对此,斯佩克特无法做出任何合理的解释。最终他没能在导师的监督下重现自己当初的实验结果,只能无奈地撤回自己的博士论文,并灰溜溜地离开康奈尔大学。

之后的进一步调查发现,原来斯佩克特不仅实验是完全造假的,就连他辛辛那提大学的学士和硕士学位证以及那封教授的推荐信全都是造假的。更令人吃惊的是,整个造假事件发生期间,他还是一个正处在缓刑期的诈骗犯。

斯佩克特的肿瘤发生"新理论"在事后仍然有人给予好评,康奈尔大学生物化学系主任就曾评价说:"如果斯佩克特只把肿瘤发生的激酶级联说当作一个假说写出来发表,他会被承认是一个天才。"可惜的是,斯佩克特天才的想象力配合上捏造的数据,使他变得什么也不是。

参考文献

[1] 郭柏春.斯佩克特假说与科研诚信[M].光明日报,2008 - 04 - 28.

[2] 谢星海,张景生. 科学赝品的成因及预防探析[J]. 科学学研究,1998
(2): 82—88.

思考题

1. 斯佩克特的许多造假行为为何在当初都没能被发现?
2. "假说"和"假的学说"有何区别?
3. 在本案例中,斯佩克特的导师拉克尔应承担怎样的责任?

（刘学礼）

77. 乳腺癌研究中的欺诈
——费希尔事件中的普瓦松

对许多乳腺癌患者来说,"全乳房切除术"是一个多么令人生畏的名词,而"乳房肿瘤切除术"能够使患者生存率与全乳房切除术一样,这又多么令人安慰! 乳房肿瘤切除术这一曾被认为是里程碑式的成果,来自一项由多家研究机构长期合作开展的临床研究项目。这个名为"乳腺癌·直肠癌临床实验研究项目",由美国国立癌症研究所资助,在加拿大蒙特利尔一家名为圣鲁克的医院进行,该研究项目的负责人名叫费希尔(Bernard Fisher)。

费希尔是美国匹兹堡大学著名的外科医生,主持国家乳腺与肠道外科辅助治疗研究组 20 多年,他也是乳腺肿瘤切除术这一研究项目的组织者。这一项目从 90 家医院和其他研究机构征集了2 163名患者,加拿大圣鲁克医院普瓦松(Roger Poisson)具体负责招募工作。1985 年,项目组的第一篇研究论文刊登在《新英格兰医学杂志》上。在以后的 4 年里,又在该杂志上发表了两篇关于乳腺癌化疗的研究论文。费希尔是这些论文的主要作者,普瓦松是合作者。

就在学术界为乳腺肿瘤切除术这一成果兴奋不已的时候,1993 年4 月,《通讯》(第 1 卷第 2 期)曝光了圣鲁克医院伪造乳腺癌临床资料的事件。同年 6 月 21 日,《联邦政府公报》报道了普瓦松科研中的不端行为,并计划对该项目进行再次分析,但是调查进展缓慢。

1994 年 3 月 13 日,《芝加哥论坛》头版刊登了记者克鲁森的一篇题为"乳腺癌研究中的欺诈"的报道,作者毫不留情地揭露了普瓦松曾经篡改伪造圣鲁克医院的病例记录,受试者中包括了一些并不真正符合试验条件的患者。

这篇新闻报道立刻掀起了轩然大波。有专家认为,该事件是导致"乳腺癌临床实验研究项目参加者锐减的原因之一"。许多患者对临床研究,甚至对调查结果开始产生疑问。他们对医生推荐的"部分乳房切除术",即"不切除乳房整体,只切除肿瘤部位"的新疗法表示怀疑。

这次乳腺癌研究中的欺诈行为之所以能被发觉,主要是因为项目数据负责人发现,在圣鲁克医院的乳腺癌手术记录里,除了手术日期不同外,其余数据完全相同。该负责人对医院的数据再次进行抽样调查后发现,医院的记录与递交给项目组的数据中,有 5 份雌性激素的数据和日期不一致。进一步调查发现,医院从 1977 年到 1991 年,为项目组一共提供了 1 504 名患者的数据,对这些数据进行检查后发现,其中有 115 份存在明显的篡改和伪造现象。

通过对项目参与人员的调查走访,可以确定该数据篡改伪造事件是在普瓦松的授意下进行的。最终普瓦松咎由自取,他被告知"8 年内不得在公共卫生部任职,并且不得申请政府津贴"。对于这一事件,身为项目负责人的费希尔也难脱干系。克鲁森批评说:"费希尔博士很早就发现了该不端行为,却没有积极进行数据的修正和公告。"美国国立癌症研究所为此解除了费希尔项目负责人一职。

正如《新英格兰医学杂志》所指出的:"我们可以看出以圣鲁克医院为首的整个研究组织内部存在着结构性问题。虽然这一事件没有对患者产生直接的危害,但使一般公众对临床试验和科学界对于不端行为的随意的处理方式,产生了不安全感。我们不能将责任推到普瓦松博士一人身上。该事件之所以用负责人费希尔博士的名字命名,是因为他在研究结果发表和情报传达中所采取的措施有明显的欠缺。"耶鲁大学癌症研究中心戴维塔(R. J. Devita)认为:"费希尔事件,损害了这一领域精英的名誉,是一件不幸之事。"

参考文献

[1] 三崎茂明著. 杨舰,程远远,严凌纳译. 科学家的不端行为——捏造·篡改·剽窃[M].北京:清华大学出版社,2011.

[2] 贾德森著. 张铁梅,徐国强译. 大背叛:科学中的欺诈[M].北京:生活·读书·新知三联书店,2011.

思考题

1. 结合本案例谈谈科研不端行为一般是如何被发现的?
2. 为什么普瓦松的学术造假在记者克鲁森发表新闻报道之后才被引起重视?
3. "费希尔事件"的主角是普瓦松,为什么却以费希尔的名字来命名?

(刘学礼)

78. 它给英国科学界敲响了警钟

——皮尔斯"吹"出来的论文

作为近代科学的发源地,英国是世界上最早形成科学建制的国家,而科学家超凡脱俗的精神和求真务实的传统使英国科学界在20世纪80年代少有科研不端事件的曝光。因此,英国科学家和科学杂志编辑曾经怀着洋洋自得的心态对待美国自20世纪80年代以来所报道的一系列有影响的科研不端案例。但是没想到,这种自满情绪一下子被皮尔斯事件打破了。皮尔斯事件被视为"基于对临床病例的捏造而发表的论文"和"与名誉作者相关的不端行为"的典型案例,它从根本上开始动摇英国科学界的自信,也促使英国走上了建立科研不端治理体系的历程。

皮尔斯(Malcolm Pearce)是伦敦圣乔治医院妇产科的资深专家,1994年8月,他以第一作者的身份在《英国妇产科学杂志》发表了两篇论文。其中一篇论述了对191位有流产史和多囊卵巢症的妇女进行了为期3年的双盲对照试验。这些妇女中有的是用一种被称为"人绒毛膜促性腺激素"的荷尔蒙治疗,有的则用安慰剂治疗,结果是接受荷尔蒙治疗的妇女的流产几率更小。另一篇论文则报告了他通过外科手术,将一名29岁的非洲裔妇女子宫异位妊娠胎位引至正常位置,并顺利产下一名健康女婴的病例。皮尔斯的论文仿佛磁铁般地吸引着同行,并引起了全世界范围内的关注。

然而,在皮尔斯论文发表后不久,文中不同寻常的病例数目引起了圣乔治医院同事们的怀疑。没有人听说过这项研究,也没有人听说过非洲裔宫外孕患者治疗成功这回事儿。当调查此事时,皮尔斯根本拿不出191位妇女的病历、患者的知情同意书,以及任何其他有关荷尔蒙实验的记录等原始材料。此外,非洲裔宫外孕患者的计算机记录也被篡改过了,真实记录中的是一位流产妇女。在事实面前,皮尔斯又改口说:"真正的患者是另外一位女性,因她担心其堕胎史被人发现而要求匿名。"但是这位女性患者也是他仓促编造的,计算机查询显示该女性患者是一位生于1910年、死于手术还不成熟时代的妇女。

英国综合医学评议会调查后确认皮尔斯的这两篇论文都是捏造出来的。其实,在他论文中所述的妇科病事实上是很少见的,即使在一些大型专科医院里1个月也只能偶见一两例。如果杂志编辑认真进行论文审查,应该会对这篇论文产生怀疑,但皮尔斯本人就是《英国妇产科学杂志》的编委,又因为这篇论文来自著名医学院,所以,编辑可能也没有进行认真审查。

皮尔斯因篡改伪造研究数据的不端行为,最终被圣乔治医学院解聘,并被取消医籍登录资格。这一事件同时也引起了人们对科学论文署名中不端行为的关注。皮尔斯关于宫外孕治疗的这篇论文有位大名鼎鼎的合作者叫张伯伦,他是圣约翰医学院的大教授,兼任皇家妇产科学会会长、《英国妇产科学杂志》主编,他也是皮尔斯的顶头上司。这篇论文挂上了张伯伦的大名,没有接受严格审查就被发表。

事件曝光后,张伯伦辞去了皇家妇产科学会会长和《英国妇产科学杂志》主编的职务,并承认"做名誉作者是错误的行为",同时,他后悔地说:"作为妇产科实验室的负责人,皮尔斯医生请求我做共同作者时,我很轻率地签了字。"《英国医学杂志》的编辑洛克后来曾对张伯伦的荒悖之举评论道:"在这个案例中,一位更为公正无私的主编或许应该对这样的事实产生疑问：该症是如此少见，以致论文中主要引证的医疗中心，每个月只能碰到一两例新增患者，但皮尔斯却声称在 3 年内能找到 191 位患有该症的妇女。此外，所有的患者都要做一长串复杂的检查，其中包括夫妻双方的染色体组型检查。"

参考文献

［1］中国科学院编. 科学与诚信：发人深省的科研不端行为案例［M］. 北京：科学出版社，2013.

［2］贾德森著. 张铁梅，徐国强译. 大背叛：科学中的欺诈［M］. 北京：生活·读书·新知三联书店，2011.

［3］三崎茂明著. 杨舰，程远远，严凌纳译. 科学家的不端行为——捏造·篡改·剽窃［M］. 北京：清华大学出版社，2011.

思考题

1. 在本案例中，皮尔斯科研不端行为的主要表现是什么？
2. 为什么"做名誉作者是错误的行为"？张伯伦从本事件中获得哪些教训？
3. 皮尔斯事件为什么会敲响整个英国科学界的警钟？

（刘学礼）

79. 骗取实验样本

——哈佛在华人体研究犯下的错误

2002 年 5 月 14 日上午,在北京大学办公楼礼堂内挤满了听众,美国哈佛大学校长劳伦斯·萨默斯发表演讲,其中首次公开承认哈佛大学在中国安徽农村所进行的人体研究"不仅是错误的,且是极其错误的"。萨默斯认为,他及其领导的哈佛大学应该为此承担责任,并强调科学研究不能以牺牲农民健康为代价。

原来,早在 1990 年人类基因组计划启动之后,美国有关科研机构就开展了对华人的基因研究,纷纷派遣人员来到中国,打着各种"科学研究"的旗号,大量非法采集中国人的血液标本。1995 年,哈佛大学公共卫生学院在中国的"群体遗传研究计划"项目的执行过程中,严重违背基本的伦理规范:有些项目以"免费体检"和"健康成长"为名诱导受试者积极参与;有些项目擅自更改校方批准的科研计划,骗取实验标本从事人体基因研究。例如,对"哮喘病的分子遗传流行病学"的研究,批准招募的受试者为 2 000 人,但实际招募达 16 686 人。而且未经主管部门的批准,研究人员就把付给每个受试者的 10 美元补偿改为提供交通、快餐和误工补助。此外,批准的每份血样的采集量是 2 茶匙,但实际增加到 6 茶匙,所用的支气管扩张剂也和报批的不一样。在另一项关于纺织女工轮班制对生育影响的研究中,报批的是在确认怀孕前,每个月抽 7 天采集尿样,但实际上未经批准便擅自改为每天采集尿样。

在安徽大别山区的岳西县,数以万计的农民合家参加了哈佛研究人员组织的所谓"体检",每人先后被抽了两次甚至多次的血样。研究人员声称他们在中国农村开展的科研项目得到了"接受实验者的同意",但实际上科研项目所用的知情同意书经常使用一些农民难以理解的专业词汇,他们根本不知道自己和家人的血样被送往了什么地方、干什么用。很多受试者参与实验的同意表格是倒签时间的,而且明显是第三人的笔迹。

据有关方面调查报道,当地 60 岁的储某和妻子及两个女儿在 1996 年 11 月和 1997 年 3 月参加了两次"体检"。项目包括血压、心肺功能等,并抽了血,但"不知有多少"。老储回忆当时的情景说:"胳膊从一个小洞伸进布帘里,医生在布帘后面,看不见。"两次都给了误工补助,第一次每人 10 元,第二次每人 20 元,外加两包方便面。第二次"体检"是有选择的,村里只有他们一家被挑上,而且不要儿子和外孙女,只要老两口和两个女儿去。他们愿意去,"因为大女儿的病情比较重,一到春天就咳喘得厉害,希望她能得到治疗"。但是她并没有得到治疗,只给了一个美中生物医学环境卫生研究所开的居民健康检查报告单。另外,研究人员说老储患有高血压,就给了两瓶降压药,没有人给他们看过、念过知情同意书,他们也不知道与哈佛研究人员的合作。至于血样送到哪儿去了也不知道。老储记得签过字,不过是为了领误工补助。

1996 年 7 月,美国《科学》杂志率先报道了哈佛大学的"群体遗传研究计划",指出该项目在中国的血样采集数量很大。从 1999 年开始,美国一些学者从生物医学伦理角度,对哈佛大学在中国的人类基因研究项目提出质疑,美国公共卫生部（United States Department of Health and Human Services）下设的"人体研究保护办公室"也着手对这些问题开展调查。2002 年 3 月底,该办公室的调查报告指出,哈佛大学在中国农村进行的 15 项人体研究,在生命伦理、监督管理和确保参与者的安全等多方面存在严重的违规行为。这些违规行为具体包括：研究前未告知参与者接受 X 射线及肺功能测试的危险及不舒服症状；签订合同使用的是中国农民理解困难的复杂语言，侵犯了参与者的知情权。调查报告特别指出：在项目开始之前，有些项目没有按美国政府有关条例的规定，事先接受伦理机构的评议和审查。有若干美国学术机构参与的项目，都是在未经其审查部门评议的情况下开始进行的。调查报告同时指出，哈佛大学在中国农村进行的人体研究存在严重的道义问题。

参考文献

[1] 熊蕾,汪延. 哈佛大学在中国的基因研究"违规"[J]. 瞭望,2002(4)：48—50.

[2] 学金良. 美国哈佛大学校长劳伦斯·萨默斯：哈佛在华人体研究"极其错误"[N]. 北京青年报,2002 - 05 - 15.

[3] 徐宗良,刘学礼,瞿晓敏著. 生命伦理学：理论与实践探索[M]. 上海：上海人民出版社,2002.

思考题

1. 伪造实验标本和骗取实验标本有何区别？
2. 在本案例中专家是用什么手段骗取实验标本的？
3. 哈佛大学在中国农村开展的人体研究在哪些方面违背了哪些伦理原则？

（刘学礼）

80. 丧尽天良的人体研究

——塔斯基吉梅毒实验

　　说起"塔斯基吉梅毒实验",人们禁不住毛骨悚然。在美国,"塔斯基吉梅毒实验"是一个令人闻之色变的专有名词。自 1932 年起,美国公共卫生部的研究人员以 400 名非洲裔黑人男子为"试验品",秘密进行了梅毒实验,隐瞒当事人长达 40 年之久,使大批受试者及其亲属付出了健康甚至生命的代价。这就是现代医学史上臭名昭著的"塔斯基吉梅毒实验",其全称为"针对未经治疗的男性黑人梅毒患者的实验"。

　　梅毒是一种性传播疾病,在没有抗生素的时代,它比今天的艾滋病更令人生畏。梅毒非常容易传播,所有没有保护措施的性行为、接吻或其他部分的身体接触都有可能导致传染,而且一旦染病,难以治愈。在治疗梅毒的特效药——青霉素出现之前,医学界试图用多种药物和方法来对付梅毒的施虐。1928 年,一个挪威医学家率先报道了数百名未经治疗的白人男性梅毒患者的病理症状。这项研究成果传到美国,美国医学界不甘落后,在一个名叫克拉克的医生倡议下,美国公共卫生部迅速组织了一个专门的医学小组。

　　1932 年秋,该医学小组在亚拉巴马州西部的一个叫塔斯基吉的农村开展了所谓的梅毒感染人体自然过程的研究。塔斯基吉是当时美国最为贫困的地区之一,也是美国种族歧视泛滥成灾的一个州,那里的黑人几乎都是大字不识的文盲。在这片医疗条件极端恶劣的穷乡僻壤,当地人无知地将梅毒症状、贫血症状以及身体疲劳等症状混为一谈,一概称为"坏血"。

研究人员通过各种可能方式在教堂、学校、社区商店等地方到处张贴醒目的宣传海报,以提供食品、健康普查、免费治疗为诱饵,诱惑人们自愿参加研究项目。结果有 600 名黑人男子被选为实验对象,其中 400 名感染梅毒的作为试验组,200 名没有感染梅毒的作为对照组。梅毒患者都处于潜伏期,需要治疗的急症患者则被挑选出来作为接受标准治疗。这些黑人男子大多是被这样一句话所打动:"记住,这可是你能得到免费治疗的最后机会。"事实上,这些人都没有被告知该项实验的真实目的,只知道他们正在接受针对他们"坏血"而进行的"治疗"。就这样,他们在毫不知情的情况下成了可怜的"试验品",从此坠落痛苦的深渊。

塔斯基吉的 600 名实验对象开始时都进行了全面的体检,包括胸部 X 射线及心电图检查。此后,每人每年都进行随访并做反复的血液检查。但是,研究人员完全没有将实验目的、方法和可能的不良结果告诉受试者。对于病患,除了有时被告知他们具有"坏血"外,并不了解自身疾病的真相。其实,这些黑人根本就没有意识到自己就像小白鼠那样正在参与医学实验。

研究工作刚开始的几个月,研究人员还给予患者少量的治疗,但是之后,就再没向患者提供任何治疗,因为这项研究的目的就是要观察梅毒在没有治疗的状态下的自然过程。就在这一研究项目进行期间,一种可以有效治愈梅毒的抗生素——青霉素诞生了。第二次世界大战时期,许多人被征召并接受医疗检查,在很短时间内,军医就可以确诊所有感染梅毒的患者,并通过注射青霉素的方式将其有效治愈。

到了 1947 年,青霉素治疗已经成为针对梅毒的标准疗法,美国政府发起了"公共卫生战役",组建了"快速治疗中心",以求根除梅毒。但是,当这场根除梅毒的战争打到塔斯基吉时,研究人员却千方百计阻止受试者获取梅毒治疗的信息,并对他们实施监控,极力阻止他们的实验对象参与战斗。因为塔斯基吉梅毒实验的主要目标就是在保证"试验品"没有接受任何治疗的情况下,观察梅毒的自然史,研究人员希望抗生素的出现不会影响到这项正在进行中的实验,以保证医学研究及其资料的"连贯性"。到了1953年,青霉素已成为普遍使用的药物,研究人员仍然不给塔斯基吉受试者使用这种安全有效的药物,他们是故意不给患者治疗。

塔斯基吉梅毒实验打着研究梅毒自然史的招牌,不给予患有梅毒的黑人受试者任何治疗。这项持续时间最长的违背伦理的人体实验,被视为"美国历史上最臭名昭著的生物医学研究性实验"。据统计,到1972年实验结束时,参与实验的患者中已有28人直接死于梅毒,大约100人因梅毒并发症而死亡,40人的妻子受到传染,19名子女在出生时就染上梅毒。此后,悲剧还在不时上演。

1997年5月16日,美国总统克林顿在白宫的东大厅举行了塔斯基吉梅毒实验道歉的仪式,8名幸存者中的5人、一些受害者家属和美国政要应邀出席。总统代表政府公开向塔斯基吉梅毒实验受试者及其家属以及塔斯基吉社区道歉。然而,这一迟到的道歉已经无法挽回对受害人造成的莫大伤害。

参考文献

[1] 费子璇. 美国曾用国内黑人做梅毒实验[N]. 国防时报,2010-10-13.
[2] 中国科学院编. 科学与诚信:发人深省的科研不端行为案例[M]. 北京:科学出版社,2013.

思考题

1. 塔斯基吉梅毒实验违背了哪些人体实验伦理原则？
2. 塔斯基吉梅毒实验为何能够隐瞒当事人 40 年之久？
3. 塔斯基吉梅毒实验给科学界及社会带来什么不良影响？

（刘学礼）

81. 从携手合作到合谋欺诈

——赫尔曼和布拉赫篡改伪造数据案

在分子生物学界曾有两位头顶着耀眼光环的科学明星,他们就是德国的赫尔曼(Friedhelm Herrmann)和布拉赫(Marion Brach),他俩一度被公认为细胞成长和细胞周期调节研究领域的权威。在科研不端事件被披露之前,赫尔曼和布拉赫可谓"携手而行"、"风光无限",分享着令人羡慕的科学生涯。

1980年赫尔曼和布拉赫还在哈佛大学时,便开始携手合作开展科研。返回德国后,他们先后在美因茨大学和弗赖堡大学继续合作。1992年,两人又一同前往柏林,在著名的科研机构——马克斯·德里布吕克分子医学中心进行共同研究,在基因治疗、癌症研究这些医学前沿领域不时有新的发现。

就在他们的事业如日中天时,1997年初,曾在马克斯·德里布吕克分子医学中心工作、后来又离开那里的青年研究人员希尔特公开举报,赫尔曼和布拉赫在论文中伪造、篡改研究数据。其实,希尔特早就知道两人造假一事,但由于他们都是中心的头头,担心被"穿小鞋",他一直没有勇气揭发此事。

事件曝光后,布拉赫很快便承认,在柏林时与赫尔曼共同发表的4篇论文中包含篡改的数据。其中在一篇他们共同发表于1995年《实验医学学报》上的论文中,有一幅插图是放射自显影照片,声称显示了癌细胞对于肿瘤坏死因子的反应,实际上是她根据其他工作中无关的 3 幅 X 光照片通过计算机拼凑出来的。

1997 年 5 月,德国《福克斯》新闻周刊公开披露了这起丑闻。一石激起千层浪,几周之内成立了以原弗赖堡大学医学部内科教授格罗克为委员长、由 13 名委员组成的调查委员会。随着调查的展开,发现赫尔曼和布拉赫造假的论文数量越来越多。纵观他们从 1988 年到 1996 年发表的 37 篇论文,可以发现两人主要伪造了类似自动辐射计量仪的数字照相数据。

布拉赫在承认不端行为的事实时,觉得自己是个牺牲品。她说:"赫尔曼博士为了保证研究效果,向我施压,要求篡改数据。"而赫尔曼断然否认自己曾对布拉赫提出过篡改或伪造研究数据的要求,他说:"我一开始没有察觉到我们合著的论文里有篡改的数据。"这两位昔日亲密的合作者现在却反目成仇、互相攻击,并尽量把责任推卸给对方。

经过为期两年多对赫尔曼的 347 篇论文的调查,2000 年 6 月公布的调查结果表明,至少有 94 篇论文不同程度地存在篡改或伪造数据的行为,其中 52 篇论文包含造假的内容,42 篇论文含有可疑的数据。在这 94 篇有问题的论文中,有 53 篇是与布拉赫联名发表的。

在这次造假事件的调查中,还发现有其他大人物牵涉其中,如德国著名白血病专家迈尔特斯曼(Roland Mertelsmann)。在赫尔曼发表的 94 篇有科研不端行为的论文中,迈尔特斯曼参与了其中 59 篇的署名。调查委员会从迈尔特斯曼的 245 篇论文中随机抽取了 5 篇没有赫尔曼署名的文章进行审查,没有发现这些文章有问题。尽管调查委员会证实迈尔特斯曼对两人的科研不端行为并不知情,但迈尔特斯曼事后也承认:"我并不知道赫尔曼实验的具体内容,只是作为礼仪而出现在作者的名单里。"并且,他发表了一份声明,表示他对署名的文章承担相应的责任。

赫尔曼和布拉赫的科研不端行为,不仅损害了作为国家赞助机关的德国科学基金会,也欺骗了研究机关和杂志审稿人,还辜负了最期望出现新治疗技术的人们的信赖。为了追求更高的职位、谋取更多的利益,表面上两人互相合作,多次在一流杂志上发表论文,携手迈步在科学研究的最前沿。但事实上,两人只是互相利用,才爬到了一定的职位,但他们最终的结局是:布拉赫辞去了大学教授的职务,离开了研究机构;赫尔曼被停职后,在慕尼黑开了一家私人小诊所。

作为德国最大的科研不端行为,赫尔曼-布拉赫事件震惊了整个德国科学界。在此之后,德国提出了确保科学研究健康发展的指南,并制定了对科研不端行为的处理对策,其中规定:研究机关应保存其发表使用过的原始数据 10 年;同时,各研究机关、大学都应该确立处理举报不端行为的程序和方法。

参考文献

[1] 主要国家科研诚信制度与管理比较研究课题组编著. 国外科研诚信制度与管理[M].北京:科学技术文献出版社,2014.

[2] 中国科学院编. 科学与诚信:发人深省的科研不端行为案例[M].北京:科学出版社,2013.

[3] 贾德森著. 张铁梅,徐国强译. 大背叛:科学中的欺诈[M].北京:生活・读书・新知三联书店,2011.

[4] 三崎茂明著. 杨舰,程远远,严凌纳译. 科学家的不端行为——捏造・篡改・剽窃[M].北京:清华大学出版社,2011.

思考题

1. 赫尔曼和布拉赫之间是真正的科学合作吗?如何处理好科学研究活动

中合作和竞争之间的关系?

2. 为什么迈尔特斯曼表示对署名的文章承担相应的责任?

3. 你认为哪些现象属于科研成果的不当署名?

（刘学礼）

82. 文章末尾的注释最终使他露出了马脚

——萨博伪造数据案

在北欧国家中,挪威的流行病学向来享有盛誉。挪威也是较早关注科学研究中伦理问题的国家,早在 20 世纪 90 年代初,就建立了关于研究伦理的国家委员会,承担着为政府部门、研究机构和社会公众提供有关研究伦理方面的咨询服务、相关伦理指南的发布等。然而,就在 2006 年新年伊始,"杰出"、"卓越"的"口腔癌专家"萨博(Jon Sudbo)伪造研究数据的丑闻曝光,挪威境内外至少有330 家媒体竞相报道,这给挪威的医学形象带来了负面影响,但同时也加快了挪威科研不端治理体系建设的步伐。

萨博原是挪威雷迪厄姆医院的一名牙医,2001 年获得奥斯陆大学医学博士学位,并成为奥斯陆大学的助理教授,主要从事癌症病变前期的研究工作。2001 年 4 月,萨博在著名的《新英格兰医学杂志》发表了一篇研究论文,论述了通过对 150 例口腔黏膜白斑患者进行平均时间长达 8 年的随访,发现"口腔黏膜白斑的染色体倍性可用于预测口腔癌的风险",并声称这一发现有望解决"是否所有口腔黏膜白斑患者都应采取预防措施"的难题。2004 年 4 月,萨博在一项新的研究中进一步指出,口腔黏膜白斑为非倍体患者一旦发生口腔癌,其癌症的恶性度更高、病死率更大。2005 年 10 月,萨博又在权威的《柳叶刀》杂志上发表论文,声称对挪威国家癌症数据库中的 9 241 名口腔癌高危人群进行研究,发现"长期使用非类固醇类抗炎药有助于预防口腔癌"。这一重大发现在国际癌症领域引起了强烈反响,因为口腔癌属于较为常见的癌症之一,在部分地区发病率甚至达到所有癌症的 1/3,而萨博的发现似乎让人们看到了预防口腔癌这种致死性疾病的曙光。

就在萨博为自己的"重大发现"而窃喜的时候,世界著名癌症研究专家、挪威公共卫生研究院负责人斯图尔滕贝格作为挪威国家癌症数据库的负责人,在文献资料检索时发现了萨博发表在《柳叶刀》上的那篇论文。细心的她注意到其中的一个细节:在该文末尾的注释中,萨博声称其研究所使用的数据来自国家癌症数据库。使斯图尔滕贝格大为困惑的是,该数据库在 2006 年 1 月才正式对外开放,科研人员不可能在数据库开放前就使用其中的数据。斯图尔滕贝格抓住这个线索不放手,进一步调查发现,在萨博分析的 908 名患者中,竟然有 250 人的生日是在同一天!这也太夸张了吧!事实上是萨博伪造了数据。斯图尔滕贝格以极大的怀疑眼光又发现,萨博在 2005 年 3 月《临床肿瘤学杂志》的一篇论文中,声称采集了所有研究对象的血样进行了分析,其实他只采集了其中一部分人的血样。之后,《新英格兰医学杂志》对萨博 2001 年和 2004 年发表在该期刊的两篇论文展开调查,发现第一篇论文中的两张图片实际是复制品,一张图片是另一张图片放大后的结果,而第二篇论文无论是从研究对象还是从研究结论来看,都与第一篇论文有着千丝万缕的联系,因此,编辑们认为这两篇论文也都存在伪造数据的问题。

2006 年 1 月 13 日,雷迪厄姆医院和奥斯陆大学迅速成立了一个特别委员会,负责对萨博伪造数据的不端行为进行彻查。该委员会先后召开了 13 次全天会议和 11 次电话会议,与 15 名有关人员进行了面谈,并逐一审核了事件所涉及的所有书面和口头的材料,包括萨博作为主要作者和合作者的论文、个人和机构的联络信件、作为原始材料的数据文件、经电子邮件传递的文件以及电话录音，等等。同时，他们还对数据的获取情况作了调查，将获得的原始资料与萨博所发表论文中的数据进行仔细比对，最终用大量事实揭开了萨博伪造研究数据的事实真相。

《柳叶刀》主编惊叹："不可思议，这是有史以来一个研究人员为世界制造的最大的造假研究！"萨博的律师认为，萨博的行为无关乎金钱，是为了声誉、名望和成就感，但是，对后者的追求完全可以是正面的，是积极向上的，是推动科学向前进的，不幸的是，萨博的追求止于其选择了一条完全错误的路径。

鉴于萨博在科研中伪造数据的不端行为，2006 年 11 月，奥斯陆大学医学系学术委员会经研究决定撤销其博士学位，挪威卫生监督局也吊销了萨博的牙医和临床医生资格。东窗事发后，垂头丧气的萨博一直在休病假中，他的一项由美国国立卫生研究院资助、耗资数百万美元的临床试验研究项目也被中止。当然，"皮之不存，毛将焉附"，如果前面所有研究的结论都是不成立的，该项临床试验研究自然也就失去了应有的基础。美国公共卫生部最后裁定萨博从 2007 年 8 月 31 日起，永远不能再参与任何美国政府机构的研究，永远不能再参与公共卫生部的任何咨询活动。

萨博事件给挪威科学界带来了负面影响，也推动了挪威对科学研究政策的调整。为了营造有利于本国科研活动健康稳定发展的学术生态环境，提高应对科研不端行为措施的规范性和有效性，挪威卫生部长于 2006 年 1 月 16 日宣布，将于当年秋天对已经僵化的医学研究政策进行立法调整。2006 年 6 月，一部更加严格规范挪威科研人员科研活动的《科学技术研究伦理准则》新法规应运而生。

参考文献

[1] 科学技术部科研诚信建设办公室组织编写. 科研诚信知识读本[M]. 北京：科学技术文献出版社,2014.

[2] 主要国家科研诚信制度与管理比较研究课题组编著. 国外科研诚信制度与管理[M]. 北京：科学技术文献出版社,2014.

[3] 中国科学院编. 科学与诚信：发人深省的科研不端行为案例[M]. 北京：科学出版社,2013.

思考题

1. 斯图尔滕贝格为什么能发现萨博伪造数据的不端行为？

2. 挪威有关部门是如何调查萨博伪造数据事件的？这给我们什么启示？

3. 萨博因伪造数据最终得到什么惩罚？这些惩罚是轻了还是重了？

4. 为什么说萨博伪造数据案促进了挪威科研不端治理体系的建设？

（刘学礼）

83. 新药受试者的一场噩梦

——违背伦理的 TGN1412 人体试验

特加尼奥是德国一家小型生物制药公司,2006 年,该公司研发出一种代号为"TGN1412"的新药,该药物主要用于白血病、多发性硬化症和类风湿性关节炎的治疗。这次新药测试地点确定为英国伦敦诺斯威克公立医院,他们用诱人的高额报酬招募受试者,参加这次新药临床试验的受试者每人可以获得 2000 英镑的酬金。充当这次新药的受试者共有 8 人,他们的年龄在 18~40 岁之间,除 2 人服用安慰剂之外,其余 6 人均在服用新药后出现强烈的药物不良反应,迅速陷入一场噩梦。

这 6 位原本身体健康的受试者,在服药后不久就出现严重过敏,全身多器官功能衰竭。情况最严重的是来自伦敦北部的21 岁的大学生威尔逊,他在服药后 3 小时,便出现呼吸困难,心、肺和肾都快速处于衰竭状态,在皮肤变成紫黑色的同时,脖子肿胀,头部肿成平日的 3 倍,家人已经难以辨认。唯一的生命征兆是当他的哥哥亲吻他的时候,一行眼泪顺着他的脸颊滚落。医生推测,威尔逊可能要持续昏迷半年至 1 年的时间。另一名受试者是 28 岁的亚裔阿卜杜拉,他在接受新药不过一个半小时,就浑身上下很不舒服,嘴唇青紫,脑袋肿胀,面貌变得丑陋无比。他们被紧急带上氧气罩送往重症监护室,医生采用了输血治疗法,以期尽快让毒素从患者体内排出,但效果甚微。研究人员推测,TGN1412 诱发受试者并发多器官功能衰竭有多种原因,有可能是因为它过度刺激 T 细胞,导致引起炎症的细胞因子大量释放,也有可能是因为 T 细胞失控后对自身组织发起了攻击。还有一种推测是在临床试验中,TGN1412 受到了细菌或真菌毒素的污染,刺激免疫系统引起败血性休克,引起了人体组织和内脏器官的严重炎症。由于 TGN1412 是首次在人身上试用,还没有临床治疗经验可供借鉴。

一位因服用安慰剂而逃过一劫的受试者痛苦地描述:"我们服用新药后,这场试验立刻变成活生生的地狱场景,6 名受试者先开始喊热,撕开身上的衣服,然后尖叫着头好像要爆炸了,接着一个个开始呕吐,倒在床边,身体痛苦地扭曲成一团。"

特加尼奥公司的首席科学家承认,在 TGN1412 进入人体试验前,动物实验中确实有 2 只猴子出现腺体肿胀。不过,他说这只是暂时现象,并且公司已将此问题向受试者解释过。然而受试者抱怨说,公司起草的长达 15 页的协议书晦涩难懂,受试者在看十几分钟后就得签下知情同意书,那些陌生的医学术语使他们根本搞不懂是怎么回事。

这一事件暴露出新药人体受试中普遍存在的两大问题:①是否严格按照安全步骤实施试验;②有偿受试使不少人为了金钱不惜铤而走险。英国医学管理委员会的专家认为,开展 I 期药物临床试验时,应该每次仅在 1 例受试者身上进行,间隔几天甚至几星期后,才能给予另外的受试者药物治疗。这次药物试验让 6 人同时服药,有违新药测试的常规,导致了本可避免的事故的发生。专家们还引述英国《制药医学教科书》,强调多人同时服药要慎之又慎,因为"很难护理,会让受试者承受不必要的风险"。

TGN1412 药物试验是一起严重违反伦理原则的事件,如受试者与对照组设置不当,没有设置当试验出现意外情况时可以马上中止的有效机制,研究人员未告知受试者可能的危险,以及用高额报酬引诱等。受试者的律师认为,尽管这是有偿的自愿性试验,但是受害人仍然可以提出控诉,如果有受试者死亡,药商最坏可能面临谋杀罪名。

参考文献

[1] 英国试药人脑袋肿大似大象　全球寻找解药[N].北京晚报,2006 - 03 - 08.

[2] 廖爽.英志愿者试验新药　头部肿胀三倍惨变大象人[N].重庆晨报,2006 - 03 - 17.

[3] 科学技术部科研诚信建设办公室组织编写.科研诚信知识读本[M].北京:科学技术文献出版社,2014.

思考题

1. 在 TGN1412 人体试验中受试者受到了哪些伤害?
2. TGN1412 药物试验在哪些方面违背了科学和伦理原则?
3. 人体实验应该遵循哪些基本的伦理原则?

(刘学礼)

84. "评审门"的泄密事件

——利昂违反同行评议的基本原则

同行评议一般是由从事某领域或接近该领域的专家来评定一项研究工作学术水平或重要性的方法,它是科学研究和学术活动的重要组成部分。早在 17 世纪英国皇家学会刚成立时,就已经将同行评议用于对其会刊《哲学学报》的论文审查。科学精神和传统要求评议人和被评议人,都应本着公平、公正的基本原则,严格遵守相关的行为规范。然而,由于同行评议中的利益冲突和主观特点,在实践中违背同行评议原则和规范的不端行为在当下也时有发生。2007 年轰动一时的利昂"评审门"泄密事件就是其中的典型案例。

利昂(Martin B. Leon)是哥伦比亚大学介入性心脏学专业的一位重量级人物。2007 年 3 月,他作为评议人,在一项名为"血运重建和加强药物治疗的临床转归"(COURAGE)的研究结果预定发布时间之前,违背有关规定,提前 3 周在一次会议上泄露了该研究项目的细节,而该研究结果原本将在美国心脏病学会的会议上呈交,并同时在《新英格兰医学杂志》发表。

COURAGE 研究发现,对于稳定型心绞痛而言,支架运用与药物治疗在本质上没什么差异。利昂作为权威性医学期刊《新英格兰医学杂志》的论文评审人,编辑部曾发给他一份有关 COURAGE 研究结果的出版前手稿,请他审稿。利昂在审阅了这份尚未出版的研究手稿后,意识到这项研究成果对介入心脏病学可能带来负面影响,对自己也有不利之处。于是,在一个行业专题讨论会上,利昂故意暗示 COURAGE 的研究结果,并指责这一试验的设计,企图通过先发制人的批评来贬低这一研究的结论。利昂同时还向与会者泄露他是一个评议人。

COURAGE 项目负责人博登气愤地说,在该研究计划发布前几周发生的泄密等于是一场"有预谋的活动,以诋毁 COURAGE 研究的发现"。博登将利昂的行为鉴定为"最高级别的不良学术行为,这些行为剥夺了我及同事们第一个向同行展示我们研究成果的机会"。博登觉得,篡夺权利尤其令人气愤,因为他和同事们"为设计和进行这项试验整整工作了 11 年"。

《新英格兰医学杂志》的同行评议是在严格保密下进行的,要求同行评议者在他们所评议的研究内容出版前或在线发布前,不得公开泄漏他们所知道的研究结果,甚至连评议者的身份都不得泄漏。编辑部在送审的稿件封面上印有这些红字:"机密,请在评议结束后销毁。"此外,编辑部还提醒评议者,该稿件应"被视作特许交流用,不得影印,未经编辑部同意,不得向他人展示,不得就评价和建议与作者或他人进行讨论"。显然,利昂违反了这些规定,为此《新英格兰医学杂志》对利昂做出了严厉制裁:在未来 5 年内,不得再担任该杂志的稿件评审人,同时禁止他在该杂志上发表任何文章。

期刊中的同行评议一般采用匿名评审的方式,但是无论是否匿名评审,对论文研究内容保密都应当是评议的基本原则。这个被称为"评审门"的泄密事件,正是对这一基本原则的违背。

参考文献

[1] "新英格兰医学杂志门"事件凸显科学研究中的利益链条[N].医药经济报,2007-5-24.

思考题

1. 利昂作为评议人,为什么违反同行评议的原则而泄密他人的研究结果?

2.《新英格兰医学杂志》对利昂做出的处罚是否有依据?

3. 为什么同行评议人有学术"看门人"之称?

4. 如何理解"同行评议充其量只是一个粗糙的过滤器"这个观点?

（刘学礼）

85. 科研诚信缺失的缩影
——论文撤销事件的背后

著名的《科学家》网站公布的 2010 年十大论文撤销事件名单，分别按照被撤销文章的引用率和被撤文章作者的知名度进行排名。

（1）按文章引用率排名

第一名：《柳叶刀》有关麻风腮疫苗的文章，引用次数（累计，下同）：640 次。

2010 年 2 月，《柳叶刀》正式撤销了一篇发表于 1998 年的研究论文，这篇论文的主要作者安德鲁·沃克费尔德（Andrew Wakefield）指出，疫苗接种可能会导致孤独症。

第二名：干细胞自发转变成癌细胞的文章，引用次数；317 次。

发表在 2005 年《癌症研究》期刊上的一篇文章认为，人体干细胞能自发转变为癌细胞，并暗示人体干细胞研究存在风险。该文章于 2010 年 8 月被撤销。值得一提的是，据媒体报道，其他研究也得出与该论文相类似的结论，因而该论文的结论被认为可能依然有效。

第三名：美国杜克大学肿瘤学家有关乳腺癌的文章，引用次数：约 300 次。

杜克大学肿瘤学家安尔·波迪（Anil Potti）发明的肿瘤分析方法因被同行质疑而接受调查，最终被认定论文造假而被校方辞退。此外，该名科学家还被指控曾伪造简历。

第四名：美国梅奥医学中心发表的文章，引用次数：268次。

梅奥医学中心免疫学实验室的一名高级研究人瑟思·拉德汉克里纳(Suresh Radhakrishnan)被发现数据造假而导致至少10篇论文遭到撤销。

第五名：惠氏制药前雇员雌激素信号转导机制研究文章，引用次数：232次。

惠氏制药公司曾经的研究人员鲍里斯·切斯克(Boris Cheskis)撰写的有关激素信号转导机制的两篇文章被认为数据"不可靠"而先后被撤销。这两篇文章分别发布于美国《国家科学院院报》和《分子和细胞生物学》。

（2）按文章作者知名度排名

第一名：诺贝尔奖得主琳达·巴克(Linda Buck)的文章。

诺贝尔奖获得者琳达·巴克再次撤销了两篇文章，因为"关键结论无法重现"。

第二名：哈佛医学院干细胞生物学家的文章。

这篇2010年发表在《自然》上的文章被发现数据和图片存在问题而遭撤销，文章作者之一艾米·瓦格(Amy Wagers)也在美国霍华德·休斯医学研究院担任研究组组长。

第三名：哈佛大学心理学家的文章。

哈佛大学认定该校心理学教授、知名心理学家豪瑟(Marc Hauser)存在学术不端行为，要求其离职1年，同时，其发表在《认知》期刊上的文章也被撤销。

第四名：知名基因治疗学家撤销文章。

因数据存在错误且图表存在复制，美国西奈山医学院基因与细胞医学系创始人、主任萨维·伍(Savio Woo)撤销了6篇论文。

第五名：获得诺奖得主支持的"反应组芯片"文章。

这篇发表在《科学》上涉及"反应组芯片"的文章被指缺乏合适

的实验对照而引发争议。文章作者所在的单位为西班牙国家研究委员会，包括诺贝尔奖得主理查德·罗伯特（Richard Roberts）在内的科学家表示支持该文章。《科学》主编也为此发表了"主编关注"。

参考文献

[1] http://www.bioon.com/trends/news/468557.shtml.

[2] 赵金燕.撤销论文对于全球防治学术不端行为的意义和遏制作用[J].中国科技期刊研究,2015,26(6)：556—560.

[3] 翁鹭滨.学术期刊在治理学术不端行为中的责任和作为——黄禹锡造假事件的反思[J].中国科技期刊研究,2007,18(1)：73—75.

思考题

1. 本案例中被撤销的论文主要存在什么问题？
2. 为什么当前论文撤销数量越来越多,并且还涉及一些著名学者？
3. 论文撤销的不良影响为何难以消除？
4. 杂志审稿人和编辑在减少论文撤销方面可以做些什么？

（刘学礼）

86. 用解剖刀撕下人体的神秘面纱

——维萨里和他的《人体的构造》

　　1543 年,可以说是近代科学革命的发端之年,两本著作的问世,犹如划破茫茫夜空的流星,给科学带来光明: 波兰天文学家哥白尼的《天体运行论》,将颠倒的世界重新颠倒回来;比利时医生维萨里(A. Vesalius)的《人体的构造》,将蒙罩在人体的神秘面纱撕了下来。

　　维萨里于 1514 年出生在比利时的一个医生世家,还在童年时代,他就解剖过猫、狗、老鼠等小动物,对解剖学情有独钟。在 1533 年,维萨里只身前往巴黎大学医学院留学。当时医学教育严重脱离实际,一切知识来自古代权威的经典。在解剖学课堂上,教授们滔滔不绝地背诵着古罗马名医盖仑的理论,偶尔让屠夫或理发师做些解剖动物的演示。维萨里对这种"君子动口不动手"的学风实在看不惯,他觉得"了解人体的构造只有通过亲自动手解剖人体"。

　　为了得到第一手资料,维萨里不顾教会禁令,冒着生命危险,几次三番趁着黑夜,悄悄地来到郊外墓地或刑场,发掘荒冢,盗取残骨,一次又一次对尸体遗骸进行细致的解剖,对人体的肌肉、骨骼和内脏等作了详细描绘和深入研究。正如他在 1536 年的记录中所描述的那样:"我独自在深夜身处那么多尸体中费力地爬上绞刑架,毫不犹豫地把我那么想得到的东西拉了下来。我把这些骨头拉下来以后,就把它们运到距离较远的地方藏匿起来。等到第二天,我才能一点一点地从另一个城门将其运回家中。"在这些艰苦和冒险的工作中,维萨里获得了丰富的人体解剖知识,也发现了盖仑学说中的许多错误。

1543 年 6 月,就在哥白尼《天体运行论》问世不久,28 岁的维萨里出版了惊世骇俗的著作——《人体的构造》,该书共分 7 卷,并配有 300 余幅精细而生动的插图,分别论述了人体的骨骼、肌肉、血液、神经、消化、内脏、脑和感觉器官等。他在书里还创用了胼胝体、鼻后孔、砧骨等许多解剖学名词。本书最后附有两个附录,介绍了活体解剖的方法。《人体的构造》第一次在解剖实验基础上,揭示出人体的真实构造,奠定了解剖学的科学基础。

维萨里著作的最大特点是以系统的人体解剖实验作为理论依据,用他的话来说,"我要从人体本身的解剖来阐明人体的构造"。他用实际解剖所获得的大量无可辩驳的事实,匡正了盖仑著作中的 200 多处错误。盖仑的理论长期以来一直被教会视为金科玉律,没有人敢触犯它,但是维萨里却勇敢地向它提出了挑战。比如,盖仑说人的腿骨像狗一样是"弯曲"的,维萨里却指出,人的腿骨是直的。又如,盖仑说心脏中膈上充满"小孔",血液可以通过小孔从右心室流向左心室,维萨里却说心脏中膈根本就不存在所谓的那种供血液流通的小孔,他明确地指出:"心脏中膈像其他部分一样厚密而结实,我根本看不出即使最微小的颗粒,怎么能从右心室通过小孔而转送到左心室来。"但是,维萨里对前辈的态度是实事求是的,他在《人体的构造》的序言中写道:"我在这里并不是无故挑剔盖仑的缺点,相反,我肯定盖仑是古代一位大解剖学家,他解剖过很多动物,限于条件,就是没有解剖过人体,以致造成许多错误。在一门简单的解剖学课程中,我能指出他 200 多处错误,但我还是尊重他。"

维萨里还用实验材料驳斥了《圣经》关于"上帝造人"的论断。按照《圣经》的说法,人是上帝在开天辟地的最后一天(第六天)创造出来的。上帝先造了男人亚当,然后用亚当的一根肋骨再造出了女人夏娃。这样说来,男人的肋骨应该比女人少1根。可是,人体解剖的结果却表明,男人和女人的肋骨都一样多,而且左右数目相等。这就挑战了经典的教义和教会的权威。

《人体的构造》一书出版后,立即引起宗教界和医学界保守派的恐惧和仇视,他们咒骂维萨里是疯子,攻击《人体的构造》亵渎了上帝,逼迫维萨里前往"圣地"耶路撒冷朝圣赎罪。不幸的是,途中船只失事,汹涌的海浪无情地吞没了已重病在身的维萨里。维萨里不迷信权威,尊重事实,勇于创新的科学精神和他那本不朽之作的历史意义却是抹杀不了的。在科学史上,人们一般把维萨里《人体的构造》出版的那一年——1543年,称为"近代人体解剖学的诞生之年"。

参考文献

[1] 刘学礼等著. 课本上学不到的生物学[M]. 上海:上海科技教育出版社,2013.

[2] 洛伊斯·N·玛格纳著. 刘学礼主译. 医学史[M]. 上海:上海人民出版社,2009.

思考题

1. 在过去阻碍人体解剖学发展的最大障碍是什么?
2. 维萨里《人体的构造》一书的最大特点是什么?
3. 维萨里在人体解剖研究中的科学精神体现在哪些方面?

(刘学礼)

87. 为科学理论提供牢固的科学事实

——哈维和血液循环的发现

生理学作为生物学的一个重要分支,是研究生物体功能活动规律的科学。这门科学的种子自人类产生就已萌芽,但作为一门独立的实验科学却是近代的产物。1628 年,英国医生威廉·哈维(William Harvey)经过长期的观察实验,终于在大量科学事实基础上发表了划时代的血液循环学说,为近代生理学的确立奠定了基础。正如恩格斯所说:"哈维由于发现了血液循环而把生理学(人体生理学和动物生理学)确立为科学。"

哈维 1578 年生于英国坎特的福尔兹顿市,早年留学意大利帕都瓦大学医学院,他的导师就是发现静脉瓣膜的著名解剖学家法布里夏斯。哈维学成回国后,为了揭示血液流动的奥秘,他先后观察解剖了 80 余种动物,以后又在人体上做了大量实验。

科学只尊重事实,科学不崇拜偶像。在血液循环研究中,哈维不拘泥于权威理论及其思想方法的框架,以科学实验为方法,以科学事实为依据,考察前人的科学成果。他肯定古罗马名医盖伦关于活体血管有血无气、动脉输热血而不生热的正确观点,但同时对盖伦的错误观点进行了批判。盖伦认为,左右心室间隔具有小孔,血液通过小孔由右心室流向左心室。哈维指出,盖伦的这个观点是没有事实根据的。他发现:"心脏间壁构造厚而且密,身体上除了骨与筋腱处,没有比它更厚更密的了。""而且左右心室间同时收缩和舒张即使有小孔也不能流过。为什么不反过来设想左心室的血液经过中膈流向右心室呢?"哈维认为,心脏间壁小孔是无据之说,而且事实上也确实没有这样的小孔。

哈维对盖伦肺静脉能通气的说法也通过实验事实提出了有力反驳,他把一头活狗的气管割断,用风箱把肺脏鼓大,然后再扎紧气管,当把胸部剖开时,发现肺叶中饱含了空气,但是在肺静脉和左心室中并没有储气现象。哈维设想:"如果心脏确是从肺脏吸取空气的,那么在上述的实验中,为什么看不到有更多的空气呢? 如果肺静脉确有输送空气的功能,为什么它的构造却和血管相似而没有气管中软骨环的类似结构呢?"因此,哈维认为,肺静脉通气的观点同样是没有科学根据的。这样,哈维就用实验提供的事实驳倒了盖伦的血流途径。

在血液循环研究中,哈维解剖了大量的动物。在实验中哈维发现,心脏的运动是血液循环的原动力,因而把血液流动的原因归于心脏的运动。为了确定血液在动静脉内的运行方向,哈维设计了著名的绳子结扎实验:用绳子结扎动脉,结果发现结扎的上方,即靠近心脏的那段动脉膨大起来,而且每一次心跳就有一次脉搏。相反,在结扎的下方,即远离心脏的那段动脉瘪了下去,没有血液,也没有脉搏。这提示动脉里的血是从心脏来的。哈维又用同样的方法来观察静脉,结果所发生的情况正好相反。实验表明,动脉血流出心脏,静脉血流进心脏,血液是在血管中一刻不停地朝着一个方向流动。

在血液循环实验中,哈维还创造性地将数学方法运用于生理学的研究,摆脱了前人对生理现象粗糙笼统的研究方法,把生理学提高到定量水平。他对人体的血液流量做了细致的测量计算,他发现,每一心室的容血量约 57 克,心脏每分钟大约跳动 72 次,1 小时内经心脏排出的血液应该是 $57 \times 72 \times 60 = 246\,240$(克),差不多有

246千克,相当于一个人体重的好几倍。如此大量的血液离开心脏后流到哪里去了呢?显然,任何器官都无法容纳它而不被胀破。这些血液又是来自何处?唯一合理的解释是,血液在做循环运动,流出心脏和流回心脏的是同一部分血液。通过进一步实验和推论,哈维终于发现了血液循环规律。他指出,心脏就像一个"泵",当它收缩的时候,就把血液压出来进入动脉;它从左心室流出,经过主动脉遍布全身,再经过腔静脉流入右心房,又经过肺循环而流回左心房。

哈维在实验基础上初步确立血液循环的思想,又力图通过反复的活体实验来证明自己的见解。他对活蛇进行了解剖。如果血液循环的思想是正确的话,只要扎住与心脏连接的静脉,血液便不能流回心脏,心脏就会变空变小;如果扎住与心脏连接的动脉,心脏就会因排不出血而胀大。哈维剖开蛇身,用镊子时而夹住静脉,时而夹住动脉,仔细观察心脏、动脉、静脉的充血变化,结果与预想的情况完全吻合。这个实验再次证实:血液是从心脏排出,进入动脉,又从动脉流进静脉,再由静脉流回心脏,环流不息。哈维还观察了其他有血动物的血液运行情况,不但证实了血液循环的正确性,而且说明了血液循环的普遍性。

1628年,哈维经过长期的努力研究,用无可辩驳的实验事实、严谨的逻辑推理,发表了享有不朽声誉的《心血运动论》,令人信服地证实了血液循环的必然规律。哈维在血液循环研究中的卓越成就不仅体现了科学论证和逻辑推理的力量,建立了生理学和医学的重要原则,而且以自己的科学实验演示了自然科学最有效的研究程序。

参考文献

[1] 刘学礼等著.颠覆——重塑人类常识的20大科学实验[M].上海:上

海文化出版社,2005.

思考题

1. 为什么哈维的血样循环学说会把生理学确立为科学?

2. 为什么有人认为与其说哈维"发现"了血液循环,还不如说他"证实"了血液循环?

3. 哈维在科学研究中哪些方面体现出挑战权威、勇于创新的科学精神?

(刘学礼)

88. 他终于把精神病患者从地牢里解放出来
——皮内尔改革精神病治疗方法

在中世纪的欧洲，精神病被认为是魔鬼附身或罪恶所致，精神病患者被视为异教徒或女巫。人们通常将精神患者用布条、绳子或铁链绑起，关在阴暗、潮湿、不通风的地方，卫生条件不堪入目。许多人相信这种恐吓的方式能够把患者从疯狂中唤醒。德国有一家精神病院，甚至让患者住在爬满蛇的地牢中。首先倡导以人道主义态度对待精神病患者，大力改革精神病治疗方法的精神病学者是法国医生皮内尔（P. Pinel）。

皮内尔出生于法国南部塔恩的一个乡村家庭，父亲为理发师兼外科医生，母亲的家族也出过不少名医。皮内尔早年学习过逻辑、哲学和神学，1770 年转而学医，1778 年来到巴黎，开始对精神病学产生了浓厚兴趣。起因是皮内尔有位好友是精神病患者，有一次病情发作他逃离精神病院，最后自杀。这位朋友的死使皮内尔深受震惊，他认为这是由于医院的管理不善而造成的悲剧，同时他也决心献身于精神病学的研究。他在当时巴黎最有名的一所私人精神病院谋到职位，在那里一待就是 5 年，搜集了大量精神病患者的资料，也开始宣传他对待精神病患者应人性化的观点。

皮内尔断然否定精神病是魔鬼附体或罪恶所致，他指出，精神病是由于情绪障碍所致，遗传或"个体敏感"也是发病因素。虽然在精神病分类方面,他还保留着传统的分类(躁狂、忧郁、癫狂和痴愚),但是他将躁狂症从谵妄中分出,认为患者的智能未受影响,并认识到周期性躁狂与抑郁之间的关系,指出忧郁患者往往有自杀倾向。

最重要的是,皮内尔积极倡导:应把精神病患者看作精神上有病的人,对待他们应与对待身体上有病的人一样,不应抱持任何歧视的态度。他竭力呼吁:在保证社会治安的前提下,应努力改善精神病患者的不良待遇。他首先解除患者的链条,使患者没有束缚,将他们安置在卫生条件较好的地方,在可能的情况下,安排轻松的工作,再辅以精神疗法及缓和的药物。皮内尔所采取的一系列措施,大大改进了精神病疗法,使他成为现代精神病学的奠基人之一。

虽然皮内尔所提倡的人道对待精神病患者的改革运动,但是直到他去世的时候,还没有从巴黎推向全国。然而,这是一个有巨大影响的重要运动,它确立了精神病的科学概念。后来,皮内尔的学生继承了老师的事业,继续推动这一改革,在法国各地兴建了10所新的精神病院。1838年,法国颁布了世界上第一部《精神卫生法》,许多国家和地区也纷纷效仿,终于把精神病患者从地牢里解放出来,让他们生活在人性化的精神病院。这就是世界精神卫生运动史的开端。

参考文献

[1] 许华方,刘学礼,谢箐等著.医学的足迹[M].上海:上海科技教育出版社,2015.

思考题

1. 皮内尔想把精神病患者从"地牢"里解放出来,这需要一种怎样的精神和勇气?

2. 在精神病学研究中需要遵循的最基本的伦理原则是什么?

3. 世界上第一部《精神卫生法》的颁布有何意义?

（刘学礼）

89. 战胜天花的法宝

——詹纳的牛痘接种术

1980 年 5 月 8 日,第 33 届世界卫生大会在日内瓦庄重宣布:长期严重威胁人类的烈性传染病——天花终于从地球上消灭了。这是有史以来人类与疾病艰苦抗争中第一次取得的全面胜利。说起医学史上这个鼓舞人心的伟大成就时,人们自然会想到发明牛痘接种术的英国乡村医生詹纳(E. Jenner)。

詹纳早年在一家私人诊所当学徒,1770 年他赴伦敦,在英国当时最著名的外科医生亨特手下学医,也正是从亨特那里,詹纳学到了中国人发明的接种人痘预防天花的技术。1775 年,詹纳完成学业,离开大城市,毅然回到老家成为一名乡村医生,日常的主要任务就是给当地农民和牧场工人接种人痘。

在接种人痘的过程中,詹纳看到由于接痘前采取放血、泻泄、减食等不适当处理,致使接种者身体处于衰弱状态,有时接种人痘后也会造成天花感染。因此,他一心想寻找到一种更好的预防方法。

詹纳在早先学徒时,曾听当地一位挤扔女工说:"我不会再得天花了,因为我已出过牛痘。"此事给詹纳留下了深刻的印象,他开始从人痘转向牛痘的研究。通过一系列观察和实验,詹纳明白:原来人只要患过一次天花不死的话,就会在他的体内获得一种永久性对抗天花的防疫力量。那么,为什么感染过牛痘的挤奶女工也不会再患上天花呢？这是因为天花不仅仅危害人类，也同样侵袭牛群，几乎所有的奶牛都出过天花，但是天花在牛身上的发作一般比较平和，当挤奶女工无意接触到出天花的奶牛身上的脓浆后，就在不知不觉中感染上了牛痘，一开始在手上会长出一个小脓疱，之后会稍微感到有点不适，但是很快就没事，也不会留下任何不良的后果，体内也随之产生抵抗天花的免疫力。

是否可以通过牛痘的人工接种方法来预防天花呢？詹纳将这个大胆的想法告诉了他的老师亨特。随后，亨特给了他亲身的体验：不要仅仅停留在猜测，而是要用实验验证。

1796 年 5 月 14 日，这是医学史上一个值得纪念的日子。这天一大早，詹纳的候诊室里就聚集了好多人。屋子中央放着一张椅子，上面坐着一个 8 岁的小男孩，名叫菲浦斯。詹纳在小男孩身边走来走去，显得有些焦急不安，他正在等一个人。

不一会儿，一位女孩匆匆赶来，只见她手上缠着纱布。她就是挤牛奶的姑娘尼姆斯。几天前，她从奶牛身上感染了天花，手上长起了一个小脓疱。詹纳所等的人正是她。今天，他要大胆地实施一个日思夜想的计划：把反应轻微的牛痘接种到一个健康人的身上以预防天花。

詹纳小心翼翼地用一把小刀，在菲浦斯左臂的皮肤上轻轻地划出一条小口子，然后从尼姆斯手上的痘痂里挑取出一点点淡黄色的脓浆，并把它接种到菲浦斯划破皮肤的地方。3 天后，菲浦斯的手臂接种处出现了小脓疱；第七天，腋下淋巴结肿大；第九天，轻度发热，他略感周身不适；不久局部结痂，留下一个小瘢痕。接种后第七周，詹纳再给菲浦斯接种天花患者的脓液，看看他是否已经具备免疫能力。那些日子，詹纳真是度日如年、如坐针毡。他很担心，菲浦斯会不会真的感染上天花。万一有什么意外，后果将不堪设想。几周过去了，奇迹出现了，菲浦斯安然无恙，证明他对天花已经产生了免疫力。这是世界上首次人体接种牛痘的成功实验。接着,詹纳继续改进接种材料的来源。詹纳的首例牛痘接种,材料取自牛痘自然感染者,之后取自病牛,最后改用牛痘接种者的痘痂。经数十例儿童和成人观察,都取得同样的免疫效果。

詹纳是一个谨慎和负责的人,他没有立即公布这一发现。经过多次观察和大量实验后,更多事实证明,牛痘的确能预防天花。1797年,詹纳将研究结果写成论文呈递给英国皇家学会。可是,皇家学会那些自以为博学而傲慢的"科学大人物"对一位默默无闻的乡村医生的发明嗤之以鼻,拒绝发表詹纳的论文。詹纳不得已只好在第二年自费出版了题为"牛痘原因及结果的研究"的小册子,详细描述了牛痘的形态特征,慎重介绍了牛痘取浆、牛痘接种方法及种痘后的反应等,系统阐述了牛痘接种预防天花的效果。1799年,詹纳在实验基础上,又马不停蹄地发表了《牛痘接种的进一步观察》、《牛痘接种的继续观察与发现》等论文。詹纳的牛痘接种实验也许是有史以来最重要的一次医学实验,它拯救了千百万人的生命,开辟了人工自动免疫法防治传染病的有效途径。

参考文献

[1] 洛伊斯·N·玛格纳著.刘学礼主译.医学史[M].上海:上海人民出版社,2009.
[2] 刘学礼.叩开现代免疫学大门[J].生物学通报,2002,37(11):59.

思考题

1. 哪些方面说明詹纳是一个谨慎和负责的人?

2. 通过本案例说明在科学研究中实验的重要性。

3. 詹纳发明牛痘接种术的过程,体现了怎样的科学精神?

(刘学礼)

90. "我只需要狗!"

——巴甫洛夫的一生追求

　　"我要知道人是怎样构造的,帮助人们成为健康、聪明、幸福的人。"俄国生理学家巴甫洛夫年轻时树立的这一崇高志向,鼓舞他毕生在科学征途上,不辞辛劳,勇于探索,不断揭示生命之奥秘。他一生的贡献是多方面的,涉及生理学各个领域:血液循环、消化、分泌、中枢神经系统、神经体液调节、劳动生理学、比较生理学、药物学、实验病理学和治疗学等。但是,他最杰出的贡献集中在血液循环生理学、消化生理学和高级神经活动生理学。这使他成为俄国最伟大的生理学家和世界上第一个获得诺贝尔奖的生理学家。

　　在科学研究领域,巴甫洛夫无疑是一个成功者,但他的生活和工作条件却常常陷入困境,一家人长期借居在他弟弟的寓所里,没有钱买家具,家中摆放着一张早已过时的老式橡木橱柜、一个书架和几张笨重的铁床,除了几张喜欢的名画外,再没有什么值钱的东西。"十月革命"后不久,年轻的苏维埃经济面临着重重困难,巴甫洛夫实验室经常断火停电,许多实验用的小狗也因饥饿而死去。

　　为了科学研究事业,1919年,年已古稀的巴甫洛夫提笔给革命导师列宁写了一封信,如实报告了自己的困境,由衷希望苏维埃政府尽可能地给他提供起码的实验条件。信件发出后,他满怀希望地等待着回音。

　　很快,列宁委托大文学家高尔基前来看望巴甫洛夫。高尔基向巴甫洛夫转达了列宁对他的问候和鼓励,详细询问了他的生活和工作情况。最后,高尔基关切地问:"教授,请告诉我,您需要什么东西?"

这时巴甫洛夫的眼睛湿润了。他不由想到自己为了实验,经常不得不到街上去捉狗的情景。养狗的地方条件太差,他只好把狗养在自己的住宅里。他还经常从口中省下粮食喂狗,宁肯自己忍饥挨饿。而在此时,口粮不足、燃料缺少,所有这一切,巴甫洛夫早已抛在脑后。

高尔基看着陷入沉思的巴甫洛夫,催促说:"教授,苏维埃需要您,需要科学。不必客气,您需要什么,尽管说吧,我们一定尽量满足您的要求!"

看着笑容可掬的高尔基,巴甫洛夫用颤抖的声音热切而又严肃地说:"我只需要狗!"

确实,狗对巴甫洛夫来说实在是太重要了。在巴甫洛夫的科学生涯中,一直在和狗打交道。他需要在狗的身上做实验、动手术,他整天待在狗的身旁,注视着它们的变化。狗既是他的实验对象,也是它的忠诚伙伴。巴甫洛夫非常爱惜这些实验动物,把它们当作自己的朋友和助手。为了感谢狗对科学研究的帮助,巴甫洛夫晚年时还特别为狗竖立了一块小小的纪念碑。后人为了纪念巴甫洛夫,在他生前所在的城市建立了一座纪念碑,碑上雕刻的形象就是巴甫洛夫和他的狗。

1921 年 1 月 24 日,列宁亲自签署了一个特别命令,按照这个命令,组织了一个以高尔基为首的委员会,要求"在最短的时间内为巴甫洛夫院士及其同事的科学研究创造最有利的条件"。1924 年,苏联科学院建立了一个以巴甫洛夫命名的生理学研究所。1929 年,政府又在圣彼德堡附近为巴甫洛夫建立了一个生理研究中心。研究中心的实验室都是按照巴甫洛夫的设计而精心建造的,那里还喂养着许多大大小小专供实验用的动物。从 1929 年开始,巴甫洛夫就一直在这里工作。

1935 年,86 岁高龄的巴甫洛夫主持了在苏联召开的第 15 届国际生理学大会,并荣获"全世界生物学界元老"称号。次年 2 月,这位被人们赞颂为"生理学无冕之王"的科学家与世长辞。

在生命的最后时刻,巴甫洛夫用颤抖的手给有志于献身科学的青年人留下了一封热情洋溢的信,诚恳地向他们提出了 3 点希望:循序渐进、虚心和热情。这也恰恰是巴甫洛夫这位伟大生理学家一生的真实写照。

参考文献

[1]《诺贝尔奖金获得者传》编委会编. 诺贝尔奖金获得者传(第一卷)[M]. 长沙:湖南科学技术出版社,1981.

[2] 刘学礼等著. 颠覆:重塑人类常识的 20 大科学实验[M]. 上海:上海科技教育出版社,2005.

思考题

1. "我只需要狗"体现了一种怎样的科学精神?
2. 通过本案例说明科学研究和社会条件的关系。
3. 巴甫洛夫是如何对待实验动物的? 谈谈动物实验中的伦理问题。

(刘学礼)

91. 开启心脏之门的钥匙
——福斯曼的心导管自体实验

　　心导管在医学临床和研究中具有广泛应用，心导管术成为诊治心血管疾病和研究心血管生理的重要方法。1956 年，诺贝尔生理学医学奖授予福斯曼（W. Forssmann）、理查兹（D. W. Richards）和库南德（A. F. Cournard），以表彰他们对心管导术的创始和发展所做出的贡献。库南德曾形象地把心导管比喻为"一把开锁的钥匙"，而最先转动这把"钥匙"的是德国医生福斯曼。

　　1929 年，25 岁的福斯曼在一家医院做外科助理医生时想到一个问题：如何在紧急手术时把急救药物迅速有效地送入患者的心脏？他注意到，现有的将药物经胸壁穿刺直接注入心脏的抢救措施，经常会引起心肌损伤或冠状动脉堵塞的危险，甚至殃及患者生命。于是，他设想利用橡皮导管通过静脉血管将药物引进心脏内。起初，他在尸体上进行实验，发现导管能相当容易地从前臂静脉通到心脏内。然后，他毅然决定在自己身上进行这样的实验。福斯曼这种近乎疯狂的想法受到他的上司严厉训斥，但福斯曼还是设法说服一位年轻的同事帮助他进行这项"秘密实验"。第一次实验当导管进入肘静脉 35 厘米时，他的同事胆怯了，实验只好半途而废。福斯曼的决心没有改变，第二次实验为了避免上次结果重演，他决定由自己充当"手术者"。不久，福斯曼正式报告了自体实验的结果，他这样写道：

"……我想通过静脉系统向右心插入导管。我先在尸体上做实验，……尸体实验成功后，便想在自己身上做活体实验。我让一位与我合作的同事把粗针头刺入我的前臂静脉，然后与在尸体上所做的一样，用一根4号导管插进前臂静脉。导管顺利地向上插进了35厘米；此时，虽然我本人的感觉完全正常，但我的同事感到再往上插太危险，于是第一次实验就此中止。1周后，我就独自进行实验。我先给自己作了局部麻醉（因为由自己把粗针头插进自己的静脉是很困难的），在左臂肘下方切开静脉，然后毫无阻力地把一根65厘米长的导管全部插了进去，导管的这一长度是我事先通过体表测量确定的。……我只感到全身微微发热，就像静脉内注射氯化钙时的情况一样。由于导管抖动，导管与锁骨下静脉的上下壁相互摩擦，这时我感到锁骨后方非常之热，还有一种微弱的想要咳嗽的冲动。我要从X线屏幕上检视导管的位置，在从屏幕前由一位护士拿着的一面反射镜中，我确实目睹了导管的推进。……我带着插在心脏内的导管，由护士陪伴着从研究室的手术间徒步走了许多路，再爬上楼梯走进X线检查室，即使这样也并未使我感到任何不适……实践证明，导管插入和拔出都完全不痛，全身没有任何异样的感觉；只是事后在静脉切开处有些轻微的静脉炎，这显然是术前消毒不严造成的。"

这是我们在医学史书上读到的关于科学家自体实验的大量记载中，最为惊心动魄和壮烈的一幕。在随后两年的时间中，福斯曼继续进行心导管研究，包括在他自己身上又先后进行了6次心导管实验。

福斯曼根据实验结果发现，心导管术对人体是无害的，这种方法可以测量人体心脏内各个腔室的压力，可以分别抽取右心和左心的血样进行氧含量的测定,并根据每分钟的氧消耗量来计算心脏每分钟的排血量。他还指出,如果将不透射线的物质(造影剂)通过心导管注入心脏,就可以进行心血管造影,这对于诊断各类先天性心脏病意义重大。

限于当时人们对心血管的认识水平和技术条件,进行心导管检查的确令人心胆俱颤。但真正阻碍和影响这项新技术发展的因素,则来自习惯势力的偏见和保守力量的阻挠。他们认为福斯曼的实验既危险又荒唐,并且违反医学道德,更有人将他的实验讽刺为"马戏场上的技艺"。福斯曼的研究成果不但没有得到学界和社会应有的鼓励和承认,反而招来一阵嘲讽和一片责难。在各种压力下,福斯曼不得已放弃了自己的科研工作。但是,他的心导管术研究成果受到美国理查兹和库南德两位医生的青睐,他们在福斯曼的工作基础上,发展和扩大了心导管术的临床应用,从而大大提高了心脏病诊治的精确性。福斯曼的理想终于由他的美国同行们实现了。迄今,心导管技术仍是诊断、治疗心脏疾病的一种行之有效的重要手段。随着医学实践深入发展,这种技术也将日臻完善。

参考文献

[1] 《诺贝尔奖金获得者传》编委会编. 诺贝尔奖金获得者传(第三卷)[M]. 长沙:湖南科学技术出版社,1981.

[2] 刘学礼著. 蛇杖生辉:临床医学与药物[M]. 上海:上海科技教育出版社,2001.

思考题

1. 福斯曼的心导管自体实验包含着一种怎样的科学精神?

2. 你认为福斯曼的心导管自体实验是否存在伦理问题？
3. 福斯曼为什么最终放弃了自己的科研工作？

（刘学礼）

92. 为生命科学研究提供新思路
——德尔布吕克和他的"噬菌体小组"

"噬菌体小组"这个术语是指在 20 世纪 40—60 年代,以噬菌体(专门侵入细菌的病毒)作为模型探索生命活动奥秘的一批科学家。其实,该小组并非一个正式机构,而是一个"野路子"组织,聚集着一群志同道合者,他们的专业方向、研究风格如同春兰秋菊,各有千秋。在那段岁月,经历摸爬滚打的他们成为分子遗传学阵营中一支生气勃勃的生力军,活跃在科学最前线,为生命科学研究提供新的思路,指明新的方向。德尔布吕克(M. Delbrück)正是噬菌体小组的灵魂。

德尔布吕克原是德国的一位核物理学家,第二次世界大战爆发后,他侨居于美国。在一次物理学年会上,他与意大利内科医生卢里亚(S. E. Luria)不期而遇,他们都对生物学怀有兴趣,因而一见如故。会后,他俩便在实验室进行了短期的技术交流,噬菌体小组的萌芽由此产生。他们的共同目标是通过解开噬菌体遗传之谜,进而深入揭示生命究竟是如何传递遗传信息的。由于噬菌体很小,含有的基因数很少,因此是研究生物遗传的理想模型。后来,美国生物化学家赫尔希(A. D. Hershey)也参加了研究。

德尔布吕克是德国的物理学家,卢里亚是意大利的内科医生,赫尔希是美国的生物化学家,他们 3 个人相得益彰的配合,奠定了成功的基础。他们各有自己的学术背景和研究方法,因此能够对一些根本问题展开真正的交叉移植、联合攻关；他们各自独立工作，但又保持密切联系。共同的志趣使他们结下了深情厚谊，并结出了累累硕果，终于"因为他们发现了病毒的负责机制和基本结构"而分享了1969年诺贝尔生理学医学奖。

1940年，德尔布吕克在美国分子生物学发祥地——冷泉港召开了第一届噬菌体学术讨论会，正式创建了噬菌体小组。这个小组实际上是一个松散的民间学术团体，不定期地举办学术讨论会和讲座。第二次世界大战结束后，德尔布吕克和卢里亚在冷泉港成功举办了第一期噬菌体课程学习班，吸引了一批来自世界各地的杰出科学家。由于这些人的专业各异，研究方法也不同，再加上德尔布吕克引导有方，噬菌体小组很快取得了一系列重大进展。其中最显著的成果有赫尔希于1952年进行的噬菌体侵染大肠杆菌的实验，他利用放射性示踪物标记噬菌体的蛋白质和核酸，发现只有噬菌体中的核酸进入大肠杆菌细胞内，并且是噬菌体复制不可缺少的物质。实验最终证实核酸就是遗传的物质基础。

在噬菌体小组中，德尔布吕克被同行尊称为"噬菌体教派中的教皇"。他不仅出类拔萃，在噬菌体研究领域做出了开创性的贡献，而且善于以严谨的科学态度、热切的献身精神感染周围的人。他所领导的噬菌体小组为生物学界造就了一大批才华出众的领军人物，他的科学精神和科学思想影响了整整一代分子生物学家的成长，许多卓有成就的科学家都直接或间接地从他那里得到教益，其中最突出的有1958年诺贝尔奖获得者比德尔和塔特姆、1962年诺贝尔奖获得者沃森和克里克。卢里亚曾这样评价："与其说德尔布吕克善于挑选人，不如说他能够吸引人，因为他有惊人的智慧，和他一起工作时令人振奋，还因为他会出主意，善于思考，工作起来有条不紊。"

德尔布吕克最初以物理学家的身份闯入生命科学，最终又以生物学家的身份登上诺贝尔生理学医学奖领奖台。他开创了噬菌体研究,为生命科学研究提供了新的思路。正如诺贝尔颁奖委员会的致词中所说:"荣誉首先应归功于德尔布吕克,是他把噬菌体的研究从含糊的经验知识变成了一门精确的科学。他分析和规定了精确测定生物效应的条件。他与卢里亚一起精心设计出定量的方法,并且确立了统计求值的标准。有了这些,才有可能在后来展开深入的研究。"

参考文献

[1] 陈蓉霞著.破译生命的密码:诺贝尔奖与遗传学[M].武汉:武汉出版社,2000.

[2] 米歇尔·莫朗热著.昌增益译.二十世纪生物学的分子革命:分子生物学所走过的路[M].北京:科学出版社,2002.

思考题

1. 作为噬菌体小组的发起者,德尔布吕克靠什么吸引和感染周围的人?

2. 噬菌体小组为什么在分子遗传学领域能够取得一系列重大的科学成就?

3. 如何在科研活动中增强团队意识和培养自己的团队合作能力?

（刘学礼）

93. 螺旋的"楼梯"
——沃森、克里克和双螺旋结构模型

在英国剑桥分子生物学研究中心,陈列着一个由许多彩色小球和小棒搭起的奇特模型,乍眼看去,它犹如一种螺旋形的"楼梯",代表糖和磷酸的小球彼此联接,形成了楼梯两旁的"扶手";代表嘌呤和嘧啶的小球两两相连,构成了楼梯中间的"台阶"。这个模型,就是遐迩闻名的脱氧核糖酸(DNA)双螺旋结构模型。这个模型是由美国生物学家沃森(J. D. Watson)和英国物理学家克里克(F. H. C. Crick)在 1953 年建立的,他们也由此荣膺 1962 年诺贝尔生理学医学奖。

在揭示 DNA 结构奥秘的科学竞争中,有 5 位科学家跑在最前面,可以将他们分为 3 个小组:一组是美国加州理工学院的化学家鲍林,另一组是英国伦敦霍普金斯学院的物理学家威尔金斯和弗兰克林,还有一组就是英国剑桥大学卡文迪许实验室的沃森和克里克。

鲍林是结构化学领域的世界权威,由于他渊博的化学知识和创造性的想象力,使他早就注意应用模型方法来探索生物大分子的立体结构。1951 年,当他成功建立蛋白质螺旋结构后,便着手用分析 X 光衍射照片的方法来确定 DNA 的结构。由于采用的照片在技术上不过关,导致在第二年建立了一个由 3 股螺旋链组成的 DNA 模型,这一模型很快就被证明是错误的。

威尔金斯的结晶学成就在世界上可谓首屈一指。他原是剑桥大学物理系的毕业生,由于受薛定谔《生命是什么?》一书的影响,转而研究生物学。威尔金斯的助手弗兰克林也是剑桥大学毕业生,学的是物理化学专业。她曾在巴黎以从事 X 光分析化合物的工作而闻名。1951 年回国后,弗兰克林开始系统研究 DNA 的结构。她以高超的技术摄得十分清晰的 DNA X 光衍射照片,通过对该照片进行定量测定,取得了一些详细而极有价值的数据资料。可是弗兰克林作为一位物理学家,和威尔金斯一样,她的主要兴趣似乎在 DNA 结构上,而对 DNA 的生物学意义缺乏研究热情,以为弄清 DNA 结构的唯一方法就是依赖纯结晶学的手段,因而失去了综合分析的能力。更为糟糕的是,弗兰克林和威尔金斯之间的关系并不和睦,彼此难以交流思想,共享实验成果。也正是由于这一点,年轻的沃森和克里克比他们领先了一步。

沃森和克里克在探索 DNA 奥秘的道路上也并非事事如愿、一帆风顺。1951 年 11 月,沃森在听了威尔金斯关于 DNA X 光衍射的学术报告后,就和克里克开始着手建立 DNA 结构模型。在不到两年的时间里,他们先后建立过 3 个 DNA 结构模型。

第一次建立的模型,用今天的眼光来看,简直像个怪物。原来根据他俩当时的设想,DNA 是一个由 3 条糖和磷酸组成的螺旋形大分子,而且把磷酸根放在螺旋的内侧,把嘌呤和嘧啶放在螺旋的外侧。当克里克邀请威尔金斯和弗兰克林前来参观讨论他们的DNA 三链模型时,发现这个模型和一些实验数据大相径庭。因此,第一个模型很快退出了舞台。

由于当时沃森和克里克未能摄得理想的 DNA X 光衍射照片,研究工作陷入僵局。正在这时,他们有幸从威尔金斯那里得到了弗兰克林拍摄的 DNA 照片。这张照片细致入微,十分清晰。沃森和克里克看着照片中央一个小小的十字架样的图案,脑子里突然冒出了一个关于 DNA 结构的三维图像:"DNA 结构形状可能是双螺旋的,就像一个扶梯,旋转而上,两边各有一个扶手。"于是,他们赶紧建立了第二个 DNA 结构模型。这个模型与我们现在认识的很相像,其基本结构是一个双螺旋,磷酸和糖组成的骨架在螺旋外侧,嘌呤和嘧啶位于螺旋内侧。但是碱基之间的配对却是"同类配对"。正当沃森为第二个模型的建立欣喜若狂时,他的同事多纳休(J. Donohue)指出,按照碱基的生物学天然构型,腺嘌呤只和胸腺嘧啶配对,鸟嘌呤只和尿嘧啶配对。第二个模型由于碱基配对的错误,仍以失败结局。

失败乃成功之母。1953 年初,沃森和克里克按照多纳休的建议用纸板重新设计了 DNA 结构模型。他们参考了化学家查戈夫通过化学分析得出的碱基配对原则和数学家格里菲思通过计算得到的碱基之间结合力的研究成果,合理解决了碱基配对难题,成功地建立了 DNA 双螺旋结构模型。科学史上的一项伟大发明就此诞生。

不难发现,沃森和克里克的成功,在于他们丰富的想象力和开阔的思路。他们具有凭借敏锐的目光迅速洞察事物的本领,又有高度的综合思维能力,善于吸收各方面的成果,不断发展自己的工作。这正是他们超越其他著名学者而首攀高峰的原因所在,这也是杰出科学家所应具备的素质。

参考文献

[1] J. D. 沃森著. 刘望夷等译. 双螺旋——发现 DNA 结构的故事[M]. 北京: 科学出版社,1973.

[2] 洛伊斯·N·玛格纳著. 刘学礼主译. 生命科学史[M]. 上海: 上海人民出版社,2012.

[3] 李难主编. 生物学史[M]. 北京：海洋出版社，1990.

[4] 刘学礼，姚晨辉著. 灵光：改变科技进程的 20 大智慧瞬间[M]. 上海：
上海科技教育出版社，2007.

思考题

1. 结合本案例谈谈当代科学研究的特点和对科学家素质的要求。

2. 在科学研究中科研人员应该如何正确地面对失败？

3. 为什么说 DNA 结构的建立也是学科交叉和团队合作的结果？

4. 沃森和克里克的成功经验给我们哪些启示？

（刘学礼）

94. 举世闻名的医药巨著
——李时珍的《本草纲目》

在苏联莫斯科大学科学宫大厦的走廊里,耸立着一排引人注目的世界杰出科学家的彩色大理石雕像。其中有两位中国古代科学家,一位是南北朝著名数学家祖冲之;另一位是明朝药物大师李时珍,他以撰写举世闻名的医药巨著《本草纲目》而享有不朽声誉。

谈及《本草纲目》"举世闻名",是因为它早已受到各国科学界的赞扬和重视,先后被译成英、日、朝、法、俄、德、拉丁等多种文字。英国生物学家达尔文曾细读过这部巨著,并从中选取材料以支持自己的生物进化论,他称赞《本草纲目》为"中国古代自然科学的百科全书"。

谈及《本草纲目》是"医药巨著",从下面一组数字可见一斑:全书共52卷,分为16部、60类,共计190多万字;全书记载药物1 892种(其中新增药物374种),附药方11 096个,附药物图谱1 160幅。李时珍从34岁开始动笔撰写这部巨著,完成时已是61岁的白发老人,整整花费了27个春夏秋冬。期间,他参考了800多部著作,做了近1 000万字的读书札记,对手稿先后进行了3次大的修改。他为写这本书走了上万里的路,访问了上千个人,终于在1578年完成《本草纲目》这部旷世巨著。

《本草纲目》创立了面目一新的本草纲目体系。自从汉代第一部本草学著作《神农本草经》问世以来,历代都采用上、中、下三品分类法,即把药物人为地分成 3 个等级,而不是按药物的属性或功用来分类,更不考虑药用植物的形态特征、生态环境等,因而错误漏洞百出。李时珍勇敢地打破了历代本草学所沿袭千年的传统三品法,自行革新为"部"、"类"新分类法,具有"振纲分目"、"纲目分明"的特点。按照药物的自然属性,分成矿物、植物和动物 3 部,动物中包括人类。部下分类,类下分种,做到了"物以类从,目随纲举"和"博而不繁,详而有要",把中国古代的药物分类学推向一个新的高峰。

《本草纲目》对植物学、动物学、矿物学等都有精辟独到的阐述。书中载有植物药 1 094 种,对植物的形态、生理和产地,尤其是根、茎、叶、花、果实、种子,大多作了细致的描绘,并附有插图。在植物分类上,1 000 多种植物根据形态构造、生态习性、经济用途、化学性质等分成 5 部、30 类。作为一部实用的医药书,这样分类方便日常使用。《本草纲目》载有动物药 444 种,对许多动物的形态构造、生态习性,甚至捕捉方法都作了仔细、生动的描述。将动物分虫、鳞、介、禽、兽、人,将人纳入动物之列,在排序次序上,表现了动物界低级到高级的进化顺序。

分类是手段而不是目的,为了纠正历代本草药物名称"同名异物"或"同物异名"的混乱状况,李时珍在《本草纲目》中,几乎对每一种药物都进行了较详细的解说。

《本草纲目》反映出作者高超的学术水平、创新精神和严谨的治学态度。李时珍不仅刻苦钻研、广泛吸取前人成果,而且注重实践、勇于革新。他在编撰《本草纲目》过程中,并不只是死板板地蛰居书房、"搜罗百氏",而是走向自然、走向社会、"访采四方",因此,他获得了许多难得的直接经验和第一手材料,使《本草纲目》读起来显得可亲可爱。比如,李时珍听说家乡蕲州产有一种毒蛇叫蕲蛇,是很贵重的药材。为了弄清楚这种蛇究竟是什么样子、有什么习性,李时珍毅然决定深入蕲蛇的产地——龙峰山仔细调查。龙峰山又高又险,李时珍在捕蛇人的帮助下,冒着生命危险,爬上了山,来到一个杂草丛生的山洞。在那里他亲眼目睹凶猛的蕲蛇,这种满身黑底白花的毒蛇,正在贪吃一种长着绿色小圆叶的野藤。在那里李时珍还亲眼观看捕蛇人怎样捕捉蕲蛇,怎样把蛇剖开、洗净,并把它烘干成药材的全过程。李时珍根据自己亲眼所见,详细地记录了蕲蛇的形状、产地、习性、药用价值,纠正了许多书上对蕲蛇的一些不正确的道听途说。又有一次,李时珍到武当山采药,听说山上生长着一种叫榔梅的"仙果"。那里的和尚每年都要用蜜汁腌好奉献给皇帝,说吃了它以后可以"长生不老"。为了验证此事,李时珍冒着危险,偷采了几枚,亲口品尝,发现所谓"长生不老"的榔梅,其作用只不过可以生津止渴,戳穿了和尚的鬼把戏。《本草纲目》里有许多这样的故事,李时珍把它们记载下来并非用以娱情,而在于厘清社会上各种各样的迷信和讹传。李时珍通过这些丰富多彩的记载,在植物学、动物学、矿物学等方面均记下了自己的真知灼见。

《本草纲目》是我国明代药物学发展的突出代表,也是中国医药学高度发展的重要标志。英国科学史家李约瑟称颂李时珍的工作说:"无疑地,明代最伟大的科学成就就是李时珍的《本草纲目》。"

参考文献

[1] 李时珍著.本草纲目[M].重庆:重庆出版社,1994.

[2] 钟毅.李时珍与《本草纲目》[M].上海:上海人民出版社,1973.

[3] 上海科技节组织委员会办公室、上海市科学技术史学会组编.中国历史上的科技创新一百例[M].上海:上海科学普及出版社,1999.

思考题

1. 为什么说李时珍的《本草纲目》是"举世闻名的医药巨著"？
2. 谈谈"搜罗百氏"和"访采四方"的关系。
3. 本文在哪些方面体现了李时珍的创新精神和严谨的治学态度？

（刘学礼）

学风建设案例篇

何谓学风?"从狭义上讲,学风特指学生的学习风气;从广义上讲,学风包括学习风气、治学风气和学术风气。优良的学风是保证和提高教育质量的重要条件,也是教育质量的重要内涵,它体现了学校的办学观念和理念,体现了学校的校风和大学精神,体现了学校的历史积淀和教学传统,同时也反映了学校的办学和管理水平。"①学风展现着学术机构的文化底蕴和机构成员的精神状态。良好的学风是一个学术组织的宝贵财富和重要资源,对学术活动必然产生积极的促进作用。本篇所列案例牵涉的学风问题主要涉及研究生的学术风气,包括在科学道德、科学伦理、科学精神上的表现,以及对待学术工作的态度、诚实性与严谨性等。

随着我国高等教育大众化发展和经济建设对高级专门人才与技术开发需求的增加,我国研究生教育规模和类别不断增加。从2009年起,我国开始大力加强专业学位研究生培养工作,研究生招生规模快速扩张。《关于深化研究生教育改革的意见》(教研[2013]1号)指出:"研究生教育是培养高层次人才的主要途径,是国家创新体系的重要组成部分。改革开放以来,我国研究生教育取得了重

---

① 赵沁平.要把学风建设作为高校的基础建设来抓[J].中国高等教育,2002(13—14):3.

大成就,基本实现了立足国内培养高层次人才的战略目标。"然而,随着我国研究生教育规模的扩张,研究生群体中出现学术不端行为的数量不断增加。这些学术不端行为的本质特征还是缺乏科学精神。关于学术不端行为的类别,教育部文件有明确界定。教育部《关于严肃处理高等学校学术不端行为的通知》(教社科[2009]3号)指出:"高等学校对下列学术不端行为,必须进行严肃处理:(一)抄袭、剽窃、侵吞他人学术成果;(二)篡改他人学术成果;(三)伪造或者篡改数据、文献,捏造事实;(四)伪造注释;(五)未参加创作,在他人学术成果上署名;(六)未经他人许可,不当使用他人署名;(七)其他学术不端行为。"

导致研究生学术不端问题屡屡产生的原因有很多,笔者将其概括为5个方面:①积淀不足、诱惑太多。一方面,一些研究生由于平时积累不够,写作存在困难,这是内因;另一方面,由于当今网络发达,非常容易获取"现成"信息,这是外因。研究生群体中出现的抄袭行为绝大多数由上述内因和外因导致。②学术评价指标单一。对研究生在学期间学习成果更多侧重于他们提交文章、专利等的数量和级别,较少看他们身心发展和道德修炼的程度。③学术不端处理乏据。由于学术不端行为查证困难,国内目前关于如何惩处学术不端行为的政策文件寥寥无几,且内容过于笼统,操作性不强,导致学术不端处理缺乏有效依据。④学术不端处理不严。由于"窃书不算偷"等传统思想影响以及关乎导师、学校的声誉,且处理缺乏有效依据等因素制约,导致对研究生学术不端行为的处理往往轻描淡写、流于走走过场。由于对学术不端行为的处理不到位,实际造成不端行为收益高、代价低的现状,一些人受利益驱动,本着侥幸心理,容易产生学术不端行为。⑤学术不端者无知无畏。一些研究生对学术不端行为不甚了解,对学术不端的后果认识不足,平时缺乏科学道德修养学习和训练，这也是导致其不端行为产生的重要原因。

针对高等学校等学术共同体内部学术不端行为频发的现实情况，国家层面作出不懈努力加以治理。党的十八大报告指出，要把立德树人作为教育的根本任务，明显提高创新人才培养水平。《国家中长期教育改革和发展规划纲要(2010—2020年)》(《人民教育》2010.17)指出要注意："采取综合措施，建立长效机制，形成良好学术道德和学术风气，克服学术浮躁，查处学术不端行为。"为加强学术规范和学术道德管理，教育部于2006年5月成立了学风建设委员会。同时为加强对高校学风建设的领导，有效遏制学术不端行为，教育部又于2009年成立学风建设协调小组，下设社科类学风建设办公室和科技类学风建设办公室。科技部于2006年11月发布《国家科技计划实施中科研不端行为处理办法(试行)》。中国科协牵头组织了全国范围的《科学道德和学风建设宣讲教育》活动。中国科协、教育部等七部委于2015年联合发布《发表学术论文"五不准"》。这些举措，从制度层面对学术不端行为加强监管，取得了积极效果。

本篇遵循上述治理工作精神，尝试通过对研究生学风问题若干案例的介绍，引导研究生认识和思考一些基本的学术规范，认清违背学术规范可能产生的后果，帮助研究生树立正确的学术价值观，使研究生对学术研究目的、态度等方面做出正确的价值判断，从而指导自身的学术行为。本篇列举的6个案例，涉及人文社科、理工医等学科，在不端行为上涉及论文抄袭、数据造假等方面，期待这些案例对研究生读者能起到一定的警示作用。尽管该篇罗列的负面案例较多，但"当前，研究生的科学道德和学风建设主流是好的。从总体上看，研究生群体具有坚定正确的政治方向和良好的思想道德品质,学习勤奋,能够系统掌握学科专业的理论知识,能够积极参与乃至独立从事科研工作"。①

(吴宏翔)

---

① 曹国永.多措并举大力推进研究生科学道德和学风建设[J].学位与研究生教育, 2013,(1):9.

95. 一个博士研究生学术生涯的毁灭
——米切尔·拉克的学术造假及其后果

初次接触米切尔·拉克(Michael LaCour),你根本无法抗拒这个人的魅力。他被称为"吉祥物"。一个认识他的女生凯迪·塞维亚谈到他时说,他真的是一个极好的吉祥物,我们都愿意在他周围转,他很聪明,有很好的工作伦理与热情。事实上却并非如此简单。

拉克是加利福尼亚大学洛杉矶分校政治学博士研究生,2015年他将毕业。毕业前半年,也就是2014年12月,拉克与其导师唐纳德·格林在《科学》共同发表了一篇文章,其大意是围绕同性恋者权利与婚姻的话题,通过与同性恋拉票者简短的个人交谈,能够对加利福尼亚投票者关于这些问题的态度产生较大的、持续的影响。该文发表后产生不小影响,对其他政治科学研究者的方法论、活动家的策略以及奖金分配产生很大影响。这篇文章的发表,也使拉克找工作异常顺利,他获得了普林斯顿大学的职位。

但是,一个名叫大卫·布瑞克曼的人在重复其实验的过程中发现其中存在的学术不端问题。这个大卫是来自加州大学贝克莱分校的博士研究生,也是第一个尝试重复这一研究的学生。他发现根据拉克的做法,需要调查1万个样本,其中给每个人补偿100美元,但是这样一来其费用达到100万美元,而这对于一个学生和任何一家调查公司来说都是难以承受的。这个发现让布瑞克曼有些困惑,他开始进一步的调查。他向拉克曾经委托的那家 uSamp 公司发出请求,但是却发现拉克根本没有与这家公司合作过,事实上拉克伪造了与 uSamp 公司代表的通信。更为严重的是,拉克本人自己伪装成那家公司的代表。于是,布瑞克曼继续调查。2015 年 5 月16 日,他们发现拉克研究中的数据与一家非常有名的政治科学数据库——合作运动分析项目(CCAP)——的数据出奇地一致。经过测试,布瑞克曼与同伴确认拉克拷贝了这个数据库的数据,仅仅是替换了 CCAP 中的部分数据。2015 年 5 月 19 日,他们发布了长达 27 页的报告,里面说明了拉克论文中的所有不规范之处。

随后的事情进一步暴露了拉克的错误。哥伦比亚大学政治科学教授以及 EGAP 网站的指导马卡坦·哈曼费瑞斯,指出他与拉克之间曾经有过邮件交换。在社会科学界一种常见的做法是:在做实验之前,研究者会向有关机构预先注册他们的实验,比如打算解决什么问题,预备得出怎样的结果。拉克先是给 EGAP 网站发送了一份 PDF 文件,说该 PFD 文件是其中一个实验预先注册的证据,因为 EGAP 网站在这个实验预先注册之后自动生成该文件。但是哈曼费瑞斯发现 EGAP 并没有这样的自动生成系统。进一步询问情况发现,拉克辩称这份文件是以前根据 EGAP 网站指导提交的课程作业的申请,而这仅仅是一份说明。但是后来拉克却把它当成 EGAP 网站的注册说明,而这份文件是发表文章的重要前提。

在随后的日子里,拉克更多的不端行为被发现。当谈到研究中使用的原始数据时,拉克说加利福尼亚大学洛杉矶分校的指导手册要求他破坏原始数据集,实际上指导手册仅仅要求研究者破坏一些独特的标示,显然拉克在撒谎。此外,在他向普林斯顿大学申请工作的简历中,他也编造了从没有获得的奖金和从没有获得的教学奖励。

他的导师唐纳德·格林完全没有预料到拉克会伪造数据,而是完全采信了拉克的发现,在得知拉克造假的消息后,格林立即向《科学》提出撤稿请求。最后的结果是普林斯顿大学撤销了拉克的工作邀请,而布瑞克曼成为斯坦福大学 26 岁的终身教授。

参考文献

[1] Carey, Benedict. Study using gay canvassers erred in methods, not results, author Says [OL]. *New York Times*, 2015 - 05 - 29. http://www.nytimes.com/2015/05/30/science/michael-lacour-gay-marriage-science-study-retraction.html.

[2] Guterman, Lila. Author retracts study of changing minds on same-sex marriage after colleague admits data were faked [OL]. http://retractionwatch.com/2015/05/20/author-retracts-study-of-changing-minds-on-same-sex-marriage-after-colleague-admits-data-were-faked/.

[3] Morin, Monte. Researcher accused of fraud in gay marriage study responds to critics [OL]. *Los Angeles Times*, 2015 - 05 - 29. http://www.latimes.com/science/sciencenow/la-sci-sn-retraction-response-20150529-story.html.

[4] Singal, Jesse. The largest funding source listed on Michael LaCour's CV Is made-up [updated][OL]. *New York Magazine*, 2015 - 05 - 26.

[5] Drew Foster. Will Academia Waste the Michael LaCour Scandal? [OL]. http://nymag.com/scienceofus/2015/06/will-academia-waste-the-michael-lacour-scandal.html. 2015. 6. 5/2016. 4. 23.

思考题

1. 你如何看待广大研究生、博士生们面对的论文发表压力? 这一问题如何

95. 一个博士研究生学术生涯的毁灭

解决？

2. 拉克的学术不端表现在哪些方面？

3. 拉克的学术不端给自己和导师分别带来什么后果？

（杨庆峰）

375

96. 人生因抄袭而坠落谷底
——震惊尚有争议的事件

2013 年 7 月,北京大学历史系博士研究生于某在《国际新闻界》期刊发表了一篇题为"1775 年法国大众新闻业的'投石党运动'"的学术论文。

然而,《国际新闻界》期刊于 2014 年 8 月出示的一纸公告称,于某的论文涉嫌剽窃一国外论文,该文为国外学者格尔伯特的原作。期刊方并附上两论文全文,在比对中用黄色标出于某具体抄袭的内容。从两文对比中可见,除了"摘要"和"结语"部分之外,于某几乎全文"翻译"了格尔伯特的原作,多个段落甚至一字未改、原文照译。

此后,北京大学介入该事件的调查,并于 2015 年 1 月 9 日召开了北京大学第 118 次校学位评定委员会会议,经认真讨论,决定撤销于某的博士学位。

《国际新闻界》主编、中国人民大学教授陈力丹获悉该处理结果后表示有些意外,认为在国内这样的学术环境下惩罚有些过重。

于某本人也拒不接受校方的处理决定,并向校方提出申诉。2015 年 3 月 13 月,北京大学学生申诉处理委员会在认真阅读了于某与北大学位评定委员会办公室提交的书面材料的基础上,按程序先后听取了于某本人的陈述并进行提问、听取了北大学位评定委员会办公室的陈述并进行提问,再经行认真复查和充分讨论。最终,学生申诉处理委员会认为,北京大学学位评定委员会《关于撤消于

××博士学位的决定》其事实清楚、适用依据准确、程序规范。经表决,学生申诉处理委员会决定维持原处理决定,并将《北京大学学生申诉复查决定书》送达于某本人。

2015 年 3 月 16 日,于某发微博称,自己收到了北京大学学生申诉处理委员会工作人员送达的申诉复查决定书。她表示:"非常遗憾,委员会决定维持北京大学学位评定委员会的原处理决定。本人不能接受这样的处理结果,将继续向北京大学上级主管教育行政部门提出书面和行政复议。"

此后,于某在不同场合为自己辩解。例如,她在接受《法制晚报》采访时称,自己是国内第一个因毕业后发表文章涉嫌抄袭而被撤销博士学位的学生。她认为北大对她处理过重,绝对不能接受这样的结果。她认为自己是一个有着学术信仰和研究热情的学者,并不是网上所说的"学术混混"。北大通报说其"承认抄袭事实"是失实的。在论文发表时间上,她为自己辩解:"北大处理决定上称我的这篇文章是'在校期间发表的',而事实上我的这篇文章是在毕业离校后(即 2013 年 7 月 23 日)发表的,我的博士学位证书上落款时间为 2013 年 7 月 5 日。"为此,于某表示,北大并没有因这篇文章撤消她博士学位的处理权限,而北大曾对媒体称,这篇文章属于"文责自负"。不过,于某也承认自己确有失误,她说:"那篇文章在客观上是否构成抄袭是有疑问的。我也绝对没有抄袭的主观故意,错误是因为我对杂志和文章定位有误以及写作经验不足导致的技术失误。"

至于事发后自己的处境,于某说:"今年我就 36 岁了,还没有结婚,没有正式工作,可以说是无家无业。异常紧张的学习生活导致我根本没有时间解决个人问题,错过了恋爱、结婚、生子的最佳时机。除了这个博士学位之外,我一无所有。现在连这个学位都被残酷地剥夺了,让我怎么活下去。这场灾难对我的身心健康、个人名誉、学术前途甚至未来生计都产生了严重影响。"据此,于某称校内申诉失败会坚持维权到底,包括诉诸行政诉讼手段。

对于于某涉嫌抄袭及其被撤销博士学位事件,部分北大教师存有不同看法。于某的博士生导师、北大历史学教授高毅接受《澎湃新闻》采访时表示,感觉于某不会做那种故意抄袭的事情,她的过错可能主要就是因为没有搞清楚这篇文章的性质,所以这种错误的严重性不宜夸大。他还说:"于某那篇出问题的文章投在《国际新闻界》那种传媒学杂志,实际上也只是一篇知识介绍性的传播文章而算不上史学论文,所以她在写作时就稀里糊涂地混淆了传媒文章和史学论文的界线,结果铸成此错。"高毅还透露,于某抄袭的文章在投稿前没有经他审阅,"因为她认为这只是一篇介绍性的传媒文章",不是史学论文,就无须导师审阅,这当然也不对。但肯定的是,她发表的另外几篇经过我审阅的史学文章都从一开始就没有任何学术规范上的问题。而且据信,中国社会科学院世界史所对她1年多的博士后工作也是相当满意的。高毅坦言:"我个人认为,于某虽然犯过这次偶然的过错,但她在校期间学习一直刻苦而且成绩优秀,实际上是一个酷爱人文学术、学术潜质也很不错的青年学者,而且这辈子除了做学问她已别无他图,学术几乎就是她的全部生命。了解她的人都相信,如果就因为这么一次偶然的失误而被剥夺了博士学位从而断送了学术生命,她将陷入绝望。"

参考文献

[1] 北大调查"博士生论文抄袭"事件[N/OL]. 北京青年报,2014 - 08 - 24 [2016 - 6 - 29]. http://epaper. ynet. com/html/2014-08/24/content_ 81164. htm? div=-1.

[2] 北大维持撤销"抄袭"女博士学位决定[N/OL]. 南方周末. 2015 - 03 - 17[2016 - 6 - 29]. http://www. infzm. com/content/108315.

[3] 诉北大要求恢复博士学位,于艳茹开庭日称要摘掉学术混混帽子[N/
OL]. 澎湃新闻. 2015 - 10 - 14[2016 - 6 - 29]. http://www. thepaper.
cn/newsDetail_forward_1384949.

思考题

1. 你认为在该起事件中于某是否存在过错?具体过错内容是什么?

2. 你认为于某为自己行为所做的解释是否合理?为什么?

3. 你认为北大对于某所做出的"撤销博士学位"的处理决定是否合理?为什么?

4. 这起事件对你有哪些启示?

(潘星)

97. 几乎一字不差的硕士学位
论文抄袭事件
——西南财经大学硕士论文抄袭案

2016年1月底,上海《澎湃新闻》和四川《华西都市报》先后刊发报道,揭露两篇金融学专业的硕士学位论文高度相似雷同,存在学术造假嫌疑。其中,一篇论文的作者是东北师范大学金融学专业硕士毕业生张某,其论文题目是"我国货币政策对股票市场的效应研究",另一篇的作者是西南财经大学金融学专业硕士毕业生杨某,论文题目为"我国货币政策对股票市场的效应研究"。

张某的学位论文完成于2009年5月1日,而杨某的学位论文则完成于2009年12月1日。从完成时间来看,张某的论文在前,杨某的论文在后,两篇论文的完成时间前后相差大约半年。通过比较发现,两篇论文无论是题目、摘要、关键词、参考文献,还是正文各章节,都存在高度雷同,几乎到了一字不差的程度。《华西都市报》的报道称:"两篇论文相似率惊人,用肉眼很难找出不同。"而《澎湃新闻》记者通过对比也发现:"除了中英文摘要、关键词等部分个别用词有所不同,两篇同题论文全篇均高度相似,而两篇论文文末列出的40处中英文参考文献竟一字不差。"这两篇论文不仅在结构、目录上完全相同,在主体的正文部分,从各章节的大小标题到具体内容的文字叙述,基本都完全一致。正如报道所说,对比两篇论文,"要找出不一样的地方,才是真正的困难之处"。很明显,两篇论文中必有一篇抄袭了另一篇,属于严重的学术不端行为。

两篇论文都附有独创性声明,但从完成时间来判断,张某论文在前,杨某论文在后,只有可能是杨某抄袭了张某的论文,而不大可能是张某抄袭杨某的论文。事件一经媒体报道,很快就得到当事人和涉事高校的确认。张某在接受澎湃新闻记者电话采访时表示:"自己的硕士学位论文绝对是原创的,也从没有给人借鉴过,至于为什么有别人的论文与自己的论文高度相似,自己完全不知情。"西南财经大学宣传部相关负责人在答复记者询问时,则表示:"西南财经大学确实已经在 2014 年就接到了学生的举报,学校也早已在2014年对该事件做出了处理,学生杨某的硕士学位也已经在 2014 年就被取消了。"至此,事情的真相水落石出,杨某论文抄袭张某论文属实无疑。

事件发生后,杨某在西南财经大学就读时的导师,该校金融学院教授、资本市场与资产管理研究中心主任陈某某对媒体表示:"自己并不知道杨某论文涉嫌抄袭的事情,并且金融学院多年前也没有启用'查重'系统。"他还强调:"老师不可能保证看得出来论文抄袭,可以说没有任何一个老师有这个水平,因为论文太多了。"而该校研究生院一名工作人员则在接受记者采访时表示,2009 年学校尚未出台明文要求学位论文"查重"的规定,但已开始对硕士、博士论文采用"查重"检测,自己并不清楚 2009 年毕业的硕士生论文是否存在问题,"要是检测出问题肯定不会让这个学生毕业,不会让他拿到学位的"。

参考文献

[1] 西南财大硕士论文被曝抄袭几乎一字不差[N/OL]. 2016 - 01 - 31
[2016 - 06 - 29]. http://news. xinhuanet. com/legal/2016-01/31/c_

128688598. htm.

［2］西南财经大学一硕士论文涉嫌大面积抄袭,仅"后记"差异较大［N/OL］. 2016 - 01 - 28［2016 - 06 - 29］. http://www. thepaper. cn/newsDetail_forward_1426525.

［3］山大论文抄袭,被抄者竟早有所知? ［N/OL］. 2016 - 01 - 29［2016 - 06 - 29］. http://yuqing. cyol. com/content/2016-01/29/content_12133546. htm.

［4］网友曝光硕士论文抄袭:文章除地名外一字不改［N/OL］. 2009 - 05 - 25［2016 - 06 - 29］. http://news. qq. com/a/20090525/000121. htm.

［5］名校再现学术不端:厦大一硕士学位论文涉嫌抄袭西政学生论文［N/OL］. 2016 - 05 - 03［2016 - 06 - 29］. http://money. 163. com/16/0503/18/BM5LGHD400253B0H. html.

［6］吉林大学现"最牛论文抄袭":大多雷同狂赞导师［N/OL］. 2016 - 03 - 17［2016 - 06 - 29］. http://cul. sohu. com/20160317/n440721196. shtml.

［7］安大再现抄袭与前日曝光抄袭者系同门同届［N/OL］. 2016 - 03 - 22［2016 - 06 - 29］. http://news. 163. com/16/0322/15/BIP81JFG00014AED. html.

［8］东北师大严处硕士论文抄袭:涉事学生学位被取消［N/OL］. 2016 - 03 - 18［2016 - 06 - 29］. http://news. 163. com/16/0318/16/BIF26BRP00014AED. html.

［9］教育部、国家发展改革委、财政部关于深化研究生教育改革的意见(教研［2013］1 号)［EB/OL］. 2013 - 03 - 29［2016 - 06 - 29］. http://www. moe. edu. cn/publicfiles/business/htmlfiles/moe/A22 _ zcwj/201307/154118. html.

思考题

1. 论文抄袭事件层出不穷,你觉得主要有哪些原因?

2. 对待论文抄袭事件,你认为是否应该坚决制止和打击?为什么?

3. 你认为通过论文"查重",是否能够有效避免论文抄袭事件的发生?为什么?

4. 在该起事件中,你认为涉事人导师是否应该为事件承担一定的责任?导师是否有义务对所指导学生的论文严加审核和把关?为什么?

5. 你认为应该采取哪些措施,才能有效杜绝研究生论文抄袭事件的发生?

(潘星)

98. 因署名而受牵连的
论文抄袭事件
——辽宁大学副校长论文不当署名案及其后果

2009 年 4 月,辽宁大学副校长陆某与北京师范大学哲学与社会科学学院 2006 级博士研究生杨某合作,在国内权威期刊——《哲学研究》上发表了题为"何为'理论'?"一文。时过仅两个月,即 2009 年 6 月 12 日,该文被指涉嫌抄袭云南大学讲师王某某原名为"什么是理论(THEORY)?"的文章。王某所撰论文完成于 2002 年 12 月,2003 年 5 月发表于私人网站"蜥蜴子"论坛以及公开出版的《词的伦理》一书中。该文曾被"中国学术论坛"和"左岸会馆"转载,转载时间分别是 2004 年 1 月 12 日和 2004 年 1 月 14 日,网上文章的落款为"一行 2002 年 12 月 28 日于海甸岛",文章来源为"蜥蜴子"论坛。

由于王某的文章曾被多家网站转载,因而多家网站都能为王某作证。例如,"朝圣山之思"网站站主海裔和"道里书院"的总版主柯小刚等皆可证实《什么是理论(THEORY)?》一文的作者确是王某。于是,王某将所有能证明陆、杨抄袭的材料送公证机构进行公证。

对于陆、杨的抄袭行为,王某在接受采访时表示:"我不想妨碍任何人的前途与事业,但是,属于我自己的正当权利我一定会争取,因为他们伤害了中国学术。"王某要求陆、杨俩人必须在媒体上公开承认抄袭且向其道歉,同时应向《哲学研究》告知这一侵权事实,促使《哲学研究》将该论文的著作权归还给他,此外,他还须获得必要的经济赔偿。

此后,《东方早报》也组织专家对《什么是理论(THEORY)?》与《何为"理论"?》进行比对,发现两文的重合率达80%以上,即陆、杨两人对王某的文章仅在开头和结尾部分稍有改动、添加一些句子或某些句子做局部修改之外,其余内容原封不动地抄袭。至此,陆、杨的抄袭行为已确定无疑。

据《北京晨报》报道,辽宁大学校方于6月5日介入调查,确认陆、杨的抄袭事实后,该校党委书记王山同志即找陆某本人了解情况、确认事实。据陆某说,杨某的本科及硕士阶段均在辽宁大学就读,其硕士生导师就是他。杨某从辽宁大学毕业后,即考入北京师范大学,成为博士研究生。数月前,杨某给他邮来多篇论文,称"要准备博士毕业论文,请老师修改"。陆某阅后便从中挑出两篇做了修改,其中包括《何为"理论"?》一文。此后,杨某又打来电话,说想在期刊上发表该文,但需要有陆某任第一署名,陆某询问了杨某,确认该文是杨某本人所写后,同意了杨某的要求。有鉴于此,辽宁大学校方认为,尽管陆某是《何为"理论"?》一文的第一署名人、杨某是第二署名人,但论文抄袭事件仅是杨某一人所为,而陆某的署名仅为有助于学生发表论文而已,属非直接责任人。

事发后,杨某承认《何为"理论"?》一文确系数年前从网上下载、抄袭。随即,北京师范大学做出处理,中止其正在进行的学位申请流程,这意味着杨某失去了获得博士学位的资格。而事件的另一位当事人陆某,在多方的压力之下,也不得不就"涉嫌抄袭"事件做出个人检查。在辽宁大学为此事件召开的专题会议上,他检讨道:"第一,在抄袭事件中,集中反映了自身的政治素质和导师修养的缺失,负有重要的不可推卸的责任。第二,抄袭事件给各方面带来了相当大的负面影响。给原作者王某在著作权益等方面带来了不可挽回的伤害,对此向王某表示深深的歉意;给《哲学研究》杂志甚至是哲学界带来了严重的负面影响,对此表示歉意;对辽宁大学的声誉和形象带来了负面影响,对此也表示歉意。第三,对网络和媒体的善意批评表示真诚的接受。"

参考文献

[1] 五教授联名敦促辽大副校长辞职 陆杰荣就"涉抄袭事件"道歉[N/OL]. 2009 – 06 – 23[2016 – 06 – 29]. http://news. sina. com. cn/c/2009-06-23/071115834209s. shtml.

[2] 请辽宁大学副校长陆杰荣引咎辞职[N/OL]. 2009 – 06 – 26[2016 – 06 – 29]. http://www. infzm. com/content/30583.

[3] 教育部关于印发教育部社会科学委员会《高等学校哲学社会科学研究学术规范(试行)》的通知[EB/OL]. 2008 – 04 – 25[2016 – 06 – 29]. http://www. moe. edu. cn/publicfiles/business/htmlfiles/moe/s3103/201001/xxgk_80540. html.

[4] 辽大副校长陆杰荣在"抄袭门"中扮演什么角色? [N/OL]. 2009 – 06 – 16[2016 – 06 – 29]. http://news. 163. com/09/0616/15/5BUJSUD8000120GR. html.

[5] 辽大召开关于陆杰荣"涉嫌抄袭"事件会议[N/OL]. 2009 – 07 – 09[2016 – 06 – 29]. http://edu. people. com. cn/GB/145827/146109/159953/160384/9623740. html.

思考题

1. 该起因署名而受牵连的论文抄袭事件对你有什么启示?

2. 该起案例中所涉及的王某、陆某、杨某是否都有过错? 如有过错,不同涉案当事人所承担的责任是否相同,还是应该有所区别? 为什么?
3. 该起案例中相关机构对陆某、杨某所做出的处理决定是否合理? 为
   什么?

（潘星）

99. "最牛论文抄袭"

——吉林大学毕业生李某硕士学位论文抄袭案

2016年2月,《澎湃新闻》的记者接网友爆料,称吉林大学应用数学专业2008届硕士毕业生李某的硕士学位论文有严重抄袭问题。出于记者的敏感和职业精神,该记者从中国知网下载了李某的学位论文《基于近景摄影测量和模式识别技术的直升机落点位置自动测量研究》(以下简称为"李某论文",论文完成时间为2008年4月),以及疑是被抄袭的南京航空航天大学机械制造及其自动化专业2007届硕士毕业生朱某某的学位论文《基于近景摄影技术的直升机落点位置测量研究》(以下简称"朱某论文",论文完成时间为2007年3月)。

经过认真对比研究,记者发现"李某论文"的抄袭程度令人吃惊:"两篇论文大部分文字几乎一模一样。'李某论文'除增加了'模式识别理论及其算法实现'这一章之外,其余论文内容与朱某某论文内容高度雷同。"由于"李某论文"比"朱某论文"多出1章,反而导致"李某论文"在抄袭过程中多处出现"顾此失彼"现象(比如表头的章节号错位等);更有甚者,"李某论文"抄袭"朱某论文"的致谢时,连"朱某论文"中要感谢的余亚平老师也照样搬入自己论文的致谢内容:"余老师设计并制造了本课题所需的标定物,并为实验的开展提供了许多指导和帮助,特向余老师表示感谢。"由此,该抄袭事件被网友称为"最牛论文抄袭"。

　　“李某论文”抄袭事件经《澎湃新闻》等媒体报道后,吉林大学启动了调查处理程序。2016 年 3 月 22 日,吉林大学官方向《澎湃新闻》通报了对“李某论文”抄袭事件的处理结果:经吉林大学调查确认,“数学学院应用数学专业 2008 届高校教师攻读硕士学位人员李某硕士学位论文《基于近景摄影测量和模式识别技术的直升机落点位置自动测量研究》违反学术规范行为事实成立”。“2016 年 3 月 21 日,吉林大学召开第十届学位评定委员会第四次会议,依据《吉林大学学位授予工作实施细则》等有关规定,决定撤销李某的硕士学位。同时,根据《吉林大学研究生教学、指导工作事故的认定与处分办法》,对相关指导教师按有关规定给予相应处理。”

参考文献

[1] 罗杰.吉林大学现“最牛论文抄袭”:两篇论文“致谢”同一位老师[N/OL].澎湃新闻,2016 - 03 - 17. http://www. thepaper. cn/newsDetail_forward_1436035.

[2] 岳怀让,罗杰.吉林大学严处两起论文抄袭:撤销涉事学生学位,导师亦被处理[N/OL].澎湃新闻,2016 - 03 - 22. http://www. thepaper. cn/newsDetail_forward_1446954.

[3] 武晓峰.我国研究生学风和学术道德现状的调查与分析[J].学位与研究生教育,2012(3):20.

思考题

1. 吉林大学毕业生李某如此严重的抄袭行为有何内因?

2. 为什么有的论文通过"相似度检测",仍被发现和认定存在抄袭行为?

3. 为控制抄袭行为发生,你认为学校管理部门应该采取哪些措施?

（吴宏翔）

100."史上最牛连环抄袭门"

——"中山学子"揭示惊人的医学论文抄袭事件

2010 年 1 月,两位大学生(其中一位来自中山大学中山医学院)在完成自己的毕业论文初稿后,"因为担心自己论文中的引用部分被当作抄袭,他们找到一款反抄袭软件进行比对。发现没有问题之后,'出于好奇',他们查对了本院部分师生的文章"。

经过"好奇"地一查,他们很快发现有两篇医学论文存在抄袭问题。再经过认真比对,发现"抄袭率超过 90％"。对如此严重的抄袭行为,两位大学生感到非常震惊。然而接下来发生的事情,让他们更加震惊。他们从几名涉嫌抄袭问题的作者入手,展开调查,发现广西壮族自治区柳州市第一人民医院檀德馨和浙江省平阳矾矿医院潘芝芬发表在《中国实用妇科与产科杂志》1997 年第 13 卷第 6 期的论文《刮宫术后宫腔粘连 185 例分析》,遭到江苏省南通市狼山医院张某、江苏省连云港市第一人民医院吕某、江苏省连云港市第一人民医院谢某、四川省中西医结合医院宋某、黑龙江齐齐哈尔市泰来县妇幼保健院王某等众多医生抄袭,构成了波及 16 个单位、25 人、6 轮抄袭的惊人的"连环抄袭"事件。

为了让人们更加直观地了解上述连环抄袭中的相互关系,两位大学生"特意制作了一份像食物链一样的图表(见下页)。檀德馨和潘芝芬位于最底端,其他的名字都密密麻麻地指向了这两位原作者"。

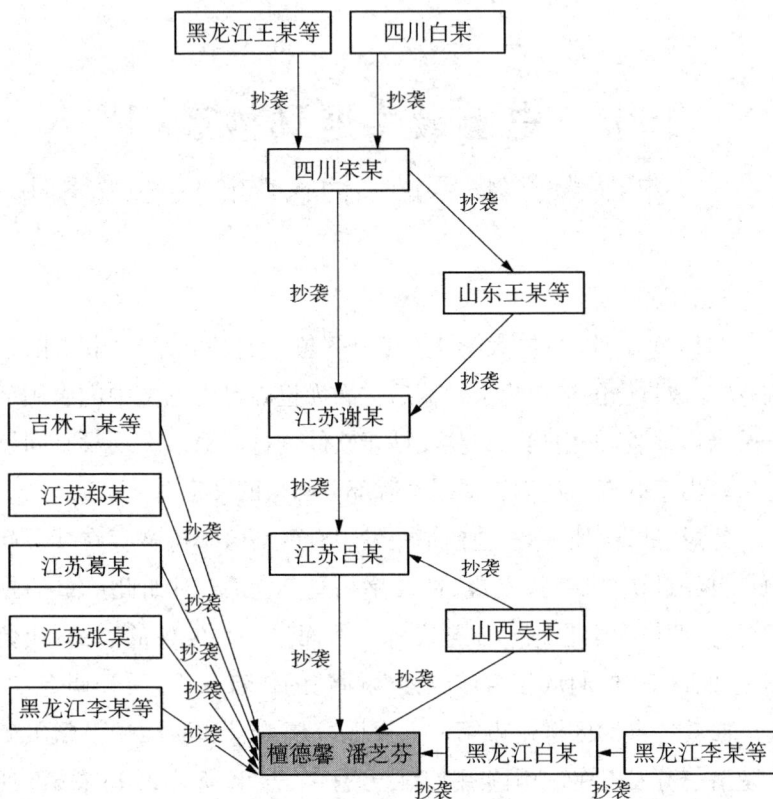

论文连环抄袭关系示意①

　　由于此抄袭问题波及面大、性质严重,出于医学工作者的责任感:"医学领域学术造假的危害是难以估量的",两位大学生决定将他们的发现公诸媒体。2010 年 3 月上旬,他们以"中山学子"的名义向《中国青年报》发了一封题为"史上最牛的连环抄袭门"的邮件,详细报告了他们通过反抄袭软件查证发现的"连环抄袭"事件。

　　《中国青年报》记者蒋昕捷随即对事件展开调查,写成了"史上

---

① 本图参考了《中国青年报》2010 - 03 - 24 的报道。

最牛连环抄袭门"调查报告。因为记者介入调查,两位同学曾"接到过恐吓电话,以至于不得不换了手机号码,把自己隐蔽起来。他们同样也担心,自己日后还能不能在医学界立身"。出于对医学论文抄袭危害大的担忧,为防止由此导致"害人"事件,两位大学生(即"中山学子")"最终下定决心,把举报材料公布在网上"。"他们声明,此举纯属个人行为,与所在学校、所在院系、老师以及各位被抄袭者均无关系。他们只希望,中国的医学界'能像白色的大褂一样',有一片洁净的学术天空。"

参考文献

[1] 蒋昕捷."史上最牛连环抄袭门"调查[N/OL].中国青年报,2010-03-24. http://zqb.cyol.com/content/2010-03/24/content_3149371.htm.

思考题

1. 为什么医学领域容易出现严重的抄袭行为?

2. 你怎么看下面这种说法:"既然手术都是一样的,过程也是一样的,难免会有雷同",或者"临床医学的手术都是一样的,研究过程也是一样的,研究成果难免出现雷同"?

3. 如何才能做到"中国的医学界'能像白色的大褂一样',有一片洁净的学术天空"?

(吴宏翔)

后 记

在教育部、中国科学技术协会、上海市科学技术协会、上海市教育委员会的关心支持下,由复旦大学研究生院组织编写的《研究生学术道德案例教育读本》(以下简称《读本》)于 2016 年 8 月正式出版。《读本》出版后受到全国许多高校和研究生的欢迎,迄今已累计发行万余册。为进一步丰富研究生学术道德案例教育的内容,原《读本》编写组专家投入大量精力,进一步扩充、编写案例,形成了目前这本《研究生学术道德案例教育百例》。

本书共分 5 个篇章。第一篇为人文社科案例篇,由复旦大学朱宝荣教授负责撰稿;第二篇为理科案例篇,由东华大学陈敬铨教授负责撰稿;第三篇为工科案例篇,由上海大学杨庆峰教授负责撰稿;第四篇为医科案例篇,由复旦大学刘学礼教授负责撰稿;第五篇为学风建设案例篇,由复旦大学研究生院吴宏翔副院长和潘星负责撰稿。全书编写工作由吴宏翔负责筹划。与《读本》相比,本书的案例更加丰富,虽然去掉了点评,但增加了思考题。本书有助于引导研究生认识和思考一些基本的学术规范问题,有助于研究生树立正确的学术价值观,有助于使研究生对学术研究目的、态度等方面做出正确的价值判断,从而指导自身的学术行为。

本书的编写得到有关方面的高度重视和大力支持,复旦大学党委书记焦扬在百忙中为本书作序,上海市科协学术部调研员苏祺为本书撰写前言,复旦大学研究生院院长张人禾院士参加专家组讨论并给予具体指导,复旦大学出版社梁玲女士以她丰富的编辑经验助力本书出彩。对于上述同志的支持和帮助,编写组在此表示诚挚的感谢!同时,本书的编写还得益于复旦大学"研究生学术道德教育配套专著"项目立项和经费支持,编写组在此一并表示衷心感谢!

　　本书虽经编者认真撰写、仔细校对,并终于付梓,但限于编者的学识和水平,书中若仍然存在文字错误或观点偏颇等,敬请读者批评指正,以便我们进一步修改、完善。

本书编写组

2018 年 4 月 23 日

图书在版编目(CIP)数据

研究生学术道德案例教育百例/复旦大学研究生院编. —上海：
复旦大学出版社, 2018.7(2022.11 重印)
研究生学术道德教育配套专著
ISBN 978-7-309-13749-1

Ⅰ. 研⋯ Ⅱ. 复⋯ Ⅲ. 研究生-学术研究-道德规范-案例-中国　Ⅳ. G644

中国版本图书馆 CIP 数据核字(2018)第 125167 号

研究生学术道德案例教育百例
复旦大学研究生院　编
责任编辑/梁　玲

复旦大学出版社有限公司出版发行
上海市国权路 579 号　邮编：200433
网址：fupnet@ fudanpress. com　http://www.fudanpress.com
门市零售：86-21-65102580　　团体订购：86-21-65104505
出版部电话：86-21-65642845
上海四维数字图文有限公司

开本 890 × 1240　1/32　印张 13　字数 299 千
2018 年 7 月第 1 版
2022 年 11 月第 1 版第 5 次印刷

ISBN 978-7-309-13749-1/G · 1862
定价：39.00 元